SUNYO ACADEMIC SERIES IN ACCOUNTING

三友会计论丛

第12辑

组织转型视角的预算管理研究

李志斌 ◎著

RESEARCH ON BUDGET MANAGEMENT BASED ON PERSPECTIVE OF ORGANIZATION TRANSFORMATION

东北财经大学出版社
Dongbei University of Finance & Economics Press
大连

图书在版编目（CIP）数据

组织转型视角的预算管理研究 / 李志斌著．—大连：东北财经大学出版社，2011.12
（三友会计论丛·第12辑）
ISBN 978-7-5654-0603-4

Ⅰ.组…　Ⅱ.李…　Ⅲ.预算管理-研究　Ⅳ.F810.3

中国版本图书馆CIP数据核字（2011）第231380号

东北财经大学出版社出版
（大连市黑石礁尖山街217号　邮政编码　116025）
教学支持：（0411）84710309
营 销 部：（0411）84710711
总 编 室：（0411）84710523
网　　址：http：//www.dufep.cn
读者信箱：dufep@dufe.edu.cn

大连美跃彩色印刷有限公司印刷　　东北财经大学出版社发行

幅面尺寸：150mm×220mm　　字数：252千字　　印张：10 1/8
2011年12月第1版　　2011年12月第1次印刷

责任编辑：李　彬　王　斌　王伟民　　责任校对：何　群
封面设计：冀贵收　　版式设计：钟福建

ISBN 978-7-5654-0603-4
定价：30.00元

作者简介

李志斌，男，1973年生，江苏江都人，就读于南京大学，先后获得经济学学士学位、工商管理硕士学位和管理学（会计学）博士学位，现为扬州大学管理学院副教授，硕士生导师。2009年入选全国会计学术类（后备）领军人才培训项目，现为中国注册会计师协会非执业会员，中国会计学会高级会员。研究方向为财务管理和会计控制，先后在《会计研究》等核心期刊发表文章20余篇，主持和参与了国家自然科学基金项目、江苏省高校哲学社科基金项目和扬州市软科学项目等多项课题的研究工作。

出版者的话

随着我国以社会主义市场经济体制为取向的会计改革与发展的不断深入，会计基础理论研究的薄弱和滞后已经产生了越来越明显的“瓶颈”效应。这对于广大会计研究人员而言，既是严峻的挑战，又是难得的机遇。说它是“挑战”，主要是强调相关理论研究的紧迫性和艰巨性，因为许多实践问题急需相应的理论指导，而这些实践和理论在我国又都是新生的，没有现成的经验和理论可资借鉴；说它是“机遇”，主要是强调在经济体制转轨的特定时期，往往最有可能出现“百花齐放，百家争鸣”的昌明景象，步入“名家辈出，名作纷呈”的理论研究繁荣期和活跃期。

迎接“挑战”，抓住“机遇”，是每一个中国会计改革与发展的参与者和支持者义不容辞的责任。为此，我们与中国会计学会财务成本分会（原中国中青年财务成本研究会）、东北财经大学会计学院联合创办了一个非营利的学术研究机构——三友会计研究所，力求实现学术团体、教学单位、出版机构三方的优势互补，密切联系老、中、青三代会计工作者，发挥理论界、实务界、教育界三方面的积极性，致力于会计、财务、审计三个领域的科学研究和专业服务，以期为我国的会计改革与发展作出应有的贡献。

三友会计研究所的重大行动之一就是设立了“三友会

计著作基金”，用于资助出版“三友会计论丛”。它旨在荟萃名人力作及新人佳作，传播会计、财务、审计研究与实践的最新成果与动态。自 1997 年起，本论丛定期遴选并分辑推出。

采取这种多方联合、协同运作的方法，如此大规模地遴选、出版会计著作，在国内尚属首次，其艰难程度不言而喻。为此，我们殷切地希望广大会计界同仁给予热情支持和扶助，无论作为作者、读者，还是作为评论者、建议者，您的付出都将激励我们把“三友会计论丛”的出版工作坚持下去，越做越好！

东北财经大学出版社

前言

传统预算管理的理论和实践是建立在“理性经济人”的人性假设和科层制的组织假设基础之上的，通常作为组织刚性的考核控制系统。实际上，如果从组织的三维视角研究预算管理，则会丰富预算管理的本质。预算管理作为刚性的考核控制系统的本质是基于理性组织系统的研究视角；基于自然系统组织视角的预算管理是员工行为的规范和引导系统；基于开放系统组织视角的预算管理是组织与环境的能量交换和平衡系统。

预算管理事前制定与事后环境发展的不一致性，会导致预算冲突和预算功能紊乱行为；科层制框架下的预算指标还会产生目标置换的问题。组织转型后，传统预算管理与新型组织的不相适应性加剧了预算冲突和功能紊乱行为，进一步削弱了预算的管理功能。那么，在新型组织中还需要预算管理吗？本书认为，预算管理思想是包括新型组织在内的所有组织所必需的，但是，具体的预算管理方法必须变革，以适应新型组织的管理要求。

新型组织的组织结构是以团队为基础的横向结构形式，建立在此基础上的预算管理组织体系自然也应是横向结构的、打破传统职能基础的预算管理模式。通过建立基于流程的、跨部门的、自我管理的团队作为组织的基本单元，这类团队具有自主制定、调整和执行预算的自主权。团队预算是新型组织的核心，其优势在于团队可以根据环境变化实时调整预算，预算管理指标不再细分至每个成员，便于激发成员之间在预算实现过程中的合作精神。组织的外部转型还表现为供应链网络组织的兴起，拓宽了预算管理的范围，为预算管理的改进提供了机遇。

组织行为模型、组织文化和价值观是预算管理的行为环境，它们的转型对预算管理行为特征均会造成较大的影响。预算行为研究可以从个体层次、团队层次和组织层次等三个层次进行。个体预算行为的研究逻辑是不同的人性假设决定了不同的激励机制，不同的激励模式决定了不同的预算行为特征。新型组织的人性是Y型的，是具有团队合作精神的知识人，因此，其个体预算行为迥异于科层制组织的预算行为，表现为预算行为的自主性、正强化、自控制和自学习的特征。团队预算行为的研究基础是团队行为的特征，即信任和合作，本书研究了团队预算的行为过程、团队预算中的双向责任、团队学习与团队行为优化。组织预算行为的研究基点是组织行为模式，新型组织行为模式是社团模型，决定了预算管理中员工和组织是相互支持的合作关系。此外，组织文化对预算行为也有一定的优化作用。

信息技术既是组织转型的诱因，也是新型组织管理的技术基础。信息技术已经广泛运用于预算管理，并对预算管理的改进起到了很大的作用，调和了在原基础上改进和超越预算两种思想的矛盾。以上两点表明，信息技术是新型组织预算管理的技术基础。网络预算是预算信息化发展的高级阶段，本书以金陵石化案例分析了网络预算的过程和成效，并进一步提出了优化网络预算的途径。

在本书成书之际，我要感谢扬州大学出版基金的资助，感谢教育部人文社会科学研究青年基金项目“组织理论视角的预算管理系统研究”（10YJC790157）资助。同时，也要感谢为本书出版作出贡献的东北财经大学出版社高鹏、李彬、王伟民等编辑们的努力。

作者

2011 年 10 月

目录

1 导　论

1.1 问题的提出

预算管理思想最初应用于政府和非营利单位，预算控制始于19世纪美国小城镇所实施的公共预算制度（冯巧根，2002）。预算管理在企业的实践可追溯到20世纪20年代美国杜邦、通用以及西门子等大企业的管理控制。1919年，美国通用汽车的多个部门为强化对下属事业部的控制，开发了以预算指标作为控制手段的财务控制系统，最初是以投资回报率等单一财务指标作为预算和考核指标，以控制和评价各事业部的绩效，在组织、财务控制和战略投资等方面发挥了很好的作用。到了20世纪60年代，预算逐步变异为固定绩效考核合同。

预算管理的研究也多从控制角度进行，早在1922年麦金西就出版了专著《预算控制》，将预算管理理论及方法从控制的角度进行了详细介绍，该书的出版标志着企业预算管理理论开始形成。安东尼（1965）认为，在预算控制系统中，在每个会计年度，对管理者业绩的衡量是看其达到预算目标的程度。Merchant（1985）认为一个公司的预算控制系统是由几个大的控制系统组成，预算控制对预算偏离度有严格的限制。

预算管理已发展成为管理控制的基本模式，对预算本质和功能的探讨也不断深入，通常我们将预算理解为：建立在对环境的合理预测基础上，以企业战略的实现为最高目标，系统配置资源，并对生产经营管理过程进行监控、分析和考核，并最终落实奖惩责任。因此，预算具有计划性、系统性、控制性和责任性等多重本质特征，是企业重要的行之有效的管理机制。但是，理论上完美的概括并不能掩盖实践的缺陷，预算管理实践过程中的局限性成为学术界和实务界批评甚至否定预算管理的理由。彼得·德鲁克认为，随着经济、社会以及政治领域的不确定性越来越多，绝大多数公司至今仍在沿用的那种规划——基于可能性基础上的预测，即便不是无法达成预期目标的，至少也被认为是徒劳无功的。杰克·韦尔奇的批评则更加直截了当，“预算是美国公司的祸根”。

国外对预算的批评可以归纳为三个方面：

一是预算管理目标过于偏向于财务导向，而忽略运营管理的需求（Peter Bunce et al.，1995）。一些人甚至认为预算已沦落为财务预测和现金管理的角色。

二是预算管理角色的内在冲突。Barrett 和 Fraser（1977）将预算归结于五个角色，其中三个主要角色是计划、激励和评估，两个次要角色是协调和教育，角色之间的需求存在着主要和次要的冲突。第一，计划与激励的冲突。从激励角度看，经理们在首次提交预算建议时经常进行粉饰，即所谓的“预算松弛”，如果不能解决“预算松弛”问题，将同时降低预算的计划和激励作用。第二，激励和评估的冲突。从激励角度看：一方面，预算设置的目标应被经理人员看做判断业绩的固定标准；另一方面，评估经理业绩时需剔除在预算期间不可控的成本费用和环境因素。激励与评估的冲突实质是固定标准和动态环境之间的矛盾。第三，计划和评估的冲突。预算编制初期，管理层应根据公司和环境的关系估计最有可能的产出，这时评估的作用较弱；而后期的预算角色主要是评估，此时的预算为适应环境条件的变化已作了调整和修改。如果忽略预算的激励功能，企业看上去好像有两套预算，一套用于计划，另一套则是用于评估。

三是传统预算和现代组织结构的不相适应性。传统预算建立在等级特权的组织结构基础上，而现代管理为追求质量和效率必须要求经理们根据流程而非职能来思考。成功的企业必须创造价值，因此需要关注价值链和市场需求，可是，传统预算的资源分配因受制于时间而变得僵化。

Michael Bromwich 教授从战略一致性等五个方面全面地归纳了预算管理的实践及其存在的问题，见表 1—1。

表 1—1 **传统预算的实践和问题**

目标	实践	问题
战略一致性	在前一年基础上的增量	与战略不关联
	跨部门削减	错误的服务削减
资源的合理性	职能式组织	次优业绩
	关注成本要素	不看产出
	有节制的投资收益	过剩资源

国内企业预算现状的调查结果显示，预算管理的实践状况也不尽如人意，其局限性主要表现为：第一，预算与市场脱节，与战略目标不相关。南京大学会计学系课题组（2001）认为，大部分企业已认同了全面预算应该以市场为基础的观念，但是仍有不少企业在编制预算时仍然侧重于内部生产。湖南省的调研（2002）也认为，企业预算只注重企业短期活动，忽视企业长期战略目标，使短期的预算指标与企业的长期战略目标不相适应；预算与市场相脱离，整个预算指标体系难以被市场接受。第二，预算实施效果不佳。南京大学会计学系课题组分析认为，企业普遍注重预算的编制，而对预算执行未能足够重视，削弱了预算的控制和激励功能。广西（2004）的实施了全面预算管理的样本企业，其管理效果也不尽如人意。湖南省的已实施了财务预算管理的少数企业，因为财务预算管理流于形式，未取得应有的效果，对继续实施财务预算管

理失去信心。

尽管对预算管理存在诸多批评，但应该承认，预算仍然是企业实践中常用的管理模式，尤其是在大企业的规范化管理中。南京大学课题组（2001）调研结果显示，企业普遍编制生产、销售、费用预算；冯巧根（2002）经调研认为，责任会计、预算管理、成本管理、业绩计量与激励机制是我国企业运用管理会计的重点。西方的大部分企业仍将预算作为基本的控制方式，只有少数企业以新的战略管理工具取代传统预算。Bo-GoÈran Ekholm 和 Jan Wallin（2000）以芬兰包括诺基亚在内的大公司为调查对象进行了问卷调查，结果显示，只有极少数公司计划完全放弃年度预算。有的公司认为，作为替代物的滚动预算、平衡计分卡和年度预算应该能够平行运行，传统的年度预算扮演着支撑内部有效性的角色，起到了与外部股东及其他利益相关者沟通信息的作用。因此，我们认为预算管理仍是组织管理的重要模式。

针对预算管理存在的局限性，存在两种不同的改进思路。

第一种思路是在原有基础上进行改进（better budgeting）。为应对传统预算的批评，也为解决预算中的实际问题，西方理论界和实务界在发展预算方法上作了诸多有益的探索，先后出现了作业基础预算（activity-based budgeting）、零基预算（zero-based budgeting）、项目基础预算（project-based budgeting）等诸多方法，这些方法在某一特定环境中都有一定的优势，但均未被企业普遍接受。CAM-I 的高级预算研究小组在对传统预算缺陷进行研究的基础上，把目标重心放在运营管理上，认为有效的计划和预算系统必须与此相适应，指出如下目标为发展这一新方法提供了基本要素：（1）启动与企业战略一致的作业计划；（2）资源消耗与流程产出相联系；（3）支持持续改进，包括渐进和突破；（4）构建支持性的适当行为；（5）通过计划和预算增加真实价值。这些目标成为著名的“关键目标”，为这一领域的工作提供了基础，被公认为是相关的和重要的。更为关键的是，这些目标将引导企业的目光从关注狭窄的预算转移到关注更宽广的先进管理系统。

第二种思路是超越预算（beyond budgeting）。超越预算是一种彻底抛弃年度预算管理的思路，其要义在于考虑现有的战略管理流程和预算程序，并将两者相联系以创造出一个独特的整合流程，通过削减财务计划流程来更有效地联系其他要素，如战略陈述、报告和报酬机制。超越预算并不是说提供财务项目不重要，而是强调与战略要素的结合。超越预算的优点在于：第一，拓宽了企业视野，关注一些非财务因素和无形资产对企业业绩的影响；第二，新流程和新衡量工具的构造可满足企业的精确管理要求，如平衡计分卡、价值基础管理和 EVA 管理体系等；第三，此种方法要求企业区别预期的业绩和必需的业绩，经理人员应追求更长远的目标。超越预算圆桌会议（BBRT）的研究主任杰里米·霍普和罗宾·弗雷泽在《超越预算》一书中提出，应抛弃作为固定绩效的年度预算，否定预算作为绩效标准的考核控制功能，而不是预算管理本身。他们提出的超越预算管理模式本身就包含滚动预算与其他管理工具的综合运用，所以超越预算并非抛弃预算模式，而是将改进的预算嵌入更大范畴的管理模式中，与其他管理工具共同发挥作用。

目前对预算改进的研究很多，但都存在一定的局限性：第一，研究层次单一。关于组织问题的研究通常有四个层次：个人、部门、组织和组织群，从上述对于预算管理的批评和改进看，现有的预算管理研究侧重于组织这一单一层次，将预算作为组织管理和控制的工具，研究其功能、局限性和改进方法。第二，研究侧重于方法层面。传统的研究中一般都假设组织是理性系统，而理性系统的典型代表是韦伯的科层制，因此，狭义地讲，传统预算管理的研究是建立在科层制（或层级制）的基础上。科层制既是一种组织理论，也是普遍存在的组织形式的实践模式，科层制组织是一种为了完成特定目标而设计的工具。组织有特定的目标，为了最有效地达成预定目标而以某种方式组织起来的一系列行为逻辑，就是所谓的技术或功能理性（Mannheim，1950）。预算管理也秉承了这一思想，先理性地设定组织的预算目标，然后再根据这一目标分解预算指标，科层制组织认为所有部门和员工是规则导向的，应该以预算指标作为工作目标。组织理性视角的预算管理研究和认识过于单一，因此对预算改进的思路仅仅局限于方法或技术层面。第三，预算管理的行为层面研究不足。现有的预算研究简单地假定，人是理性的经济人，突出表现为假定预算参与者的唯一动机就是从预算中获得经济利益最大化，与预算考核相关的经济利益被假设为影响预算参与者行为的唯一因素，因此，其侧重的是预算控制对组织效率和效益的影响，而对预算管理的人和组织的行为后果研究不足。当前，对于人性的主观认识有了很大进步，沿经济人、管理人、自我实现人、复杂人等依次发展，如果放宽理性经济人这一假设，现有的预算管理研究适用性就会大打折扣。因此，需要从预算参与个体的心理和行为的角度透彻研究预算管理。参与预算作为对科层制下强制预算的修正形式，是西方预算行为方面研究的重点。其运用的是实证研究方法，从个体个性特征、组织理论和环境等角度多层次地设计变量，研究参与预算的绩效，但是，仍缺乏对于预算管理中行为的系统理论研究。第四，对于组织转型背景下的预算管理变革和优化研究不足。组织转型已是客观事实和大势所趋，对于新型组织的预算管理研究尚不多见。

正是基于现有预算管理研究的局限性，本书试图从组织理论、组织转型和行为科学的视角研究预算管理：首先，分析了基于不同组织理论视角的预算管理的内涵，研究了不同组织情境下的预算管理的本质，扩展了对预算管理的认识。其次，按照组织转型的框架，对以下问题展开了研究：科层制下预算管理行为的特征及其后果、产生的负功能；作为对预算负功能行为进行矫正的参与式预算行为对预算行为优化的意义及其局限性；在组织由科层制向新型组织转型的趋势下，预算管理能否适应新型组织的管理需求；新型组织预算管理的特征及角色定位；新型组织中预算管理模式的构建；新型组织预算管理的组织体系、行为特征和方法技术。

1.2 研究思路、目的和方法

1.2.1 研究思路

本书认为预算管理首先是组织问题，其起源和发展就是为了解决组织的管理控制问题，提高组织资源配置的有效性。研究组织问题就必然涉及相关的组织理论背景。斯格特在其《组织理论》一书中按照组织研究的视角从三个不同角度定义组织：理性系统、自然系统和开放系统。斯格特认为，组织研究的三种视角并非相互否定、非此即彼的关系，每个视角均有其合理性，相互之间是互为补充的。例如，开放系统虽然是在理性系统和自然系统之后发展起来的，但理性系统和自然系统仍将作为合理可行的视角而继续存在。

传统的预算管理的定义是建立在理性系统的基础上的。从理性系统角度看，组织是一种为了完成特定目标而设计的工具。理性存在于规范、控制机制和报偿体系中。由于理性系统强调的是结构特征而不是参与者的特征，所以，本尼斯把这一体系称为“没有人的组织”（Bennis，1959）。理性系统的理论家给予控制以极大的关注，即上层参与者对下层参与者行为的决定权。决策是集权的，大部分参与者被排除在处理权或对其自身行为的控制权之外。传统预算管理的理论基础正是理性系统，传统预算管理的本质是作为组织正式的、理性的控制工具，上层的参与者以预算指标控制下层参与者。建立在此理论基础上的预算管理强调的是预算的规则特征，预算作为组织的控制工具，具有刚性特征，而对预算管理中人的行为、组织行为关注不够。由于整个理性系统的组织是正式规则导向，忽略了非正式规则（组织文化、价值观等）对预算管理的影响，因而整个预算体现出来的也是“没有人的控制工具”。

自然系统视角的组织理论研究基础是组织中的人，强调个体参与者从来都不只是“被雇用的劳力”，个体投入的是其智慧和情感。自然系统更多地关注个体参与者的行为，所以对组织规范和行为结构之间复杂的相互联系更为关心。其代表性理论有马约的人际关系理论、巴纳德的协作体系、马奇和西蒙的公司行为理论，这些理论都是行为科学观的组织理论，对人的认识由“经济人”转向了“社会人”，对原来单一化的经济目标和经济激励作了重大修正，代之以多样化的决策目标和激励因素。从自然系统视角认识预算管理是预算管理的行为观：组织中的人是预算管理的主体，应关注预算管理中的组织行为和人的行为；承认个人和组织目标的不一致性，在预算编制时需要个体的积极参与，充分协调各方利益以达成一致性目标；预算管理的目标是参与者之间订立契约的结果；预算执行时注重激励—贡献的平衡，运用各种激励以促进预算目标的实现；预算参与者根据预算差异的信息自行采取控制调节措施。自然系统视角的预算管理的核心功能不是控制人，而是关注如何通过预算管理协调不同人和部门的利益，引导和规范其行为，充分调动其积极性和创造性。

开放系统视角注重组织与其环境的相互依赖关系。开放系统视角要求不能将预算研究限制在组织内部，而应放在组织内、外部环境等更广阔的范畴研究。开放系统的预算管理是组织与环境关系的纽带，是组织对外部环境作出反应的管理系统。与其相对应的典型组织理论是劳伦斯、骆奇的权变理论。劳伦斯和骆奇（1967）创造了权变理论，他们认为，不同的环境对组织有不同的要求，特别是市场条件下以不确定性及快速变化为特征的环境，相比那些稳定的环境而言，更会对系统提出不同的要求。权变理论认为，组织的内在特征与其环境如能达到最佳匹配，那么组织就能更好地适应环境。环境的不确定性和复杂性对于组织预算行为的选择有较大的影响，不确定性程度和复杂性程度较小时，参与性预算显得没有必要；相反，不确定性程度和复杂性程度较大时，参与性预算行为成为提高预算有效性的必然要求。权变理论已经成为西方预算管理研究的基本框架。

分别从组织、个人和环境三个研究视角和层次研究预算管理，将会对预算管理的内涵、本质、角色定位和功能有较为全面的认识。

目前，由于组织所处环境的动态变化，组织变革的时代已经到来，组织转型成为组织学研究的重点。组织转型理论（organizational transformation）兴起于20世纪80年代，它实际上是由组织发展理论（organizational development，OD）发展而来。卡明斯、沃里（2003）认为组织转型是引导组织基本特征和文化变革的活动，这些结构的破裂有时甚至是革命性的调整，完全超越了组织的逐步改进。巴克利认为，组织转型是一种“范式转换”。组织转型要求组织在经营理念、业务流程、组织结构、运行机制、管理模式等方面整体性地向明显不同的另外一种模式变迁。

钱平凡（1999）将影响组织转型的因素归纳为历史因素和环境因素两类。新制度学派认为制度环境和技术环境是构成企业环境的两个重要方面。环境的不确定性程度和环境的复杂程度是决定组织转型方向的重要变量，因为环境对组织的基本构成要素（目标、技术、制度和活动）均有重要影响。企业环境的新现实——信息技术革命和制度环境的变化（认知基础转变、价值观的变化和强制性的减少）已经彻底动摇了企业组织存在的基础，要求组织必须进行变革。

葛雷纳的“组织发展模型”强调了企业组织的历史对其发展的影响，他以组织年龄和组织规模作为组织历史变量来分析组织的演变，提出了企业成长的五阶段模型：创造力推动企业成长与领导危机阶段、通过指导而成长与自主危机阶段、通过授权推动企业成长与控制权危机阶段、通过协调推动企业成长与官僚作风的危机阶段、通过合作推动企业成长与未知危机阶段。奎恩与卡莫恩（1983）将组织发展分为四阶段：企业化阶段、集体化阶段、正规化阶段和合作化阶段。目前的组织转型正处于葛雷纳的通过协调与合作推动企业成长的阶段（即第四和第五阶段），也即奎恩与卡莫恩（1983）所指的正规化阶段向合作化阶段发展的过程。

本书将组织转型规定为正规化阶段向合作化阶段的变革，第一是因为预算管理的产生就是源于组织正规化的需求；第二是因为组织转型实践和理论的主流也是由正规化向合作化阶段发展。正规化阶段的典型就是马克斯·韦伯建立在组织社会学基础上的科层制（又称官僚制），体现了德国式社会科学与美国式工业主义的结合，其基本特征是高度规则化和结构层级化。

科层制组织的缺陷就在于其结构的刚性。布朗和艾莉哈特（2001）认为，企业组织结构的刚性实际上使企业陷入了“官僚主义的陷阱”。科层制是规则导向的组织结构，而规则是非人格化，不带有任何的感情因素，这样的规则是带有自我强化倾向的，米歇尔·克罗齐埃（1960）认为，这将导致两个后果：一方面上级失去了对下级的一切相机处置的权力，其作用只限于对执行规定的监督；另一方面下级也失去了给上级施压的权力以及与对他们谈判的权力，因为下级的行为也完全受规则所支配。科层制导致组织参与者的注意力从组织的目标转移到组织所要求的细节，规则原本是手段，现在却变成终极目标，默顿称之为“目标置换”。本书认为，预算管理应正规化需求而产生，适应了企业的层级结构，是科层制组织的重要管理工具。预算管理具有确立目标、规范行为、整合资源、沟通信息和评价业绩等基本功能，并有助于战略实施、资源配置和内部控制等活动，但科层制基础上的预算管理和科层制一样具有刚性特征，而且有相互强化的倾向。预算管理是集权型的管理系统，预算管理制度是科层制企业规则的组织部分，分解的预算指标成为部门和员工的终极目标，是考核、控制部门和员工的正式规则，因此，预算管理的刚性产生了负面的行为后果，或者是功能紊乱的行为，预算作为考核、控制的工具时实现预算的压力就产生了，执行预算时就会充满对预算压力的抱怨。阿吉里斯（2004）认为，预算管理对人力资源而言是压力性工具，而且因为预算很具体，所以成为最好的传递全部管理压力的工具。因此，预算管理通常被认为是“有害的压力”。人们相信，预算管理会阻碍创新和学习，而且过分注重预算的实现可能导致不当行为的发生，如操纵数字、部门间冲突、增加与工作相关的压力以及预算博弈，即发生所谓的“目标置换”。预算指标原是实现企业目标的手段，而现实中却成为下属部门和员工追求的最终目标；这些预算指标在引导、规范正面行为的同时，也诱发了功能紊乱的行为。

为纠正传统预算的不当行为后果，参与预算被企业普遍采用。参与预算是指允许下级参加预算的编制，并且下级能影响或决定预算水平。Argyris（1955）认为下级应该得到机会参与组织的决策，因为这些决策会直接或间接地影响到他们自身。参与的过程是“目标内在化”的过程，参与预算对执行预算的下属的预算相关态度、工作相关态度和组织相关态度均有正向影响，因此，参与预算的本质是激励机制，可以提高下属的工作绩效和组织绩效。参与预算在解决问题的同时又产生了新的问题，即预算松弛问题。参与预算作为以科层制为基础的预算管理的修正模式并没有能彻底解决预算的不良行为后果，参与预算的最终预算决定权仍是上级，因此其实质上仍属于集权型的管理思维。

科层制组织已经难以适应企业外部环境的变化，组织转型已是客观趋势。我们将转型后的组织定义为新型组织。组织转型可分为内部转型和外部转型。

内部转型指的是组织的内部结构和组织文化的转型。新型组织大致从 20 世纪 70 年代后期开始在组织管理理论中出现。罗宾斯（1997）认为，新型组织有团队结构、无边界组织、虚拟组织和女性组织等四种形态。林金忠（2004）认为最值得探讨的是内部转型的团队结构，并由这种结构延伸到无边界组织。具体来讲，内部转型如“团队”型组织、学习型组织、自设计型组织，其共同特征在于结构的扁平化、沟通的网络化、工作的团队化和组织的学习化，其中的显性特征就是团队成为组织的基本单位。因此，本书从组织结构的角度将新型组织定义为以团队为基础的组织（或称基于团队的组织）。组织文化的类型包括角色型文化、权力型文化、任务型文化和人本型文化。与传统组织结构对应的是角色型和权力型文化，而与基于团队的组织对应的是任务型文化和人本型文化。

外部转型后的组织包括虚拟型组织、战略联盟型组织、边界模糊型组织。外部转型的特征是：组织间的关系由竞争模式转向合作竞争模式；组织间边界模糊；组织成为整个供应链或价值链中的一环。

总之，新型组织的基本特征可概括为：第一，企业组织中的权力发生转移，权力从高层转移到基层员工，从企业组织转移到顾客；第二，正式规则减少，非正式规则的作用越发明显，逐步建立以信任为基础的新型员工关系；第三，组织间是竞合关系。

新型组织的特征要求组织控制作出相应的变化，William G. Ouchi（1980）将控制战略分为三种：市场、官僚制和小团体（见表 1—2）。

表 1—2 **控制战略类型**

类型	要求
市场	价格、竞争
官僚制	规则、标准、层级制、法定权威
小团体	传统、共享价值观和信念、信任

其中，小团体控制即使用社会手段，如公司文化、共享的价值

观、承诺、传统、信念等，来控制行为。使用小团体控制的组织需要共享的价值观和雇员之间的相互信任。当组织中问题的模糊性或不确定性程度很高时，小团体控制就较为重要。对于那些转向分权化、横向团队、网络组织结构、雇员参与等新管理范式的公司通常使用小团体控制或自我控制。Edwards（1979）总结了组织控制的三种形式：简单控制、技术控制和科层控制。张志学等（2006）认为制度的问题主要表现在以下三个方面：第一，非常严密的制度、规则和流程限制了员工的自主性；第二，制度的后摄性或回应性本质在应对企业面临的新情况时出现困难；第三，制度本身会演化成一种官僚主义。参与、分权和民主的控制方式最终会成为限制性的科层制的替代者（Follet，1941；Lewin，1948）。随着学习型组织、扁平化组织的兴起，有学者提出继科层制后可能存在的第四种控制：协和控制（Barker，1993）。这种控制不是由管理者对被管理者发号施令，而是由双方共同讨论应当通过什么手段才能更好地达成企业目标，从而逐渐形成某种共识或默契——这就是价值观。

预算管理作为企业管理控制系统的构成要素，也必须作出相应的变革。新型组织与预算管理关系的研究首先要解决的问题是新型组织中是否需要预算管理，回答这一问题需要分析预算管理的角色问题，传统研究侧重的是预算的考核控制角色，而忽略了预算的其他角色。实际上，预算管理还具有计划、协调、沟通、控制和业绩评价的角色，这些角色也是管理的基本职能。组织转型、管理方式的变革只会改变管理职能的侧重点，而不会改变管理的基本职能，因此从这个意义上讲，预算管理仍为新型组织管理所必需，只是预算管理的角色定位的侧重点需要调整。预算管理的多种角色之间是存在冲突的，因此，基于不同的组织类型，预算角色是权变的：科层制框架下的预算管理倾向于计划、控制和业绩评价等刚性角色，这些角色定位同时也构成了预算管理的主要流程；新型组织框架下的预算管理更多地倾向于预测、协调和沟通等柔性角色。

预算管理不仅是个组织问题，还是个行为问题，预算管理是规范和引导员工行为的机制。传统预算作为标准的控制，是“通过控制影响成员的潜在经验、思维和感情来指引成员进行努力的尝试，简言之，在标准控制下使员工自觉维护企业的利益”。因此，预算管理研究的一个重要层面是关注预算管理中人的行为特征和行为后果，研究预算管理中的人对预算的态度、反应、需求、激励、压力等行为因素，并从这些行为因素寻求预算管理的优化。拉法耶（2000）认为对于组织成员的行为存在三种认识：一是劳动合理化，组织成员是被动的工具，适合执行任务和接受命令而表现不出创造性。二是组织成员引入了自己的态度和价值体系，不一定与组织所追寻的目标一致；三是组织成员的共同任务是进行决策和解决问题，重点在于解释内部人员行为的认识过程、推理和分析方法。科层制组织假定人是理性的经济人，组织中的人完全隶属于组织，服从组织规则，属于第一种认识；建立在此基础上的预算管理的行为特征是强制预算，预算行为通常界定为差异调查、预算压力等，着重研究预算管理对组织成员行为的影响，体现的是组织对个体的单向影响，组织成员的行为处于被支配地位。参与预算中对于人的假设属于第二种认识，承认个体目标与组织目标的差异，研究参与对个体的需要、态度、激励等行为变量的影响，从而促进目标的一致性，优化预算管理行为，但是这类关注的局限性在于其仍处于集权的框架下，最终预算目标的决定权还是在上级。而第三种认识中，人的行为则是被完全授权的，与新型组织的行为要求相对应。此种认识要求：研究新型组织的心理和行为机制，并在此基础上分析预算行为的特征和后果及其对预算管理有效性的影响，有针对性地构建和优化预算管理模式。

组织问题的研究基础是组织理论，而行为研究范畴属于组织行为。达夫特（1999）认为组织理论是对组织的宏观上的研究。组织理论将组织作为一个分析单位，涉及组织和部门中的人员总和以及组织的分层结构和行为差别；而组织行为研究是微观方法，它的研究重点是与分析单位相关的组织中的个人。将两者结合起来并考虑其相互作用的研究范式称为常态理论。本书力求以宏观、微观相结合的方法来研究组织的预算管理，构建预算管理的常态研究框架。

我们认为组织转型后的新型组织的预算管理研究可以从三个层面进行：预算组织、预算行为和预算技术。其中，预算行为是基础，根据新型组织的预算行为特征可以构建有效的预算组织体系；信息技术既是组织转型的重要诱因，也是新型组织管理的技术基础，对预算组织和预算行为均会产生重要的影响。

首先，是预算管理组织体系研究。新型组织的基本特征是结构的扁平化、工作的团队化、沟通的网络化和组织的学习化。团队是新型组织的基本单位，团队组织结构有两种情形：一是小型企业组织中，整个组织就是由一个单独的团队组成；二是组织由有多个团队构成，各团队共同组成了网络组织结构、环形结构或保持一种扁平化的简单层级制，这种结构中团队是次级组织。奥斯本、默兰（2004）将团队的形成与发展分为五个阶段：启动阶段、茫然阶段、以领导为核心的团队、紧密型团队和自我管理型的团队。在这一发展过程中，决策的权限逐步由管理者向团队转移。预算组织体系中包括预算权限的配置和转移，预算的决定权属于团队，团队有编制、执行预算的自主权。团队预算是组织预算的核心，而团队预算又是由团队中个体的自我预算的合作博弈形成，整个团队预算的综合就构成了组织预算。组织领导者在预算管理中的角色是顾问和咨询，团队预算打破了建立在等级制基础上按部门编制预算的组织体系，实现了基于流程的跨部门预算体系，预算由纵向结构变为横向结构，也更有利于预算的执行。预算从上级对下级的控制转变为团队之间的协调。组织外部转型，如外包、虚拟经营和战略联盟等对于预算的编制和执行也有重要的影响。预算正逐步由内部管理行为拓展为基于供应链的预算管理模式，形成员工预算—团队预算—组织预算—基于供应链预算的组织体系。

其次，是预算行为研究。预算行为研究可以从三个方面进行：

①组织的人性假设

道格拉斯·麦格雷戈曾指出："在每个管理决策或每一项管理措施的背后，都必须有某些关于人性本质及人性行为的假定"。对人性的界定是预算行为研究的基础。1965 年，美国心理学家雪恩将流行于西方的几种人性假设的理论概括为四种类型，即"经济人"、"社会人"、"自动人"（也称"自我实现人"）和"复杂人"。"复杂人"的假设是雪恩自己对人性的看法，他认为人是复杂的、多变的，而且具有许多可以结合成一个复杂激励方式的动机。由人性假设研究人的需求和动机，继而研究新型组织预算管理中人的态度、行为和激励等行为问题，就可以分析新型组织中预算编制、执行、评价和反馈的行为特征，从而可以运用行为矫正、目标设置、社会学习等理论优化预算行为。

②组织行为模式（模型）

纽斯特罗姆（2004）认为，不同的组织类型有不同的组织行为模式或组织行为的理论范式（见表 1—3），这些模式按照组织转型的次序依次演化，分别成为科层制、改进的科层制和新型组织的行为模式。

表 1—3 **组织行为模式（模型）**

	独裁模型	看护模型	支持模型	社团模型
模型的基础	权力	经济资源	领导	伙伴关系
管理定位	权威	金钱	支持	团队工作
员工定位	服从	安全感和收益	工作绩效	有责任感的行为
员工的精神状态	依赖老板	依赖组织	参与	自律
被满足的员工需要	生存需要	安全需要	地位和被认可的需要	自我实现的需要
效果	最低	消极合作	驱动力被唤醒	一定的工作热情

社团模型是新型组织的行为模式，这是一种基于团队的工作模式，人与组织的关系是伙伴模式，组织中的个体是作为投资者的主体，与组织的关系是“成年人与成年人的关系”（琳达·格拉顿，2005），个体拥有较大的自主权。新型组织是学习型组织，其预算管理具有组织学习功能，而且是由单环学习（适应性学习）发展为双环学习（创造性学习），可持续不断地优化。

③组织文化和价值观

新型组织的预算行为受组织文化、价值观、心理契约等“软控制”的影响。新型组织的文化与科层制企业的文化有着本质的区别。新型组织中，其组织文化由角色文化发展成为以人为本的文化，由控制文化不断地向信任文化发展。新型组织文化对预算行为的优化提供了价值导向。

最后，是预算技术研究。对于预算技术的研究是基于信息技术的预算管理改进。信息技术不仅是组织转型的诱因，也是新型组织运作的技术支撑，对预算管理的改进也是革命性的。新型组织的预算管理应该是网络型的预算。预算管理中一直强调预算的持续改进（kaizen budgeting），传统预算的改进是基于人的学习能力，集成的是单个企业的智慧；而理想的网络预算的改进是基于机器学习，预算软件集成的是若干成功企业的智慧结晶。网络预算的学习功能可根据不断变化的外部环境和预算执行中的问题修正预算，连续不断地优化预算行为。基于商业智能的预算系统具备自学习能力，这种学习能力不仅仅限于知识的获取、组织和加强，而是包括建立理论、形成假说并进行归纳推理的高层次机器学习。所谓机器学习（machine learning）是一个有特定目的的知识获取过程，其内部表现为新知识结构的建立与修改，外部表现为机器工作能力的提高。如果预算系统具备机器学习能力，预算中的诸多问题就会迎刃而解。预算管理中诸多问题的起因在于预算起点的选择，大多数企业是以销售预测作为预算的编制基础，上下级基于各自主观判断的预测是预算冲突和松弛的主因，解决这些问题的根本在于如何更准确、更客观地进行市场预测。商业智能的数据挖掘方法和机器学习系统能够逐渐实现这一目标。基于商业智能的预算系统可以减少预算制订者的主观判断，能够提高预测的准确性、客观性和上下级预测的一致性，减少冲突和松弛。网络预算的在线编制、发布、调整、适时监控和分析反馈，以及数据挖掘和商业智能软件的机器学习功能，将传统预算发展为柔性预算或动态预算，而动态预算流程将实际结果不断纳入预算流程和预测流程，可以不间断地监测进展情况，并提醒可能出现的问题和机会。

1.2.2 研究目的

本书通过组织理论的视角剖析预算管理的本质，摆脱简单的预算工具论，进一步丰富了预算管理的行为内涵，并根据组织的转型分析其内涵的演变，从人的行为和组织行为的角度讨论了从科层制向新型组织转变过程中预算管理的角色转变及其适用性问题，研究了新型组织中预算管理的组织、行为和技术，以构建与新型组织控制相适应的预算管理模式。

1.2.3 研究方法

1）多学科交叉

本书将综合运用组织经济学、管理学、行为科学以及社会学等多学科理论作为基础的研究方法。

2）常态法

常态法是最新的后现代管理理论的研究方法。常态是指“二者之间”的意思。常态法注重两类典型或极点的融合，注重微观和宏观的融合。

3）案例研究

本书选取了有代表性的案例，据此剖析组织转型中预算管理的变革，以及预算管理中的行为特征。

4）实证研究

要对目前预算管理的角色定位、预算行为特征以及预算的有效性现状有充分的了解，必须作出相应的实证分析。考虑到实行调查问卷的难度以及为确保数据的准确性，本书通过公开发表的预算管理案例获取实证分析所需的数据。

1.3 研究框架和章节内容安排

1.3.1 章节内容安排

第一章 导论

第二章 国内外预算管理研究综述与比较

第三章 组织理论演变视角下预算管理本质的解构

本章主要阐述不同组织理论视角下的预算管理的本质、角色及其行为特征。区别于科层制的单一管理控制工具论，该章从组织理论演变的视角丰富了预算管理的内涵。

第四章 科层制框架下的传统预算管理研究

本章首先研究了科层制的优势和刚性特征、科层制管理模式下预算管理的特征，分析了预算管理与科层制的相互强化作用；然后研究了科层制体制下预算的角色定位及其行为后果、以改进科层制为基础的预算行为的矫正（即参与预算管理的运用）；最后，评述了参与预算对传统预算的矫正及其不足，分析了参与预算对绩效的作用模型，对我国企业的预算管理现状进行了实证分析。

第五章　组织转型与预算管理适应性分析

本章主要研究组织的内部转型和外部转型，概括了新型组织的基本特征，并在此基础上对新型组织的管理控制变革展开研究；在管理控制变革的背景下分析了预算与新型组织所要求的管理控制的适应性，论证了预算管理在新型组织中存在的必要性；对组织转型前后预算管理的角色定位进行了分析。

第六章　新型组织的预算管理组织体系研究

本章分析了新型组织内部预算管理权限的配置和转移，研究了内部的自我预算和外部的以供应链为基础的预算对接问题，分析了基于环境动态变化的整合的预算管理模型。

第七章　新型组织的预算行为研究

本章界定了新型组织中人的行为假设和组织行为模型，研究了新型组织预算管理中人—组织的行为特征；以新型组织中员工的心理和行为特征为依据，分析了个体预算行为的基本特征；阐述了团队预算行为的优化；讨论了组织非正式规则（组织文化和价值观）对预算行为的影响。

第八章　新型组织的预算管理技术研究

本章研究了适应新型组织的预算管理技术，分析了基于信息技术的网络预算对预算管理的改进作用，以案例方式分析了网络预算的过程和成效，并探讨了如何在新型组织中进一步完善网络预算模式。

第九章　结语

1.3.2　本书的篇章结构

本书的篇章结构如图 1—1 所示。

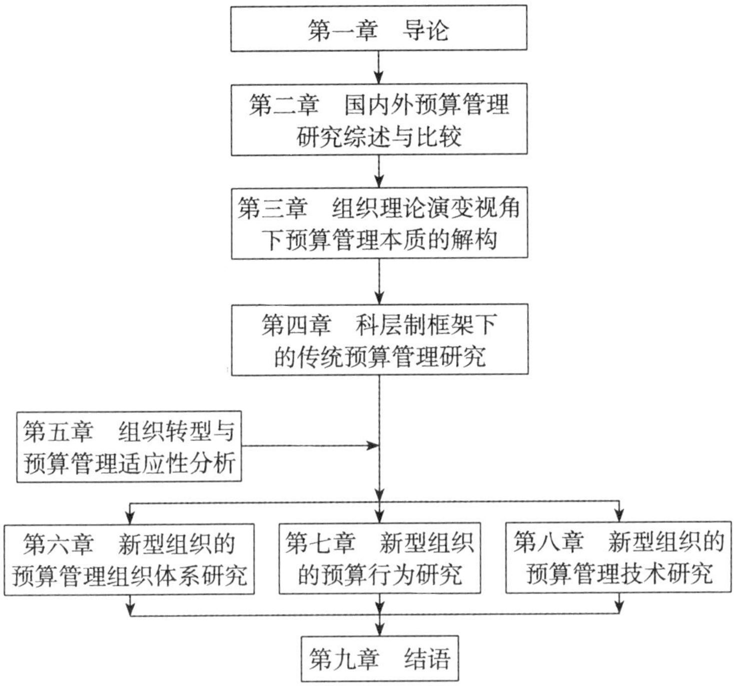

图 1—1　本书的篇章结构

1.4　可能的创新之处

1）从不同组织理论的视角研究预算管理的内涵及其角色定位，研究组织转型过程中预算管理角色的演化问题。

2）注重行为视角的预算管理研究，注重预算管理中行为因素和行为后果的研究。

3）研究新型组织的预算管理问题。

2 国内外预算管理研究综述与比较

2.1 我国预算管理研究文献回顾

2.1.1 预算管理应用现状的调查研究

1）预算管理实施比率不高

南京大学会计学系课题组于2000年对中国预算管理现状进行了问卷调查研究，结果表明大多数企业认识到了全面预算的科学性和必要性，普遍编制了生产、销售和费用预算，但对资本预算和报表预算编制比率低。湖南省的调研结果（2002）则更不乐观，调查和接触的企业中，无一家企业实行财务预算管理，且只有50%的企业仅限于编制财务计划。这些企业认为财务计划就是财务预算，对计划与预算的概念混淆不清，对财务预算的认识存在许多盲区和误区。韦德洪（2004）对广西企业的调研也表明，有88%的样本企业知道什么是全面预算管理，有89.33%的样本企业认为需要实施全面预算管理，但只有50.67%的样本企业实施了全面预算管理。

2）预算管理与市场脱节，与战略目标不相关

南京大学会计学系课题组分析认为，大部分企业已认同了全面

预算应该以市场为基础的观念，但是有不少企业在编制预算时仍然侧重于内部生产。湖南省的调研也表明：企业进行预算活动时只注重短期的活动而忽视长期的战略目标，使短期的预算指标与企业的长期战略目标不相适应；预算与市场相脱离，整个预算指标体系难以被市场接受。

3）预算管理执行效果不佳

南京大学会计学系课题组分析认为，企业普遍注重预算的编制，却未对预算的执行给予足够重视，从而削弱了预算的控制和激励功能。在广西，实施了全面预算管理的样本企业其管理效果也不尽如人意。在湖南省，少数已经实施了财务预算管理的企业，因财务预算管理流于形式，未取得应有的效果，所以对继续实施财务预算管理已失去信心。

2.1.2 预算管理模式研究

1）预算模式的起点、目标研究

生产、销售、利润、成本、现金流量和资本投出等是学术界认可的几种预算编制的起点，不同的起点代表了不同的预算管理模式。具体到每个企业，选择预算起点时应因地制宜，根据企业的性质、自身的生命周期、市场状况、竞争优势、企业目标等选择合适的预算管理模式。例如，生命周期各阶段应对应不同的预算起点，初创期或重大战略调整期以资本预算为起点，成长期以销售为起点，成熟期则可以收益、成本或现金流量为预算起点。因此，同一企业在不同的发展阶段选择以不同起点为基础的预算模式，是权变性质。于增彪等（2002）认为，两权分离的企业应以每股收益或利润作为预算的起点，并公开披露，与以历史成本为起点比较，将增强财务信息的前瞻性、及时性和明细化。

预算目标与预算起点的概念很接近，不过也有区别：预算起点的概念较为宽泛，而预算目标则是建立在预算起点基础上的具体指标。王斌等（2001）认为预算目标的形成是多方利益的博弈，如在公司制下，预算目标是股东、董事会和总经理三方讨价还价的结果。预算目标包括效益和规模两个层面的指标。汤谷良等（2004）从战略角度考虑，认为预算目标不可能是单一目标，否则无法协调资本预算、经营预算和财务预算三者之间的关系；战略是多元化的，要求预算目标是多元化的体系，即从持续增长、投资回报和风险控制等三个维度来设置关键绩效指标（KPI）作为预算目标。杨忠智（2004）提出预算目标的系统观：预算管理体系是由具有多目标和多利益主体的子系统组成，所以存在利益分配矛盾是必然的，必须在合理配置资源和以经济效益最大化为企业总目标的基础上，协调各局部利益目标。

2）集团预算管理模式研究

于增彪（2002）在研究国外预算管理的基础上将集团预算管理分为产能导向、销售导向和利润导向三种模式，而每一种模式又包括六项基本内容：模块及其关系；与财务会计的关系；与非财务指标的关系；与战略的关系；改进的 Kaplan 预算模式；与激励制度的关系。李国忠（2005）研究了企业集团类型和预算控制模式的匹配，认为：战略规划型企业集团对应于集权预算模式；财务控制型企业集团对应于分权预算模式；战略控制型企业集团对应于折中预算模式。

3）资本预算体系研究

阮银兰（2001）认为资本预算管理不仅表现为财务预算方法，而且是从价值和行为两个方面对企业的资本分配进行规划和控制的管理行为。从价值管理角度看，它主要解决项目可行性及其选择问题，这也是西方资本预算理论的核心内容；从行为管理角度看，它主要解决资本预算主体的定位及其相应的责权利对等关系。王斌等

(2002) 也认为资本预算管理不单纯是决策技术，更应是控制系统，资本预算管理体系至少由资本预算管理目标、资本预算战略、资本预算核心体系、资本预算实施条件与环境四大部分组成。

模式研究实质上体现的是将预算作为一个管理系统对待，考虑预算的整体性特征。杨忠智（2004）提出了预算管理的系统观，从预算管理观念、预算管理目标、预算管理组织和预算考评等四个方面对预算管理进行了系统思考，思考了从资源、流程等角度如何提高预算管理效用。企业实施预算管理必须有系统化的观念。蒋伟等（2004）以华润公司的6S管理体系（利润中心的编码体系、管理报告体系、预算体系、评价体系、审计体系、经理人考核体系）为例，介绍了以利润中心为责任单位的全面预算管理的系统化实施过程及效果。

2.1.3 预算管理改进研究

西方对传统预算存在问题的批评可归纳为以下几点：与战略不相关；不适应环境的动态变化；侧重于财务；与新兴起的网络组织结构不匹配等。我国对传统预算的批评基本类似。西方的预算改进有两种思路：一是在原基础上的改进（better budget）；二是超越预算（beyond budget）。我国预算管理改进研究普遍采用的是第一种思路，包括预算方法和预算技术的改进研究。

1）新型预算管理方法

潘飞等（2004）研究了作业基础预算（ABB）。作业基础预算的优势在于能够实现经营循环预算和财务循环预算的平衡，有较多调整预算平衡的工具，适应于平行的组织结构。陈缨（2004）以宝钢股份为案例，介绍了滚动预算的运行。滚动预算体系由年度滚动预算和季度滚动预算构成，年度滚动预算以公司战略、经营规划为指导，侧重于对规划期内的经营活动进行预算描述，与公司的经营规划构成战略预算；季度滚动预算是企业对一年经营期内经营活动所作的以季度为单位的预算计划。年度滚动预算通过季度滚动预算来实现，并在季度滚动预算中设置相应的战略指标，从而实现公司的长期目标。滚动预算其基本流程为编制→执行→计量→审计→分析→激励考核→改进→编制，即依托 PDCA 循环来实现，使得预算得以持续改进。滚动预算可使企业行为长期化，从而成为战略实现的保障机制。

冯巧根（2004）针对预算编制基数精确度不高的问题，提出真实诱导预算法和预算管理前馈化控制策略，分别从技术上和管理上完善了预算管理功能。

2）平衡计分卡与预算管理

平衡计分卡为预算目标的设置提供了更广阔的思路。陈宁（2004）提出，通过绘制战略地图（战略与各项目标、衡量指标的因果关系图），使企业战略转化为企业各个层级的平衡计分卡，然后通过与关键成功因素相联系以确定关键绩效指标，再依照关键绩效指标制订行动方案，随后根据行动方案编制预算、配置企业资源，最后通过关键绩效指标考评行动结果并进行奖惩，由此形成完整的基于平衡计分卡的全面预算管理。乔晔等（2005）进一步提出了基于战略地图的全面预算管理。战略地图是卡普兰教授在平衡计分卡基础上发展起来的一种战略管理工具，可将战略层层分解。基于战略地图的预算管理就是利用这种工具将企业的战略预算和经营预算连接起来，提高预算管理与企业战略的相关性。

3）信息技术与预算管理

张瑞君等（2001）以苏州新苏纶纺织有限公司预算管理模式为例，介绍了如何利用管理软件的功能改造原有的预算系统，通过与财务会计系统的整合，实现预算的实时监控。总之，就是将 ERP 系统与全面预算管理系统进行对接，充分利用 ERP 的系统集成性，为预算编制和预算控制提供相关数据，来弥补传统预算管理的不足。

2.1.4 预算行为研究

卢侠巍（2002）研究了预算控制过程中组织与个人行为的关系，提出了人的行为激励过程模式与预算管理的关系，认为预算必须体现人与组织的互惠以及预算目标的内在化（如图2—1所示）。

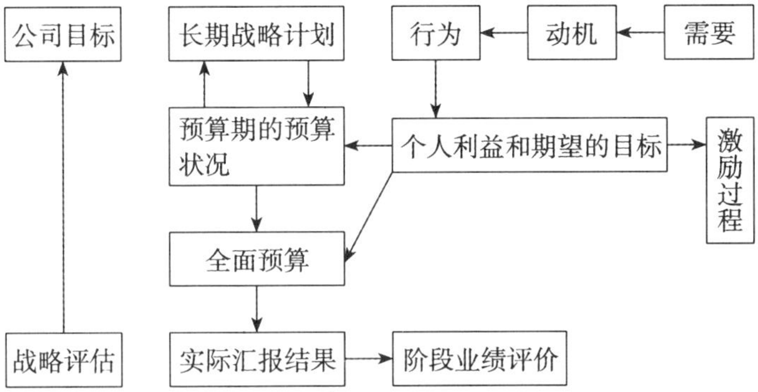

图2—1 预算编制过程和个人行为关系

麦格雷戈的X理论认为多数人不能自我管理，因此需要强制预算；而Y理论和费洛姆的期望理论一致强调个人及群体行为对组织的重要性，因此编制预算时应有相关管理人员的共同参与。从行为科学角度及目前企业的内外部环境来看，预算的编制采用动态参与的模式有利于实现预算的有效性和合理性，但是，在预算的编制过程中，还应特别关注预算标准的适度性。这是因为，预算的其中一个功能就是确定一个企业在财务上所要达到的目标，而要达到这些目标的困难程度对企业内各员工的行为有重大影响，比如无论员工如何努力也无法达到一个不可能实现的目标。

林宗纯（2005）认为，预算的编制与控制要依靠人来实施，应通过对人的行为激励模式与预算管理、个人工作绩效等内在关系的剖析，将公司目标吸收、融化到个人行为中，促进预算管理过程中预算目标的内在化程度，同时将预算管理作为一种行为规范，使其成为企业日常经营管理活动的准绳，保持预算的严格约束力，提高经济管理效率。

2.2 西方预算管理研究述评

2.2.1 描述性研究：预算角色、动机及其绩效研究

管理会计教科书中一般将预算定义为多目标角色，如预测、计划、协调、控制和激励等，对预算角色的定位和预算动机的研究对于全面、准确地认识预算的功能有重要的意义。这方面的研究包括预算角色冲突、预算角色定位、预算与战略的关系以及预算动机对应绩效等。

1）预算角色定位的行为后果

阿吉瑞斯（2004）认为预算对人力资源产生的影响是有一定规律的，并且将讨论将限制在五个主要方面：①源于预算是一种压力工具这一事实的问题；②预算主管的成功和生产主管的失败问题；③中心监督部门的问题；④源于预算被用做展现个性的媒介这一事实的问题；⑤与预算相关的人力资源问题。此外，他还列出了一些在遇到这些问题时应该遵守的行动规则。Marginson 和 Ogden（2005）通过对 Infotain plc 公司的案例研究发现一个有意思的现象：当经理人员面临与角色模糊相关的不确定性时，作出的反应是积极致力于实现预算目标，而不是将预算当作压力。这是因为，预算提供了结构性和确定性的资源，预算的实施对角色模糊的矫正有重要作用。实证研究的结果表明角色模糊程度高的人比模糊程度低的人更可能致力于实现预算。

英国企业对预算压力的反应也与美国企业截然不同，Lyne（1988）对 13 家英国大中型企业问卷调查的结果显示，86% 的回答者认为，增加的预算压力是必需的，而且压力之下也没有产生功能混乱行为（这与英国企业将预测未来业绩作为预算的首要角色

有关），因此由预算导致的压力相对较小。

2）预算的战略角色

预算的角色定位于计划、协调、沟通、控制和业绩评价已获普遍共识，对它的大量研究集中在如何有效运行预算，较多关注于业绩评估中使用预算控制引致的功能紊乱，但较少关注于组织预算在运营计划和战略形成方面的功能；而这些被忽略的功能是非常重要的，最近就有许多文献呼吁弥补传统预算在关注经营计划和战略方面的不足。

管理会计研究中倾向于将预算定位于“诊断系统”（Simons，1990），或定位于“回应系统”（Burchell et al.，1980），相当于评估和责任界定系统。实际上预算应用做管理层沟通和协调战略决策前的方法，并和报酬系统连为一体，便于基层经理对战略作出承诺。预算也能作为对话、学习和思想创造的机制（Burchell et al.，1980），Simons 称之为“交互控制”系统。Abernethy 和 Brownell（1999）的研究涉及了战略变革中的预算角色的定位问题，发展了一个检验战略变革、预算运用方式和绩效三者之间相互关系的理论模型（如图 2—2 所示）。他们以问卷方式调查了 63 家公立医院的 CEO，研究表明交互式的预算能够减轻战略变革对绩效的破坏效应，从而证实了上述理论模型。

预算使用方式

战略变革	诊断式的	交互式的
低	配比（绩效最高）	不配比（绩效最低）
高	不配比（绩效最低）	配比（绩效最高）

图 2—2　战略变革、预算运用方式和绩效三者之间的相互关系

基于权变的管理思想，人们注意到环境对预算动机和角色定位的影响，最近的研究较为关注的是在不同环境下的预算动机和角色的侧重点。Alam（1997）研究了环境的不确定性对预算动机的影响，通过运用权变理论和制度理论，选择了两家面临不同风险的孟加拉国的国有企业进行个案的比较分析。结果表明，高不确定性企业的预算动机侧重于管理与企业相关的重要机构的外部关系，超过了对组织自身的管理，预算与组织任务的细节方面相对分离；而相对较低或中等不确定性企业的预算动机则是更多地在实现组织任务中发挥作用。Hansen 和 Stede（2004）非常系统地对环境、预算动机重要性、业绩和组织成果之间的相互关系作了实证研究，他们把预算的动机概括为四个方面，即运营计划、业绩评估、目标沟通和战略形成。他们调查了 57 位负责预算编制的组织下属单位的经理，运用两阶段最小二乘法（two-stage least squares）的统计方法进行研究。研究结果表明，预算的四个动机既有相互重叠，在用途上也相对独立。在不同环境条件下，预算侧重的动机不一样，如竞争激烈的情形下，预算更关注目标的沟通与战略的形成，而弱化业绩评价的作用。每个预算动机的业绩又与不同的预算特性（参与预算、滚动预算、预算重要性等）相关联。预算的整体满意度与预算在运营计划、业绩评估、目标沟通和战略形成等单方面的业绩显著正相关。

总之，对于预算的动机和角色的定位已不仅停留在企业的日常管理层面，而且对企业的战略形成和变革有重要意义。此外，预算角色之间不可避免地存在冲突。因此，要求预算同时发挥其所有的功能是不切实际的，这就必然要求企业运用权变管理的思想，在不同环境条件下对预算的动机和角色的定位抓住侧重点：在竞争激烈的环境下，应注重预算在战略导向和管理外部关系中的角色；在环境相对稳定时，则应注重预算在诸如计划和业绩评价等内部管理中的作用。

2.2.2　解释性研究：预算行为的经验研究

预算行为研究一直是西方管理会计学术研究的重点，有关学者借助实验研究和问卷调查研究的方法，运用行为学、社会心理学等理论，设置多种变量，在权变框架下进行研究，研究成果颇丰。从西方经验研究的成果来看，预算行为研究主要集中于参与预算以及由其引致的预算松弛这两个方面。

1）参与预算的前因后果研究

参与预算是指允许下级参加预算的编制，并能影响或决定预算水平。Argyris（1955）认为下级应该得到机会参与组织的决策，因为这些决策会直接或间接地影响他们自身。

经验研究是参与预算的主流研究方法，J. F. Shields 和 M. D. Shields（1998）专门对参与预算的经验研究文章作了回顾，他们主要讨论了以参与预算为自变量的研究文献，其基本的研究框架如图 2—3 所示。从图中可以看出，在研究内容上可将参与预算分为两大类，一是创造参与预算需求的前置变量，如环境的不确定性、组织结构、国家文化等；二是关注参与预算的因变量（后果），如提高激励、承诺、满意度、绩效等。

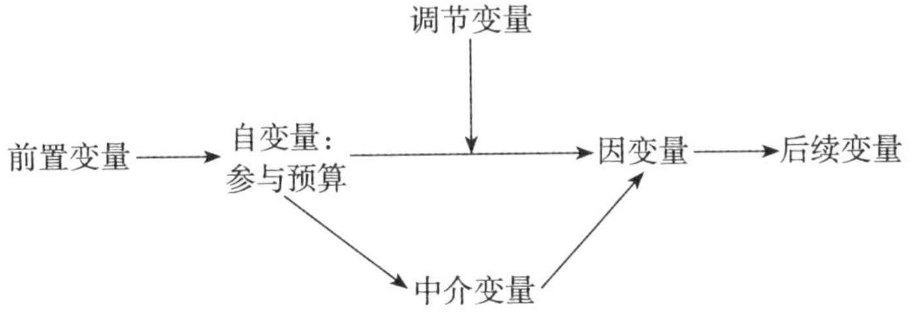

图 2—3　以参与预算为自变量的研究框架

（1）参与预算的前置因素研究

对参与预算前置因素的研究主旨是参与预算为什么会存在，或者参与预算的决定因素是什么。

从雇员的角度看，参与预算是通过提供与所有者或上级共同决策的机会以发展雇员精神和情感，这一情感激励着雇员，激发他们的创造性并诱导其正面的行动（Owen，1987），如动机的改善和工作的承诺、降低压力和提高绩效。相反，没有下属足够参与的预算可能导致紊乱的行为，并导致焦虑、压力和低绩效（Brown，1995）。其他研究者认为，参与预算允许下属经理积极参与预算的形成，因此他们更有责任去执行预算。较早的研究还表明，参与预算通过更广泛的信息沟通、更有效的协调行为、团队精神的发展来获取收益（Hopwood，1976）。Shields 和 Young（1993）提出，参与预算实际上要求下属经理为预算的编制和执行贡献其知识。

M. D. Shields 和 Young（1993）将参与预算的前置因素研究概括为四类：第一类以权变理论为基础，研究发现诸如环境不确定性、技术等情境变量与参与预算的前因具有相关性。第二类关注个体层面的参与及其动机的后果（如激励、承诺、绩效和满意度等），如 Locke（1990）认为参与决策制定的好处在于工作的激励和认知的理解。西方的研究侧重于参与对于工作的激励，而从认知角度的研究较少，实际上参与预算应该能够使上级从下属获取一些如何提高绩效的好主意。第三类研究根植于日本的管理文献，日本公司经常使用参与决策制定和质量圈等概念，其目标在于获取公司各个层次组织的准确信息。这些信息被用来更有效地指导资源配置以提高公司层面的绩效。第四类研究不同于行为研究，是以信息不对称理论和委托代理理论为基础解释参与预算的必要性。此类研究认为，参与预算是上级用来获取下属部门实地环境信息，以便改进资源分配方案，设计出对下属最优的激励契约。

J. F. Shields 和 M. D. Shields（1998）在梳理了 45 篇统计检验结果为显著的文献的基础上，概括了参与预算的前置因素：第一，对于参与预算为什么会存在的问题，所有文献总共涉及 62 个假设的原因，可以归为六类：激励、满意、与工作相关的压力、信息共享、协调和减少预算松弛的需求等。相关调查显示，分享外部信息和相互协调分列第一位和第二位。通过相关分析和因子分析，两者和预算参与显著正相关。第二，只有 4 篇文献专门讨论了参与预算的前置因素，包括不确定性（环境、任务、任务间的相互依赖程度）和信息的不对称性这两类，另外 6 篇文章却把它们作为自变量和调节变量。

总之，参与预算的前置因素从经济学角度看主要是上下级共享信息的需要，分享与环境不确定相关的外部信息和与工作不确定相关的内部信息。下属一般在与自己工作相关的信息方面拥有优势，通过预算的参与，上级了解这些信息，并据此制定相关的激励机制。另外，如果相互平行部门之间工作相互依赖程度高，则可以通过参与预算沟通信息，加强合作，缓解信息不对称带来的问题。从心理学理论解释参与预算存在的理由，则是提高激励和工作满意度、降低创造松弛的需求和工作压力。

（2）参与预算的后果研究

参与预算的后果方面的经验研究肇始于 Argyris，他于 1952 年发表了有关参与预算的经验研究成果，探讨了下属经理参与预算的组织和行为后果。此后几十年，运用经济学、心理学和社会学的后续研究成果层出不穷，构成了参与预算研究的主体。J. F. Shields 和 M. D. Shields（1998）的研究表明，结果报告为统计显著相关的后果变量（因变量）有 8 类，其中运用最频繁的是绩效，剩余的统计检验显著的因变量是激励、满意度、态度（对预算、工作、监管者或组织）、与工作相关的压力、预算松弛、角色模糊和信息。

有关参与预算后果的研究模型可概括为四类：其一，参与预算对因变量的直接影响；其二，调节变量如何影响以参与预算为自变量和以满意、动机和绩效等为因变量之间的相关关系；其三，以参与预算为自变量和另一变量交互作用对因变量的影响；其四，参与预算作为调节变量对自变量和因变量的相关关系的影响。西方的参与预算研究基于权变管理思想，一般设置一至两个可能影响参与预算和绩效关系的调节变量或中介变量。回顾已有的文献，这个变量可分为参与个体层面变量、组织层面变量和环境层面变量三类，研究中特别注意了参与预算与这些变量的交互作用对绩效的影响作用。

①参与预算、参与个体层面变量与绩效

Milani（1975）是较早采用问卷调查获取数据，用实证方法来研究参与预算的，他从行为学的研究中得到启示。行为主义认为预算是工具，是不能离开人的。Milani 主要研究了工长（领班）参与预算的程度（自变量）、对工作和公司的态度（中介变量）对绩效（因变量）的影响。统计检验的结果是，绩效（以小时为基础的比率来计量）和预算参与程度存在显著的关联，但相关系数不大；参与预算与对公司、工作的态度有显著正向关联，而态度作为中介变量对绩效的影响在统计上并不显著。

Brownell（1981）以个性特征和控制点（locus of control）（分自我控制型和外部控制型）为调节变量，研究了参与预算和管理绩效的关系。他分别招募大学生和大型制造企业的经理作为两个实验组。实验结果表明，参与预算和控制点的交互作用显著影响管理绩效，预算的高参与程度和内部控制为主的个性特征、预算的低参与程度和外部控制为主的个性特征的匹配产生的是高绩效；反之，高参与程度和外部控制为主的个性特征、预算的低参与程度和内部控制为主的个性特征的匹配产生的是低绩效。Brownell（1982）在上述实验研究的基础上，进一步通过实地研究证实了 1981 年的研究结论：以内部（自我）控制的个性特征的人结合高参与程度能获得更高的工作满意度和更好的业绩；相反，外因型的（把行动的结果归因于机会、幸运和命运等）人在低参与程度的情形下显示出高工作满意度和更好的业绩。

Frucot 和 Shearon（1991）进一步考虑了文化因素对参与预算、控制点和绩效（管理绩效和工作满意度）之间关系的影响，选取了与美国文化不一样的墨西哥企业的经理作为研究对象。研究结果表明，对管理绩效的影响与先前的研究大体一致；但是，控制点对管理满意度的影响并不显著，其原因就在于文化的差异。

Brownell 和 Mcinnes（1986）以期望理论为基础来定义和评价激励，假设激励对参与和绩效之间的关系有调节效果，研究表明，参与和绩效之间是显著的正相关关系，但是它们之间的路径关系很难通过激励来解释，主要是因为参与和激励之间的关系并不显著。

②参与预算、组织层面变量与绩效

西方研究的组织层面变量主要有组织文化、组织分权和预算在业绩评价中的重要性等。Flamholtz（1983）通过研究得出的结论是：如果一个公司的文化与核心控制系统不能同步协调，即使一个好的整合的核心控制系统也很难按照其既定的意图影响人们的行为，处于高规则导向和被传统文化束缚中的经理甚至认为预算参与只能是假象。Subramaniam 和 Ashkanasy（2001）的研究表明经理人员的文化感知对参与预算和工作产出之间的关系有调节作用，因此，设计组织的控制系统时应考虑组织文化的影响。

Gul 等（1995）研究认为组织分权化对参与预算和绩效之间的关系有调节作用。他们以香港企业为调研对象，研究结果表明，在高度分权的条件下，参与预算与绩效正相关；而在低度分权情形下，参与预算和绩效负相关。

参与预算、预算重要性（budget emphasis）与管理绩效三者之间的关系是学者们关注的重点。Hopwood（1972）发现，当上级非常重视会计业绩评价（APM）时，经理人员的诸如伪造会计记录的功能失常的行为发生比率是最高的，因此 APM 对管理绩效有不利的影响。而 Otley（1978）重复了 Hopwood 的研究，结果却得出相反的结论，即重视 APM 能提升管理绩效。Brownell（1982）尝试着解决这一冲突，他认为只有在高参与预算的情形下，高度依赖 APM 才能提高管理绩效；相反，在低参与预算时，低度依赖 APM 会改善管理绩效。澳大利亚学者 Hirst（1987）指出，Brownell（1982）的研究只选择一个公司的数据，因此研究结果在外部有效性方面存在问题。Hirst 进行了对 48 位负责预算的高级经理的问卷调查，回收了 44 份，根据回收的数据，使用与 Brownell（1982）相同的方法检验，而且通篇都在与 Brownell（1982）的研究结果进行比较。在预算重要性不高的情形时，二者的研究结论类似，参与预算对绩效有弱的正向作用；当预算重要性很高时，二者的研究结果存在实质性的差异，Brownell 认为提高预算参与程度对绩效有相对较强的正向影响，而 Hirst 只认为有弱的正向影响。

③参与预算、环境层面变量与绩效

企业的内、外部环境对于参与预算的程度以及对参与预算与绩效的关系均存在影响。Leslie（1992）以参与预算的认知角色（与工作相关的信息）作为中介变量，采用路径分析的方法，分别研究环境不确定性程度高和低的两种情形下参与预算对绩效的影响。研究结果表明，参与预算和绩效的直接路径并不具有期望的统计显著性，但是参与预算和工作相关的信息以及信息与绩效的路径系数是显著相关的，无论环境是高不确定性还是低不确定性，信息对绩效的影响程度基本相等。Chong、Eggleton 和 Leong（2005）调查了 77 位高级经理，运用多元回归方法进行研究，结果表明：外部市场竞争越激烈，预算参与程度与业绩、工作满意度就越正向相关，同时市场竞争程度与参与预算对业绩和工作满意度没有交互作用。

国家文化作为企业外部环境的一部分对参与预算和绩效之间的关系也有重要影响。Hwang（1989）运用 Hofstede 的权力距离指标研究参与预算和激励之间的关系，发现在权力距离较小的澳大利亚企业中参与对激励有正向影响，而在权力距离较大的新加坡企业中参与对激励则没有正向影响。Connor（1995）也使用 Hofstede 的权力距离指标，进一步研究发现该变量对预算参与和角色模糊性之间的关系有调节作用：在经理人员觉察到权力距离较低时，参与预算对于角色模糊性有强烈的负面作用，即高参与会降低角色的模糊性，并能改善上下级之间的关系。Tsui（2001）发现，在中西方不同文化背景下，预算参与程度对管理会计系统（MAS）和管理绩效的关系有不同的调节作用：中国经理预算参与程度的提高对MAS 和管理绩效之间的正向关系起到减弱作用；相反，西方经理参与程度提高则会强化两者的正向关系。其原因就在于国家文化的差异。

Brownell 和 Merchant（1990）研究了预算参与、产品标准化和生产过程自动化对业绩的影响，设立了四个回归方程，回归结果表明：第一，相对于高标准化的产品，当产品标准化程度较低时，参与预算对业绩有更显著的正向作用；第二，生产过程的自动化对预算参与和业绩之间的关系没有显著的调和作用；第三，当产品标准化程度较低时，把预算用做固定目标对业绩有更显著的正向作用；第四，生产过程自动化对把预算用做固定目标和业绩之间的关系没有调和作用。Winata 和 Mia（2005）通过问卷调查的方式，研究信息技术沟通（ITC）在酒店部门经理可感知的业绩和参与预算关系中的作用，研究结论是 ITC 与参与预算的交互作用对经理人员的可感知的业绩存在正向影响。

2）预算松弛研究

对预算松弛概念的定义并非唯一：Merchant（1985）认为某一领域的预算数量超出其需要的部分为松弛；Lukka（1988）将松弛定义为收入的低估和成本的夸大；Young（1985）认为低估或夸大的预期就是预算松弛；Waller 认为松弛是超出完成任务所需资源的部分；Dunk 则认为松弛是使得预算容易实现的预算水平的综合。综合这些观点，预算松弛可定义为：在预算中有意低估收入和生产力，而故意高估成本和完成工作所需的资源。

参与预算导致了预算松弛产生的可能性，对于参与预算和预算松弛之间的关系的研究主要有两种基本思路：一是从代理的角度出发，认为下属有私人信息，如果报酬与预算挂钩，则下属会利用私人信息创造预算松弛；另一种思路认为，参与预算过程中更多的沟通实现了目标的一致性，下属没有创造预算松弛的压力。实证研究的结论也相应地证实了以上两种思路。Onsi（1973）运用因子分析的方法研究了预算松弛和经理们对权力主义的高层预算控制系统的态度之间的关系。研究结论表明，预算松弛的存在是由于将预算利润的实现作为业绩评估的基本标准，积极地参与预算能够鼓励降低设置预算松弛的需求，但是，中层经理可觉察的压力是影响预算松弛的首要因素。Cammann（1976）、Merchant（1985）也认为参与预算能够减少预算松弛水平。Young（1985）、Lukka（1988）的研究表明预算的参与和预算松弛的产生是正向关系。Collins（1978）却认为预算参与和预算松弛之间的关系并不显著。

参与预算和预算松弛之间关系的不确定性说明存在其他变量影响两者的关系。Dunk 和 Nouri（1998）专门对预算松弛的研究文献进行了回顾，他们指出在已有的研究成果中，影响参与预算和预算松弛关系的变量可分为：个体层面、组织层面和环境层面。

①个体层面变量

个体层面的变量主要是个体的风险偏好。Young（1985）的研究结论表明参与预算的下属制造了松弛，松弛可部分归因于他们的风险偏好，风险厌恶型的下属比非风险厌恶型的下属更倾向于建立更多的预算松弛。Waller 通过加入报酬计划变量研究发现，在松弛导向的报酬计划条件下，风险中性的和风险厌恶型的下属创造了相似的松弛水平；但在真实导向的报酬计划下，风险中性的下属显著降低了松弛水平，而风险厌恶型的下属则没有改变。

Nouri 和 Parker（1996）研究了组织承诺对预算参与和预算松

弛的影响作用：对于具有较强组织承诺的个体，预算参与和预算松弛是反向的，即高参与产生低松弛；相反，对于较弱组织承诺的个体而言，预算参与和预算松弛是正向关系，即高参与导致高松弛。

Dunk 和 Nouri（1998）运用归因理论分析参与个体的控制类型对预算松弛的影响，认为外部控制型的个体参与预算可提高松弛水平，而自我控制型的个体则相反，会减少预算松弛。

对预算松弛影响因素的研究已逐步扩展到伦理道德、价值观等精神层面。Webb（2002）的研究表明，对好声誉的追求会导致较低的预算松弛。Stevens（2002）在研究了声誉、伦理对预算松弛的影响后发现，声誉和伦理对自利行为的控制是有作用的，在松弛导向型报酬计划条件下，对声誉、伦理的关注程度和预算松弛是反向关系。当有关生产能力信息的不对称程度提高并因此降低了上级对预算松弛的监控能力时，下属降低了对声誉的关注程度；但是，对伦理的关注程度并未因信息不对称程度的提高而降低，这说明声誉是一种社会调控机制，而伦理则是发自内心的对机会主义自利行为的控制。

②组织层面变量

组织层面的变量有预算参与、信息不对称、报酬计划类型、工作不确定性、上级的评价方式、上级觉察松弛的能力等。Chow 等（1988）通过实验研究证明，真实导向型的报酬计划和信息不对称对松弛和绩效作用显著。他们发现，在真实导向或松弛导向的报酬计划条件下，若不存在信息不对称，则两种报酬计划基础的预算没有差异；相反，当信息不对称存在时，真实导向报酬计划基础的预算松弛较低。报酬计划和信息不对称之间产生交互作用而影响了绩效。

Dunk（1993）的研究发现，在参与程度、预算重要性和信息不对称程度都比较高时，预算松弛水平也比较低；相反，在参与程度、预算重要性和信息不对称程度均较低时，预算松弛水平也相应地较高。在其他条件相同时，较低的预算重要性会导致较高的预算松弛。Lau 等（2003）也作了类似的研究，以参与预算为自变量，下属创造松弛的倾向为因变量，再以信息不对称和预算重要性为调节变量，研究它们之间的相互关系。研究结果表明：当信息不对称程度较低时，无论预算重要性程度如何，参与程度越高，创造松弛的倾向越低；反之，参与程度越低，创造松弛的倾向越高。当信息不对称程度较高时，在高预算重要性条件下，参与程度和松弛倾向成反向关系；在低预算重要性条件下，参与程度和松弛倾向成正向关系。其原因在于下属参与预算时，可以争取对自己有利的预算目标，在高预算重要性条件下，即实现预算目标非常重要时，下属创造预算松弛的倾向较低，因为他们害怕失去参与预算的特权。

上级觉察松弛的能力对限制松弛有重大影响，Onsi（1973）认为有效的松弛觉察系统能限制松弛创造，但有效系统的建立依赖于精确的业绩指标和标准。

预算参与和组织文化的交互作用会影响预算松弛，Dunk 和 Nouri（1998）分析认为，强伦理型组织文化和价值观的组织与弱伦理型的组织比较，参与预算导致预算松弛的可能性更低。

③环境层面变量

环境层面因素主要是外部环境的不确定性程度。Govindarajan（1986）研究了环境对预算参与和松弛关系的影响：在高不确定环境条件下，参与预算对减少预算松弛具有较大的作用；而当环境不确定性较低时，参与预算对减少预算松弛的作用相对较小。

2.3 中西方预算管理研究的比较与评述

2.3.1 研究范围方面

我国的预算管理研究具有以下三个方面的特点：一是内容涵盖

范围较广，既有纯理论性质的研究，又有基于预算实践的研究；既有集团企业层次的研究，又有单一企业层次的预算研究；既有传统预算研究，又有新型预算管理的应用研究。二是研究方法的多元化，尤其是案例研究方法的兴起对于预算管理的普及起到了重要作用。三是研究涉及的行业较多，有石化、电力、钢铁等多个行业，这些企业规模较大，具备了一定的管理水平。而西方预算管理是从学术和实务两个层面展开的，对参与预算、预算松弛的学术研究是主流，两个层面的研究从最终目标上看是殊途同归，就是如何提高预算管理的有效性。实务界的研究立足企业个案，直面预算管理的不足，因地制宜地提出改进措施；学术界的研究则是研究某个因素对预算有效性的影响，是多视角、多因素的研究，研究较为系统，研究的目标是找出规律性的东西，研究结论对企业具有普遍的借鉴意义，企业实践可以间接地从这些因素着手改善预算管理。

2.3.2　研究的理论基础

我国预算管理的研究特点是就预算研究的孤立性，其表现之一就是以一定理论为基础的研究少，只有极少数的文章运用了系统论、战略理论、委托代理理论和公司治理理论，而且运用的深度不够。西方参与预算的理论基础则极为丰富，将组织理论、企业文化理论、心理学的行为理论、经济学的风险偏好理论等作为分析基础；不过由于运用的理论多，缺乏以某一核心理论为基础的全面、深入研究。

2.3.3　研究方法方面

西方预算管理的主流研究方法是实证研究或称之为经验研究。我国预算研究方法以规范研究为主，其次是案例研究，使用问卷调查方法的所占比重极小。可能的原因是：问卷回收率低，回收的有效问卷更低；问卷的信度和效度难以控制，对问卷作必要的调整，才能进行正式的测试。国外学术界从 20 世纪 70 年代开始，将问卷调查的方法广泛运用于预算管理研究，文章的最后以附录的形式给出问卷，其他人可以直接套用信度和效度均满意的问卷，为实证研究提供了良好的基础；而我国没有可直接借用的问卷，问卷设计和运用对我们来说仍是面临的难题。

3 组织理论演变视角下预算管理本质的解构

3.1 组织与组织理论的演变

组织是社会普遍存在的社会现象，组织一词来源于希腊文“organon”，意思是“工具”、“手段”。1873 年以前，组织主要被用来说明生物的组合状态。1873 年，英国哲学家斯宾塞将组织一词引进了社会科学，在提出“社会有机体”这一概念的同时，将组织看成已组合成的系统或社会。爱德华·D. 琼斯（1912）将组织定义为“文明的基石”，认为“组织比历史还古老”，如果没有组织，金字塔、空中花园、万里长城等就无法建成。斯格特（2002）认为，大多数人（并非只是管理人员）大部分时间都在各种组织中工作，我们无一例外地受组织行为的影响，所以组织研究已成为对大众而不只是对管理者而言非常重要的论题。

穆尼（1987）从组织的有效性解释组织出现的缘起：当人们的目标和目的过于庞大，过于多样化，单独一人不能实现时，组织就出现了。穆尼的解释是社会学意义上的：当个人力量不足以面对环境或无法实现目标时，必须依赖他人帮助才能满足其需求，当数个人相互协调他们的力量时，发现大家所做的比任何个人单独做的都多而且有效，组织便由此产生了。西蒙（2004）则从组织的效率角度进行了解释。他认为，组织之所以产生，是因为能够克服人类认知的局限性和有限理性，组织使得个人合理地接近客观理性，提高了决策的效率。交易费用学派的学者则从更深层次——交易成本节约的角度，论证了组织的形成是源于对市场的替代。科斯认为，市场的运行是有成本的，通过形成一个组织，并允许某个权威来支配资源，就能节约某些市场运行成本。组织经济学认为，在一个以劳动分工的高度发展为特征的世界里，全部都是专业化的，而组织是协调集体活动的基本工具，很难想象世界上只有市场机制在协调个人的活动。

3.1.1　组织定义的多重属性

何谓组织？不同理论视野的人对这一问题的答案是不一样的，社会学、管理学、经济学对组织均有不同的定义。马克斯·韦伯认为，企业组织是一种通过规则对外来者的加入既封闭又限制的关系；巴纳德则认为组织是将两个或两个以上人的活动或力量有意识地协调的系统；而特里斯特则认为组织不仅是社会系统，而且是技术系统，作为技术系统的组织对投入和产出关系影响很大。从组织和市场的关系看，组织则是资源配置的一种机制。定义并无对错之分，只是视角的差异，正是不同视角的定义使得我们对组织的认识更为全面和深刻。

加雷思·摩根（2005）在《组织》一书中，从不同视角对组织作了多种形象的比喻，解析了组织的多重属性（见表3—1）。例如，组织是机器；组织是有机体；组织是大脑；组织是文化；组织是政治系统；组织是心灵监狱等。

对于组织属性的不同认识已经显现出不同的理论视野，并形成不同的理论假设，经过进一步的发展演变，组织理论的分野也愈发明显，逐渐形成不同的组织理论流派，形成了百家争鸣的组织理论体系。

表3—1　**组织的比喻与组织属性**

组织的比喻	组织属性
机器	组织机器有既定的目标和目的；它被设计成工作和活动的一个理性架构；它的蓝图成为一幅组织图；人们被雇用操作机器，每个人的行为都应沿预定方式展开
有机体	组织是由相互关联的人、业务和技术需求组成的集合群体；它鼓励我们学习有关公司生存的技巧；它敦促我们发展充满活力、能够应付新挑战的有机系统
大脑	关注组织的学习能力，以及阻碍或提高组织才智的学习过程；我们知道才智如何分布于整个企业之中；我们了解到如何使用信息技术的力量发展组织既国际化又当地化的分权模式
文化	将组织看做有自身独特价值、礼节、意识形态和信仰的微型社会
政治系统	组织和管理是个政治过程，我们看到的是相互对立的利益、冲突和权力争斗的模式
心灵监狱	组织是被自己的思维和行动所围困的系统。我们看到的“组织”总是带有潜意识的含义，心理力量能够成为鼓励或妨碍变革的隐性因素
变迁和转换	透过组织表象，将其看做是更深层次的转换和变革过程
统治的工具	将组织视为剥削员工的工具、自然环境或全球经济系统时，我们将会对历史上管理的几乎每个方面提出强有力的批评

3.1.2　组织理论体系

在组织理论的发展长河中，理论流派众多、体系复杂，因此，对组织理论体系的归纳和梳理，一直是中外管理学、社会学和经济学等多个学科研究者的兴趣所在，试图通过梳理来掌握组织理论发展的脉络。

1）管理学视野的组织理论体系

Jay M. Shafritz 和 J. Steven Ott（1992）将组织理论分为如下学派：古典学派、新古典学派、组织行为学派（又称人力资源学派）、现代结构学派、系统学派、权变管理学派、人口生态学派、多重构成或市场组织学派、权力与政治学派、组织文化与象征管理学派。①

朱国云（1999）以时间为主要标准，结合内容标准，将组织理论分为五类：科学管理时期的组织理论、行为科学时期组织理论、科学决策时期组织理论、系统科学时期组织理论和管理文化时期组织理论。各个时期的代表人物及其理论见表 3—2。朱国云教授的分类的特点是标准清晰，几乎将已有的社会学和管理学的组织理论均概括到其建立的理论体系中。其不足在于未能将经济学的组织理论纳入其分类体系中。

2）经济学视野的组织理论体系

塞斯特·杜玛和海因·斯赖德（2006）从经济学的角度按照三个维度对组织理论进行了整合。他们所提及的理论主要是方法论层次的组织理论，是将经济学的分析方法运用于组织管理方面所形成的组织理论。第一个划分维度，以过程方法和内容方法为划分标准的分类体系（如图 3—1 所示）。典型的基于过程方法的理论有行为理论和演化理论，基于内容方法的理论包括交易成本经济学、完全代理理论和委托/代理理论等，组织生态学属于介于过程方法和内容方法之间的理论。第二个划分维度，以静态方法与动态方法

① 转引自［美］赫伯特·A. 西蒙：《管理行为》，詹正茂译，北京，机械工业出版社，2006。

为划分标准，并结合过程方法和内容方法的划分对组织理论予以分类（如图3—2所示）。第三个划分维度，以分析层面为划分标准的分类体系（如图3—3所示）。塞斯特·杜玛和海因·斯赖德对分析层面的划分较细，从两个个体构成的二分组织一直到系统共分为7个层面。

表3—2　　**不同时期组织理论的代表性人物及理论**

组织理论类别	代表性人物及理论
科学管理时期组织理论	泰罗的职能组织理论；韦伯的组织结构理论；法约尔的组织过程理论；厄威克和古利特的组织设计理论
行为科学时期组织理论	梅奥的人际关系组织理论；利克特的支持关系组织理论；麦格雷戈的组织行为动力理论；赫茨伯格的组织激励理论；阿吉里斯的组织学习理论
科学决策时期组织理论	巴纳德的组织平衡理论；西蒙的组织决策理论
系统科学时期组织理论	本尼斯的组织发展理论；菲德勒的组织权变控制理论；卡斯特和罗森威克的系统与权变组织理论
管理文化时期组织理论	沙因的组织文化模型；路易斯的组织文化渊源理论；斯默西奇的组织共有意义理论

3）社会学视野的组织理论体系

著名社会学家斯格特（2002）在其《组织理论》一书中按照组织研究的三个视角，将组织理论分为理性系统、自然系统和开放

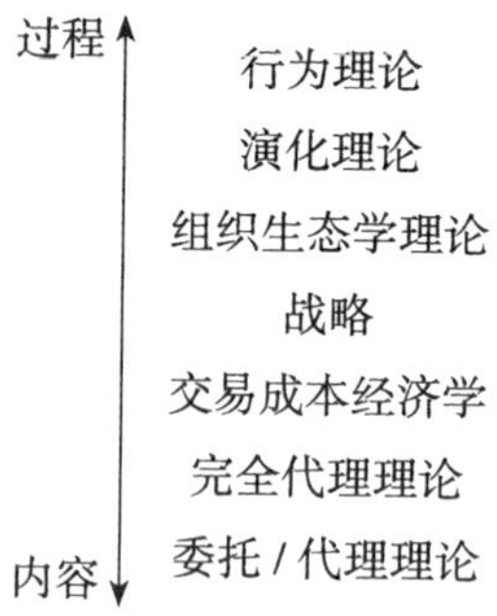

图 3—1　过程方法和内容方法

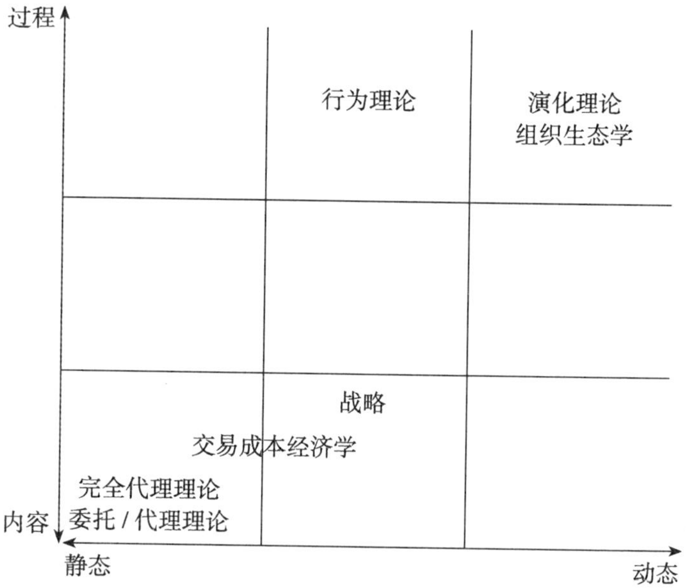

图 3—2　静态和动态方法

系统。斯格特认为："视角"实际上是箩筐，在这个箩筐中，我们可以集中各种相关的观点；这三种视角在某些方面是冲突的，在某些方面是重叠的，在某些方面又是互补的。三个视角实际上就是三

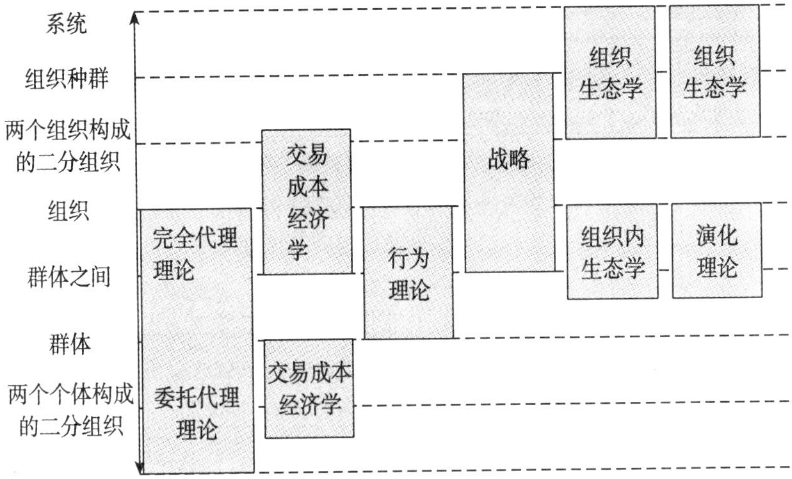

图 3—3　组织分析方法

个流派，在这些流派中包括一些具有代表性的组织理论。“理性系统并非只是反映了某个理论，而是涵盖了一系列普遍相关但又各不相同的理论取向”。理性体统主要包括泰勒的科学管理理论、法约尔及其他人的行政管理理论、韦伯的科层制理论以及西蒙的管理行为理论。“和理性系统视角一样，自然系统视角是一把可以将许多不同的方法集合起来的伞”。自然系统主要包括：马约的人际关系学派、巴纳德的协作体系概念、塞尔兹尼克的制度学派和帕森斯的AGIL 模型。开放系统的典型理论包括：系统设计方法、权变理论（可以将其视为由系统设计方法发展出来的一个学派）以及维克的组织社会心理模型（见表 3—3）。

3.1.3　组织问题研究层次

组织问题研究的层次是指研究的立场，研究层次决定研究所采用的理论和关注的重点，组织问题不同层次的研究所得出的结论是不同的。

表 3—3　　斯格特组织理论体系

研究视角	特征	代表性理论
理性系统	目标具体化和形式化	泰勒的科学管理、法约尔及其他人的行政管理理论、韦伯的科层制理论以及西蒙的管理行为理论
自然系统	目标复杂性	马约的人际关系学派、巴纳德的协作体系概念、塞尔兹尼克的制度学派和帕森斯的 AGIL 模型
开放系统	能够通过加工从环境获得的资源进行自我维护，组织与环境互动	系统设计方法、权变理论（可以将其视为系统设计方法发展出来的一个学派）以及维克的组织社会心理模型

1）斯格特的三层次论

斯格特的划分组织理论的三个视角实际上就是研究组织问题的三个不同层次，理性系统的视角代表的是组织层次的研究，组织本身是理性设计的结果，有明确的目标以及实现目标的手段链，组织是人格化的理性人，在此层次上的研究旨在提高组织的效率和组织的有效性，研究内容多为组织结构、组织文化、组织流程、组织控制等。自然系统代表的是个体层次的研究，强调的是组织中的人，组织的目标是组织参与者的博弈的结果，组织本身并不具有人格化的特征，该层次的研究内容为组织中人的行为，如合作、博弈、学习等；开放系统的研究视角代表的是系统、组织间的研究层次，整个组织是作为环境系统的一分子，此层次的研究中的组织是作为一个子系统的角色出现的，不管内部组织结构、组织文化如何，研究的内容是组织之间、组织与环境的互动关系。

2）达夫特的四层次论

达夫特（1999）认为典型的组织通常具有四个分析层次：个人被视为构造组织的基础。人对于组织就像细胞对于生物一样。再高一点的层次就是群体或部门，它们是为完成群体的任务而在一起工作的个体的集合。再下一个层次就是组织本身，一个组织就是一个若干群体或部门组成的集合。组织本身又可以集成下一个层次，即跨组织集合（interorganzation set）和社区（community），跨组织集合是一个由单个组织相互作用构成的群体。社区中的其他组织也是构成组织环境的重要组成部分（如图3—4所示）。

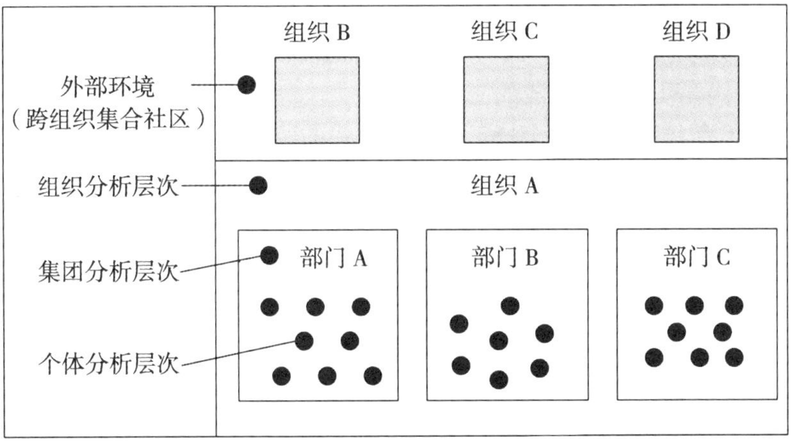

图3—4　组织的分析层次

达夫特所指的组织理论是狭义的，认为组织理论是宏观意义上的，其研究层次应该是将整个组织作为一个分析单元；而组织行为是微观的，其研究层次是组织中的个人。组织理论是组织社会学的范畴，组织行为是组织心理学的范畴。

3）塞斯特·杜玛和海因·斯赖德的七层次论

塞斯特·杜玛和海因·斯赖德（2006）对组织经济分析层次的划分更为细致，认为有必要区分七个分析层面：

①两个个体构成的二分组合（person dyad）：交换关系中的两个个体构成的二分组合。

②群体：一定数量（相对较小）的个体由于共同的目标、兴趣或职能而联结在一起。

③群体之间：有着不同目的、利益或职能的组织群体之间的关系。

④组织：参与群体结成联盟或者是形成一个统一体并且被承认为合法的管理结构等。

⑤两个组织构成的二分组合（organization dyad）：在一个交易关系中的两个组织构成的二分组合。

⑥组织种群：某个特定类型或形式的所有组织。

⑦系统：与整体现象分析相关的组织种群、环境特征以及两者之间的关系的整体。

4）后现代管理的常态研究方法

后现代管理学认为，企业既是经济组织，也是一个复杂的社会组织，任何单一的组织理论都不能解释现实世界。为理解管理的转型过程，需要制定二分法的概念，以此来考察管理学的发展过程。此概念的每一端选择最能够代表的一类管理，它反映在一系列组织的两元命题：如理论—实践、硬性的管理—软性的管理、封闭性系统—开放性系统、微观—宏观、个体—群体、理性行动者—社会行动者、外在环境—内部组织、控制—弹性、个人—组织、扁平型—金字塔形、理性—非理性、正式—非正式、机械论—有机论、人际关系—科学管理、X 理论—Y 理论、关心人—关心生产。从逻辑上看，这两端是互斥，不相容的，而在现实生活中是相互渗透的（罗珉，2003）[①]。

所谓常态（meso），即为“两者之间”，常态方法综合的视角。在常态研究方法中，上述两极概念完全可以相互牵引，相互结合，形成均衡。从分析层次上应该注重各分析层次的融合，将微观分析层次（个体或群体）、宏观分析层次（组织）结合起来，个体或群体影响组织，组织也影响个体或群体。

5）本书对组织的界定及其研究层次

本书的研究是以企业的预算管理为主题，因为预算管理虽然起源于政府和非营利组织，但其真正发展和广泛运用是在企业，而且企业预算的复杂性比政府和非营利组织要高，所以具有代表意义的是企业预算管理。因此，本书所指组织若无说明主要是指以营利为目的的企业、公司或其他经济组织，但在行文过程中若无特别说明，企业和组织不做区别，可以相互替代。

本书采用的组织理论体系是斯格特的三分法，即按照研究视角分为理性系统、自然系统和开放系统，其原因在于：第一，这种划分标准本身就为研究任何组织问题提供了天然的借鉴，如研究组织控制、预算管理等组织问题就完全可以从这三个视角系统研究；第二，因为这三个视角包含了从微观个体到宏观组织的研究范围，较为全面系统地分析了组织的各个层面的问题。

新型组织的特征之一就在于基于团队的组织结构，因此在新型组织预算管理体系构建方面采用了达夫特的分析四层次论。即从个人—团队—组织—跨组织集合等四个层次构建新型预算体系，并在研究中有意识地运用常态研究方法。

---

① 罗珉：《管理学范式研究》，成都，四川人民出版社，2003。

3.1.4 组织理论视角的预算管理本质解构

目前，对预算管理本质的研究很少，因为人们通常认为，预算管理的本质很单一，也很直白，即预算管理是企业控制系统的有机组成部分，是一种控制工具。我们认为，这种对预算管理的简单认识是建立在理性组织基础之上的，说明我们在研究预算管理问题时忽略了其他组织理论提供的广阔视角。

为什么要从组织理论的视角研究预算管理的本质？任何管理活动以及相关的研究都离不开组织这个载体，一切管理学理论说到底都是以组织理论为基础的，要对现代管理有所认识，就必须研究组织理论（朱国云，1999）。所以，我们梳理了组织理论的体系，划分了组织问题的分析层次，将丰富的组织理论和多层次的分析方法运用于预算管理的研究，极大地丰富了预算管理的内涵，也为预算管理的创新研究提供了可能。如自然系统的视角需要我们重视预算行为方面的研究；开放系统的视角提醒我们注意组织预算与其他组织的关系，如何通过合作提高预算的有效性，以及预算如何更好地适应环境、更好地与环境互动；组织演化理论则要求预算通过变革来适应新型组织，否则，预算将招致批评，乃至被无情抛弃。

3.2 理性系统组织的预算管理本质：控制工具

3.2.1 理性组织系统的基本特征

斯格特（2002）认为，目标具体化和形式化是对组织行为理性化最重要的贡献，“具体目标不仅为选择相应的行动提供了标准，而且对如何设计组织的结构起着指导作用。具体目标使行动具体化，明确了要雇用哪类人，以及资源将如何在参与者之间进行分配”。西蒙建立的目标—手段链就是理性组织的建构和实现机制。

如果用比喻形容理性组织，那么组织就是机器，组织机器有既定的目标和目的，它被设计成工作和活动的一个理性架构；它的蓝图成为一幅组织图；人们被雇用来操作机器，每个人的行为都应沿着预定方式展开，被作为机器设计和运营的组织通常被称为官僚机构（加雷思·摩根，2005）。传统的管理学家通常将管理定义为计划、组织、命令、协调和控制等，并总结归纳了统一指挥、直线职权等基本准则，说明传统管理方式是建立在理性组织假设之上的。

理性组织在结构方面是机械式的结构，与机械式结构对应的是有机式结构，两者有较大的区别（见表3—4）。

表3—4　**机械式结构与有机式结构的区别**

机械式结构	有机式结构
严格的层次关系	弱化的层次关系
严格的程序和规则	纵向与横向的合作
固定的职责	不断调整的职责
正式的沟通渠道	非正式的沟通渠道
集权的决策	分权的决策
高度的正规化	低度的正规化

伯恩斯（Burns）和斯托克（Stalker）通过机械/有机系统论（theory of mechanistic and organic systems），提供了一个根据组织外部环境不确定程度来设计组织结构的思路，在《革新的管理》（The Management of Innovation）一书中，他们对机械式组织系统和有机式组织系统的主要特征进行了表述（见表3—5）。

表 3—5 **机械式组织、有机式组织的结构与管理系统**

	机械式组织的结构与管理系统	有机式组织的结构与管理系统
外部条件	较为稳定	不确定
任务分配	组织按功能进行划分，各功能单元应对具体的工作任务	各部门运用专门化的知识和经验合作应对共同的工作任务
单项任务的特征	单项任务具有抽象的特征，需要专门的技能去完成，并带一定的目的性，而这个目的与全局工作目的有着或多或少的差别，如功能部门强调技术手段的提高，而不是以最终完成任务为目的	单项任务具有“现实”的特征，由全局工作目的所决定
谁负责定义和改进工作任务	在组织的每一个层级上，都有直接的上级主管进行工作部署、调和，并对每一项相关工作负责	个人工作任务的调整以及重新定义完全是组织成员的个人事务，通过同事之间的交互作用来实现
任务范围	针对组织的每一个功能角色，都制定有明确的权利、义务及技术方法等	强调权利、义务以及方法等各方面的“责任轮替”，从而避免责任推诿的情况出现
如何确保工作一致性	将权利、义务和方法转变为每一个功能岗位的责任	员工的一致性超出任何技术定义，强调个人对组织整体的责任感和忠诚感
控制、权威和沟通的结构	层级结构、合约式沟通	网络结构，组织被视为一个利益共同体
组织知识的存储位置	知识存于组织结构的顶层，并由此强化组织的层级结构。面对具体的工作任务，需要对知识进行重构，并要对知识的相关性进行评估	知识无所不在。当下那些带有技术和商业特征的知识可能存在于组织网络内的任何地方
组织成员之间的沟通	垂直沟通，即在主管与下属之间	横向沟通，即在不同层级的组织成员之间，更似征询意见，而非命令传达
对运营与工作行为的管理	由主管下达命令和指示	提供信息和建议，而非命令和指示
价值	忠诚于组织、服从于领导是作为一个组织成员的起码要求	强调工作成果和卓越绩效，高于忠诚和服从
声望	声望扎根于组织内部，重要意义远大于知识、经验与技能	声望外部化

3.2.2 传统预算管理特征的理性组织视角解释

任何管理模式均是建立在组织假设基础上的，预算管理也不例外。传统预算就是建立在理性组织（机械组织）的假设之上的，因此可以从理性组织或机械组织的管理系统特征来解释传统预算管理的特征。

1）年度预算方法是建立在环境稳定的假设之上的

企业通常在一个预算年度结束之前就耗费大量的精力、时间为下一年做好了整个年度的利润、收入和费用的预算，这样做的依据是：环境是稳定的，是线性变化的，且可以预测的。如果现实环境与假设是一致的，预算就能够发挥其所有功能，譬如在20世纪20年代预算管理刚兴起的时候，企业外部的竞争环境、客户需求是相对稳定的，也是预算管理效果最好的时期，20世纪70年代中期出现的石油价格上涨，以及随之而来的通货膨胀的压力改变了当时的竞争环境（如图3—5所示）。一旦外部环境变成不确定的，整个预算的基础发生动摇，事先准备的预算只能起到计划的作用，其他诸如控制、考核、评价的职能则无从谈起。

2）传统预算是建立在层级结构基础之上的

当外部环境相对稳定时，组织系统相对封闭。管理的重心在于内部的执行效率，层级制在这方面的作用首先在于明确组织的等级原则，层层有序，职权分明；其次，分工明确，遵循责任到人，责、权、利对等的原则，使组织活动正常开展；第三，领导树立权威意识，使得下属对上级产生信任感，也使得组织的命令—控制系统有效；第四，组织事务法制化，各层级均受规则约束，并将其视为行动标准。

传统预算管理是建立在层级组织基础上的，其目标是有效地配置组织资源，高效地完成组织目标。无论预算编制方式如何，预算

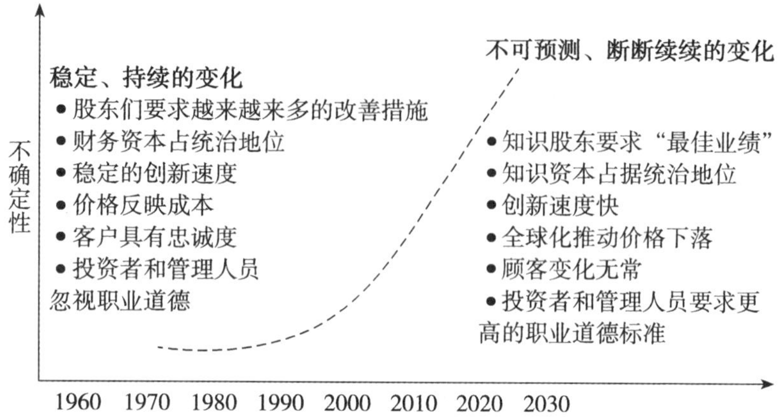

图3—5　变化的商业环境

总指标需要按照层级和等级，层层分解到组织的各层次。分解的过程也是责任传递的过程，每个部门和员工所承担的预算指标就是为组织的每一个功能角色制定的权利、义务及技术方法，并将其转变为每个岗位的责任，进行考核；预算指标属于层级组织的“单项任务”，为保证组织预算总目标的实现，上级必须对预算的进展考核，赏罚分明，体现领导的权威。层级制的知识储存于组织结构的顶端，决策权的配置在高层，相应的预算决定权也在高层，这也是领导的权威来源之一。建立在层级基础上的预算沟通也属于垂直沟通的范畴，只有上级和下属之间的沟通，传统预算中没有横向沟通的概念。

3.2.3　理性组织视角的预算管理本质

从理性组织的角度看，预算管理应具备如下本质属性：

1）理性组织系统观的预算管理的管理学本质属性：管理职能

管理学家古利特提出了著名的“管理七职能论”，即计划、组织、人事、指挥、协调、报告和预算，将预算明确为管理的职能之一。其他管理学家一般将预算作为管理、控制职能的体现，哈罗德·孔茨和海因茨·韦里克（1995）将控制的基本过程概括为三个步骤：确定标准、衡量业绩和纠正偏差。其中作为关键点的标准很多，"许多计划方案的每项目的、每个目标，以及这些方案的每种活动、每项政策、每项规程以及每种预算，都可以成为衡量实际业绩或预算业绩的标准"，预算是控制标准。由于预算是控制职能的一种表现方式，因此预算管理的基本思想与控制职能的步骤是一致的。弗里蒙特·E. 卡斯特将预算作为管理控制的六要素之一，即认为管理控制的要素包括：（1）决定目标。目标是指一定时间内所需完成的，具有一定数量与质量要求的客观标的。目标必须具有可计量可考评的特点，包括总体目标和具体的作业目标。（2）规划与预算。规划是指对未来发展的一种决定，而预算则是对未来发展所需资源的一种安排。（3）评估绩效。组织在实现目标、规划及预算过程中，会由于主客观原因而产生各种不确定性。评估绩效就是要及时了解组织实现目标、规划与预算过程中遇到了哪些问题与困难，从而及时采取措施，保证各项活动实现预期的目标。（4）管理活动，即督促组织成员执行标准，采取措施消除偏差的活动。但一般情况下，出现偏差表明组织内机构或成员在实际活动中出现了不良或不规范行为，控制对此必须严加督促，力求其早日改进。（5）激励。控制不能仅纠正偏差，对于一些有助于提高公司价值的优秀行为及结果，必须采取各种形式予以鼓励；而对于一些失职及偷懒行为，也应该无情地作出惩罚的决定。（6）责任中心制。现代公司贯彻责任中心制是实现管理控制目标的必要前提。①

预算管理是理性决策的技术支撑体系，预算管理是构成复杂组

① 转引自杨雄胜：《内部控制的管理渊源解析：管理学的视角》，载《中国注册会计师》，2006（4）。

织理性决策制定和执行的技术管理体系的重要组成部分。斯格特（2002）认为高度技术性管理体系，如目标管理（MBO）、计划—项目—预算管理（PPBs）以及项目评估技术（PERT）的出现，主要是为了提高运作流程的可见度，进而使责任更加明确。这些流程已经被广泛使用，以促进复杂组织内理性的决策制定。

2）理性组织系统观的预算管理的会计学本质属性：信息控制

传统观念下的预算管理本质就是控制工具，是理性组织设计和运行规则体系的重要组成部分。麦金西（1922）在《预算控制》一书中，指出预算的职能是调节企业各部门的活动，使他们全部纳入一个正常的程序，其贡献在于把过去部分或非正式实施的预算，发展为具有科学性、系统性的经营管理工具①。潘飞（2002）将预算定义为：“是企业经营计划以及预期经济活动的一种数量表现……对各项经济活动进行有效控制的工具”。他将预算与财务管理相结合，认为预算的实质是现金流量的一种平衡，预算是现金流量管理的工具。

预算的社会学本质属性体现的是预算管理的规则属性，管理学属性体现的则是预算管理的技术属性。传统预算管理的研究属于管理会计的研究范畴，之所以归为管理会计范畴，主要考虑的是其信息属性。预算管理的指标确定、分解和考核的依据都是定量单位，预算管理的过程就是将企业的抽象目标、员工的行为过程予以定量化的过程，是结果导向的管理系统，信息系统属性贯穿管理的事前预测、事中控制和事后业绩评价的全过程。因此，预算管理是管理会计信息系统最为重要的构成部分，管理会计的各个内容构成均在某种程度上涉及预算管理的内容。在学术研究方面，预算管理的研

① 转引自冯巧根：《管理会计应用与发展的典型案例研究—— 一种理论与实践综合的视角》，北京，经济科学出版社，2002。

究也是管理会计研究最为重要的主题。因此，在某种程度上，预算管理与管理会计存在某种同义的重复。

3）理性组织系统观的预算管理的社会学（政治学）本质属性：预算是规则

（1）预算是规则

韦伯在解析官僚组织时，特别强调规则的作用，认为组织建立一套正式的规则和条令支配了职员的决策和行为。官僚组织就是规则体系的载体，预算管理作为组织正式的资源配置和规范制度，也是组织重要的规则之一。预算制度具有规则的刚性特征，并与理性组织的刚性相互强化。

（2）预算是权威

韦伯在《经济与社会》一书中将正规组织作为其权威结构（或合法社会控制系统）理论的一部分。韦伯将权威分成三个类型：由传统的神圣性支撑的权威、“神授权威”和“法定权威”，前两类是非理性的，后一类是理性的。布劳（2001）则将组织权威进一步分为法理权威、传统型权威、魅力型权威、专业型权威和科层制权威。

预算应该属于“法定”权威（法理权威）和科层制权威的范畴。首先，传统预算是建立在等级森严的科层制基础之上的，Bunce 等（1995）认为传统预算是以典型的旧管理哲学为基础，关注由上至下的计划和财务绩效，建立在等级特权的组织基础上的。因此，其体现的是科层制权威。“法定权威”的目的是通过建立规范体系，强制或引导为实现理性组织目标的组织行为的发生和延续。在这样的体系下，服从不再是对个人的……而是对一套不具人格的原则的（布劳、斯科特，2006）。预算管理的管理过程完全符合“法定权威”的属性，预算管理的编制是以组织的战略目标为导向的，通过预算指标的分解和执行实现组织目标，以预算目标的考核作为奖惩的依据。因此，预算管理就是一套具有强制色彩的不具人格的控制工具。

3.2.4 理性组织预算本质：以武汉钢铁企业的预算管理为例

1）案例简介①

武钢1999年开始推行预算管理，首先在组织结构上进行了配套改革，成立了公司预算管理委员会，并利用机构改革之机，将公司的年度生产经营计划与公司财务管理部门合并，组建了计划财务部，优化了预算管理的组织结构。利用计划财务部这个组织结构平台，不断吸纳生产、销售、设备、运输、能源等各个专业的管理专家，使预算管理真正超越财务管理的范畴，使预算管理部门成为了一个综合性的管理部门。预算委员会成员由公司董事长或总经理任免，董事长或总经理对公司预算的管理工作负责。预算委员会制定公司总体预算目标及保障措施，审定公司总预算、分预算和专项预算。预算委员会下设预算管理办公室，集团公司总会计师兼任办公室主任，负责全面预算管理工作的日常事宜。委员会下各单位成立相应的预算管理组织，一般设在财务部门，由多个部门参加，负责本单位内部的预算编制和监督执行。预算委员会建立例会制度，定期分析预算的执行情况，督促检查预算的实施。

武钢预算管理作为企业内部控制的重要方式，它由预算编制、预算执行、预算分析和考核等环节构成。预算管理的内容贯穿企业的整个生产经营活动，对管理的各个层面、环节及总体目标进行系统的规划和控制。按企业生产经营的经济内容和层次关系，可将预算划分为经营预算、资本支出预算和财务预算三部分。在实际的预算编制过程中，按照预算管理的对象可将预算管理的内容分为总预算、分预算和专项预算三个部分。总预算是以企业总体经济运行为

① 中国会计网（www. canet. com. cn），2006-08-07。

对象制订的预算，分预算是以企业所属或受控制的生产经营为对象制订的预算，专项预算是为企业的生产经营预算提供专业支持、反映企业某一方面的经济活动而制订的预算。

为了比较准确地编制未来年度的预算，一般在每年的9月初开始就要对未来年度的情况进行广泛的调查研究和预测，尤其是要对经营预算中的生产、销售、采购、设备和资源的平衡配置等相关情况进行了解，对资本支出预算中的投资项目对生产经营和集团损益的影响也要进行了解。在充分了解未来年度生产经营的环境、条件后，由预算管理办公室起草年度的《预算编制大纲》，报预算委员会审批后，作为预算编制的基本原则和总体要求。《预算编制大纲》是编制年度预算的起点，要体现集团企业的经营思想和战略目标，明确提出预算编制的原则、要求，预算编制的具体内容、责任单位和明细分工以及上报时间等。各责任单位、相关专业预算编制部门在预算管理办公室的组织下，按预算管理进行责任分工，根据《预算编制大纲》和专业预算目标要求编制各分预算及专项预算，并按时上报预算管理办公室。

预算管理办公室将各单位、各部门上报的分预算及专项预算草案进行分析、汇总，在综合平衡的基础上，编制企业完整的总预算，并报公司预算委员会审定、颁发。此过程一般要经过几个来回，历经两个月时间，最终以公司文件形式下发。

2）简要分析

①预算是武钢的理性控制系统

在武钢的预算管理体系中，首先由预算管理委员会制定预算目标和保障措施，以《预算编制大纲》作为预算编制的起点，说明组织已经理性地设立了目标。其次，控制预算编制的过程：建立从总公司到各责任单位的预算管理机构，对机构的职责和工作有明确的要求；以《预算管理大纲》的形式规定预算编制的基本规则和要求。最后，以预算控制部门和员工行为，其主要手段是预算考核。

②预算是武钢规则体系的构成之一

武钢的编制过程经历了“自上而下”和“自下而上”的过程，但最终的预算决定权在预算管理委员会手中，而预算管理委员会又对董事长、总经理负责，因此，预算体现的是高层管理者的意志，最后颁布的预算体现的是管理层的法理权威。在案例中，尤其要注意的是《预算管理大纲》和最后的预算是以公司文件的形式颁布的，这两者是公司的法律，是员工必须遵守的规则。

3.3 自然系统组织的预算管理本质：行为观念

3.3.1 自然组织系统的基本特征

自然组织系统学派是在批评理性组织学说的基础上发展起来的，布劳（1956）认为，根据纯粹的理性技术标准来管理社会组织是非理性的，因为它忽视了社会行为的非理性方面。自然系统学派试图寻找新的研究视角，以更贴近组织的本质特征，这一视角就是组织参与者的行为结构。自然组织的研究层次是组织的参与者，这一点与理性组织将研究层次定位于组织是不同的。

基于自然组织视角的研究试图透过组织的“面纱”，解剖组织形成和运作的内在机理。它与基于理性视角研究的主要区别有：第一，目标的复杂性，基于自然组织视角的研究强调组织首先是集合体，组织的所谓理性目标与实际目标之间存在差异，组织目标实际上是各参与者个体目标的协调。第二，自然学派更关注行为结构，而理性组织更关注规范结构。“理性系统的理论家强调了规范结构，所以将决策，即行为的设计或方案，作为主要的结果。自然系统的理论家强调行为的结构，所以更关注做了什么，而不是决定了或计划了什么。如果更关注行为的话，责任和动机就成了更为突出的变量”（斯格特，2002）。

区别于理性组织，自然系统学派还特别注重组织中非正式结构的作用，强调非正式结构或非正式组织对组织行为的影响。罗斯里博格和迪克森将正式结构与“成本和效率逻辑”等同起来，而非正式结构被称为“情绪逻辑”。后来的分析家更强调了非正式结构的正功能，即在促进更轻松的交流、提高信任度和纠正正式体系中的不足等方面的作用（Gross，1953）。

自然系统的组织研究视角侧重个体及组织的行为研究，诸如霍桑实验、流水线装配组实验等管理学的研究已经实证地推翻了理性经济人的假设：麦格雷戈（1960）提出了人的 X、Y 特性对个体行为的影响；巴纳德将组织定义为社会协作系统，用于整合个体参与者的贡献。在如何诱导参与者这个问题上，巴纳德与理性主义的观点不同，认为经济报酬是“微弱的刺激”，协作的基础必须依赖于非正式的其他心理和社会动机的支持。

自然组织的视角还触及非正式组织对行为的影响，“非正式组织”最初是在梅奥的“霍桑实验”中发现的，非正式组织是在工作过程中，组织成员之间自发形成的一种无形联合体，即由于组织成员的人际交往需要而自发形成的人际关系群体，它构成一种网络型的工作关系。非正式组织的形成是由于它能够使其成员获得较多的心理满足，增强成员的归属感。非正式组织能够增强，也能够削弱正式组织的凝聚力。相对于正式组织来说，非正式组织起到了有效的控制作用和整合行为的作用，并为正式组织整体目标的高效实现提供了动力。

3.3.2 自然组织系统观下的预算管理本质：行为观念

基于自然组织系统视角的预算管理在本质上不同于理性组织的

管理控制工具，它更注重预算管理的行为本质，即预算与行为的相互影响：一是预算管理本身对员工行为的影响及其行为后果；二是既有的组织结构、文化、价值观模式对预算行为及预算效果的作用。

1）自然组织系统观的预算管理的经济学本质属性：契约

从组织经济学的观点来解释预算，预算就是组织的契约体系，是节约交易费用的举措。预算契约体系是多层次的契约体系，是与经济后果相关的，预算总目标可以看做是股东和管理层的契约，预算内容包括股东信托给管理层支配的资源和管理层对股东的目标承诺（可能是销售额、利润或每股收益）；管理层为完成预算总目标，需要与各部门和分公司订立以预算指标为客体的契约；部门、分公司同样与其下属订立预算契约，这些预算契约或多或少地与经济利益挂钩，所以从组织经济学角度来理解，预算的本质就是：组织内部的契约链。

与理性组织预先假设组织有明确目标不同，行为科学认为组织目标是各方参与者的博弈均衡的结果，马奇和西蒙的公司行为理论认为，公司目标的确立过程是公司的股东、员工、供应商、客户等公司的参与者相互之间谈判和协调的结果。预算目标是预算参与各方博弈均衡的结果。而预算目标则是预算参与各方博弈均衡的数量化表现。因此，不存在事先确定的最优化的目标以及依据此建立的预算指标体系，而只有相对满意的预算目标。

2）自然组织系统观的预算管理的行为学本质属性

（1）预算是行为规范系统

预算作为组织的激励和约束系统，“是成员行动的路线图”，是希望通过结果的考核来规范员工行为的过程。自然系统的组织理论关注组织参与者的贡献和激励的均衡，参与者在预算编制和执行过程中也会考量自身的贡献和激励的均衡，这里所指的贡献和激励是广义的，不限于经济贡献和激励，还包括不可定量的心理因素。因此，影响预算行为的因素不仅限于经济视角，还可以从心理契约理解预算行为。预算的行为过程不仅是经济契约的作用结果，还受心理契约的影响。

预算对员工行为的影响是不确定的，既有正面的引导作用，同时还有功能失调的行为后果，意味着预算的最终效果不仅取决于正式结构和规则，还受制于非正式的结构、组织文化对预算行为的影响。自然系统的预算行为本质对于我们扩展预算管理优化的视野有很大的帮助，理性组织视角的预算改进集中于方法的完善，而忽略了预算改进过程中的行为因素。

（2）预算是组织内部的学习和沟通系统

加雷思·摩根（2005）将组织形象地比喻为大脑，讨论其学习过程，并认为传统的预算和其他的管理控制制度常常通过监控支出、销售、利润和其他运营指标保持单环学习。随着组织外部环境的变化，组织转型势在必行，组织应从单环学习转向双环学习，而层次组织控制与双环学习之间可能存在冲突，基于自然视角的组织理解似乎更能适应组织学习的要求。因此，认识了预算的学习功能，对于改良现有的预算管理模式，实现预算的双环学习就显得尤为必要。

预算信息具有较强的沟通功能，主要表现在以下几个方面：一是预算编制过程对于预算目标的讨论是一个较为充分的沟通过程，既包括上下级之间的沟通，又包括同级之间的沟通协调；二是预算执行过程中，由于外部环境的变化，需要及时反馈和调整预算目标，这一过程是高层及时掌握外部信息、及时与基层沟通的重要途径；三是预算考核过程中对于事前的预测和决策得失的交流也是沟通和学习的过程。总之，预算管理过程为组织内部的垂直和平行沟通提供了正式的信息渠道，而且这一渠道具有鲜明的会计特色，沟通的主旨都是围绕财务和经营指标进行的。

3）自然组织系统观的预算管理的政治学本质属性

在企业预算中普遍采用自上而下和自下而上的反复过程，表现的是员工参与预算的过程。因此，预算的政治学属性是企业参与式的民主管理行为。民主理论类型很多，包括直接民主、代议民主、精英民主、多元民主、自治民主、参与民主、协商民主等。近代以后，民主理论就分化为两大基本流派：其一是共和主义取向的，直接民主和参与民主理论均属此类；其二是自由主义取向的，如代议民主理论。参与民主理论是在反思代议民主（精英政治）缺陷基础上应运而生的，成为重要的理论流派，佩特曼（2006）认为，公民参与政治最恰当的场所就是社区和工作场所，因此，佩特曼专门论述了工业领域的“参与”和“民主”，认为企业的规模可以允许个人直接参与决策，在更高层次上参与决策。琳达（2006）认为，个体和技术的变化是公司民主化的动因。预算管理的实践已经逐步从科层制的强制预算向参与式预算管理发展。在预算管理过程中强调“自上而下、自下而上”的过程，是民主化组织行为过程的体现。

3.3.3 组织预算中的行为角色：一则寓言

在理性组织系统中，预算目标是既定的，员工的任务就是服从。自然视角的组织则认为预算目标是不同群体和个人博弈的结构。约翰·P. 科特和丹·S. 科恩（2003）曾经用三种人物暗喻和讽刺投资预算中的行为：恐惧商人、虚荣猎手和人民保护者。

恐惧商人会通过消除人们的恐惧，来增加自己的预算，他会说：“我们最好在预算里留下一些准备金，这样可以起到预防作用。”恐惧商人至少有十个证明自己需要钱的理由。从预算角度看，这是典型的预算松弛行为，为项目的完成多做资源的储备，其后果是浪费资源，降低资源运用的效率。

虚荣猎手的策略是通过一些令人心动的美好前景，来打动高级管理层，他会以一个刚刚启动的咨询项目或公司 CEO 领导的关键人物小组为切入点，迎合领导意图，如领导重视技术，则在技术开发和引进方面的预算多投入，他关心的不是公司的利益，而是如何制订一份领导满意的、看起来不错的预算。

人民保护者既不觊觎虚荣，也不愿意给人们带来不必要的恐惧。他的唯一目标就是确保每个人都有足够的工作。如果他们能够胜任这份工作，或者他们的个人特长接近这份工作的要求，那就万事大吉。在制订预算时，人民保护者根本不会考虑公司的实际需求，他们会考虑："如果要保证我们的 200 名员工能够在今后的 8 个月里有足够的工作，我应该启动多少个项目呢?"然后就会据此制订自己的预算。

3.4 开放系统组织的预算管理本质：平衡系统

3.4.1 开放组织系统的基本特征

组织的理性视角和自然视角的研究关注的是组织内部结构，但实际上环境对于组织的重要性是不言而喻的，开放系统理论研究的重心在于组织与环境的关系。开放系统的研究强调的观点有两个方面：

首先，组织是个系统。伯尔丁（Boulding）详细论述了系统的层次和类型，界定了以下系统类型：（1）框架结构：拥有静止结构的系统，如晶体中的原子排列或动物骨骼；（2）时钟机构：简单变化的系统，可以预见其运动，如时钟和太阳系；（3）控制系统：能够根据外部目标或标准而自我调节的系统，如恒温器；

（4）开放系统：能够从环境获得资源进行生产并由此进行自我维护的系统，如生物细胞；（5）蓝图发展系统：该系统并不通过复制来进行再生产，而是通过含有预设指令的种子或卵来进行再生产，如橡果与橡树系统或蛋与鸡系统；（6）内在形象系统：该系统能具体地认识到环境，在该环境内接收信息并加工，将环境作为整体的想象或知识的结构，如动物行为；（7）符号处理系统：该系统具有自我意识并能运用语言，如人类行为；（8）社会系统：在第七层行动者作用基础上的多头系统，他们有着共同的社会规则和文化，如社会组织；（9）超自然系统，即"绝对和必然的不可知"系统。[①] 斯格特（2002）认为，目前组织已经达到控制系统和开放系统层次。

其次，组织是开放系统，组织与环境是持续交流的过程。组织和环境理论主要有：权变理论、新制度理论、资源依赖学派、战略选择学派、交易成本理论、种群生态学、商业生态系统理论等（费显政，2006）。杰弗里·菲佛和杰勒尔德·萨兰基克（2005）认为20世纪70年代组织和环境领域出现了两大理论：种群生态学和制度理论，并在《组织的外部控制》一书中对资源依赖理论作了充分的论述。劳伦斯和骆奇（1967）提出了权变理论，强调没有统一的最佳组织模式，强调组织与环境的匹配（fit），权变理论是管理会计常用的研究基础。新制度学派却认为，组织制度环境的压力要求组织的趋同，即所谓的"合法性"机制，迪玛奇奥和鲍威尔进一步提出了导致组织形式、组织行为趋同的三种机制：（1）强迫性机制，如政府的规制与文化方面的期待；（2）模仿机制，在面临不确定问题时，组织往往采取同一组织领域中其他组织在面对类似不确定问题时所采用的解决方式；（3）规范机制，它

① 转引自［美］W. 理查德·斯格特：《组织理论》，黄洋译，北京，华夏出版社，2002。

来源于专业培训、组织领域内专业网络的发展和复杂化。他们还提出了“组织之间的依赖关系导致组织同构”的命题。资源依赖理论认为组织改变其所处环境的可能性较大，包含了组织在应对外部力量时，组织变革和适应性的可能性比较大。这些组织与环境关系理论既有共性，也有区别。其共性在于组织研究应该采用系统的开放视角，均强调环境对于组织存在和发展的重要性。其区别在于环境对组织的影响程度及影响方向的不一致，有三个发展阶段：第一，组织是封闭系统；第二，环境是威胁，种群生态学和资源依赖理论都有此倾向；第三，将环境看做是物质、能量、信息的终极资源，是组织延续的关键，全面关注组织与环境的互动，并更多地从合作的角度来看待环境。

3.4.2 开放组织系统观下的预算管理本质

1）基于开放系统视角的预算管理的管理学本质特征

（1）预算管理是以战略为中介的外部环境与内部资源的平衡系统

传统预算是根据既定目标进行资源分配的一种制度安排，预算编制的起点目标一般是每股收益、利润、成本、现金流量等，传统的预算管理倾向于封闭系统，忽略环境的不确定性对预算的冲击。因此，预算管理遭到的批评之一就是预算与组织战略、组织环境相脱节。传统预算已经注意到环境的不确定性和复杂性对预算管理的冲击，提出了零基预算和弹性预算的方法以改进建立在环境稳定变化基础上的固基预算或固定预算。零基预算存在很大的不足，而弹性预算虽然增强了预算的适应性，但其编制基础的变动是按照一定比例幅度间断变化的，其改进是建立在环境线性变化的基础之上的。

战略导向的预算管理逐步兴起，而战略管理的起点是环境分析，这样就形成了环境—战略—预算的模式，预算成为战略执行的有效工具，也体现了预算的战略性特性。网络管理的兴起为预算管理的适时调整提供了技术基础，使得预算管理成为组织适应环境变化，适时地重新分配内部资源的管理系统。

预算的战略角色在国外已经得到了实证的支持。管理会计研究中倾向于将预算定位于“诊断系统”（Simons，1990），或定位于“回应系统”（Burchell et al.，1980），相当于评估和责任界定系统。实际上预算应该可用做管理层沟通和协调战略决策前的方法，并与报酬系统连为一体，便于基层经理对战略作出承诺。预算也能作为对话、学习和思想创造的机制，Simons 称之为“交互控制”系统。Abernethy 和 Brownell（1999）的研究涉及了战略变革中的预算角色的定位问题，发展了一个检验战略变革、预算运用方式和绩效三者之间相互关系的理论模型，研究证明交互式的预算能够减轻战略变革对绩效的破坏效应。

基于权变的管理思想的研究者注重环境对预算动机和角色定位的影响，最近的研究较为关注的是在不同环境下的预算动机和角色的侧重点。Alam（1997）研究了环境的不确定对预算动机的影响，通过运用权变理论和制度理论，选择两家面临不同风险的孟加拉国的国有企业进行个案的比较分析。结果表明，高不确定性企业预算的动机是侧重管理与企业相关的重要机构的外部关系，超过对组织自身的管理，预算与组织任务的细节方面相对分离。而相对较低或中等不确定性的企业预算动机则是更多地在实现组织任务中发挥作用。Hansen 和 Stede（2004）非常系统地对环境、预算动机的重要性、业绩和组织成果之间的相互关系作了实证研究，他们把预算的动机概括为四个方面，即运营计划、业绩评估、目标沟通和战略形成。他们调查了 57 位负责预算编制的组织下属单位经理，运用两阶段最小二乘法（two-stage least squares）的统计方法进行研究，研究结果表明，预算的四个动机既相互重叠，在用途上也相对独立。在不同环境条件下，预算侧重的动机不一样，如在竞争激烈的情形下，预算更关注目标的沟通与战略的形成，而弱化业绩评价的作用。每个预算动机的业绩又与不同的预算特性（参与预算、滚动预算、预算重要性等）相关联。预算的整体满意度与预算在运营计划、业绩评估、目标沟通和战略形成等单方面的业绩显著正相关。

（2）预算管理边界的拓展：基于供应链（价值链）的联动预算管理是组织间的合作机制

如果说环境的不确定性或复杂性对于预算管理的影响是宽泛的，那么，组织间关系对预算管理的影响是直接的。组织间关系的研究自20世纪60年代成为组织研究的热点，垂直一体化的分解与企业合作是经济活动中最为显著的现象，企业比以往任何时候都更注重强化彼此之间的合作，并依赖于不同形式的外部合作。长期导向的跨组织关系交换能为企业带来相当多的利益（Doney、Cannon，1997），有助于长期绩效之提升（Kalwani and Narayandas，1995）。组织间的相互合作、共享彼此独特的能力要素及资源，可以创造出竞争优势，并产生更高的合作利得（王睢，2006）。因此，学者们提出资源有内部资源和跨组织资源之分，跨组织资源是一种基于企业合作关系的战略性资源。Gulati等人（2000）对企业网络、资源以及竞争优势的关系进行了研究，指出企业所在的网络使其可从环境中获得关键的资源，如信息、渠道、资本、服务以及其他可以保持或提升竞争优势的资源。从管理实践的角度看，组织合作表现为基于供应链和价值链管理模式的产生与发展。在组织合作的背景下，预算的范围不仅包括组织内资源，还包括组织网络内的资源，预算反映的不仅是单个组织的资源配置，还对合作企业的资源配置产生影响。预算逐步从组织内的管理系统拓展为基于供应链的预算管理体系，预算信息的共享成为组织间的合作机制之一。

2）基于开放系统视角的预算管理的治理契约本质

预算管理是基于利益相关者的公司治理的实施机制，奥利弗·哈特认为，只要以下两个条件存在，公司治理问题就必然在一个组织中产生：第一个条件是代理问题，确切地说是组织成员（可能是所有者、工人或消费者）之间存在利益冲突；第二个条件是，交易费用巨大，以至于代理问题不可能通过合约解决。因此，公司治理问题本质上是由委托代理关系的出现而引发的。狭义的公司治理是指所有者对经营者的监督和制衡机制；广义的公司治理则涉及所有的利益相关者（如股东、债权人、员工、政府、社区等）之间的利益关系，其中投资者的利益保护是公司治理的核心。

预算管理为有效地解决这些利益关系的冲突提供了有效的机制，主要表现在以下几个方面：一是预算目标的契约性和约束性特征，预算目标的形成是股东与董事会讨价还价的过程。于增彪（2002）提出以每股收益作为预算编制的起点，并予以公开披露，为投资者提供前瞻性的信息。这种观点更直接体现了股东与经营者的契约关系，预算信息构成了经营者的约束指标。预算成为反映经营者在资源配置和使用效率方面表现的指标，投资者可以根据每股收益来制定相应的投资决策，预算管理成为保护投资者利益的重要机制。二是预算对组织的投融资决策的制约作用。公司治理的功能之一就是通过制度安排保证决策的质量，预算管理的过程本质上是对决策的可行性进行论证，经营预算和资本预算就是在对未来经营状况和财务状况合理预测的基础上，推定投资的收益和融资的缺口，论证项目的可行性，控制经营者的投融资决策，在一定程度上降低代理成本。

3） 亚信公司股东价值导向的预算

亚信公司（以下简称亚信）是1993年由几名留学生在美国创办的。1995年起，在“科技报国”的理念下，亚信开展了中国的业务，立足于为中国信息基础设施提供解决方案和核心管理软件。与业务的蓬勃发展相比，亚信自身的财务管理相对滞后，直到1998年亚信才建立预算管理系统。亚信管理层认为一个好的预算应该具备两个条件：一是能够在现有能力下最大限度地实现股东价值；二是保持收入和盈利的增长，这是亚信预算的第一目标。由此可见，亚信的预算系统构建的立足点是股东价值，将预算作为公司与投资者之间的契约约束。亚信为增加股东价值，在预算中总是力求实现收入、利润的最大值，而不是倾向于压低预算目标。

亚信的预算系统建立前后，股东价值的实现状况差别很大。1997 年底亚信第一次融资时，花了 4 个月的时间才完成投资商要看的报表，而 1 800 万美元最后拿到手的只是 1 400 万美元，融资成本高达 20%；1999 年 7 月，亚信第二次融资，只用了 7 天时间就完成了 1 500 页的财务报告。Intel 公司的 2 000 万美元投资很快入账，融资费用不足融资额的 1%。融资成本的降低至少从一个侧面说明预算在公司治理中的作用，降低了交易成本。

在未建立预算的 1997 年，亚信公司不断有新项目产生，到处都显得很忙碌，看上去公司很赚钱。但是，当所有账目结果出来后却让亚信的管理者震惊，亚信账面上几乎都是库存和应收账款，亚信人眼中辉煌的 1997 年居然是亏损的。究其原因，就是以前亚信根本没做过预算，所以没人知道花了多少钱，也没人去想做这些事情能给亚信带来什么、融来的 1 800 万美元什么时候花完、花完了怎么办、能否给投资人带来回报，以后能否吸引更好的投资等问题，好像大家都忙得顾不上这些，但这些恰恰是企业运作中最核心的问题。

亚信模仿惠普公司的“企业计划十步法”，在每年 9 月启动预算，大概花费 3 ~4 个月时间完成，其中 70% 的时间都是在做前三步。首先，所有做预算的人心里都必须非常清楚，所有的预算和企业计划要从分析新年度用户的需求开始。彻底分析所在市场的用户想让你成为什么，用户需要什么，这是我们做计划的第一步。第二步，分析竞争的环境，也就是研究竞争对手的战略是什么。企业要增长得快，首先要给用户最需要的，也就是给用户一个非买你不可的理由。这时就要把自己和竞争对手区别开。研究竞争对手的策略是什么，分析它的优势和劣势，来找出我们的优势。然后确定第三步，就是我们给用户什么？亚信每年都要用两三个月的时间来重点做这三步。

亚信的预算无疑是战略导向的，预算是战略的实施机制，是通过战略中介对环境的具体响应。一个好的预算具备的要素就是一个好的流程，统一的工具，共同的理念，公司CFO就是根据总裁的决策，依照流程的组织，使用统一的工具、统一的流程，制订各自部门的计划，使亚信的预算计划在非常好的流程下执行。亚信人从不熟悉到熟悉，从不习惯到习惯，现在这个流程已经非常成熟了。

摩根斯坦利的华尔街首席分析师认为，“投资人最看中公司的是它预测未来的能力和兑现承诺的能力，就是这两条”。他觉得，亚信在这方面做得非常不错。

3.4.3 开放系统视角预算：趋同抑或权变

根据权变理论，企业所处环境不同（如处在不同行业、不同规模、不同文化之中等），应该有不同的预算管理模式与之相适应，西方的参与预算的实证研究是建立在权变基础上的，研究结论也证明了企业所处的不同的环境（表现为个性特征、组织文化、组织结构、外部环境等）决定了预算参与的不同的绩效。但我们所能看到的实践却是几乎所有企业的预算管理组织体系和预算行为方式都是大同小异的，无论是国外企业，还是国内企业；无论是规模大的企业，还是规模小的企业。这是一个有趣的现象，类似于“组织趋同”现象。

社会学家迈耶的新制度理论对此的解释是：组织面对的不仅有技术环境，还有制度环境。组织生存在制度环境中，是制度化的组织。组织的制度化过程即组织或个人不断接受和采纳被外界公认、赞许的形式、做法或“社会事实”的过程。如果组织或个人的行为有悖于这些社会事实，就会出现“合法性”的危机。迈耶提出了“合法性机制”，“合法性机制”的基本思想是：社会的法律制度、文化期待、观念制度是人们广为接受的社会事实，具有强大的约束力量，规范着人们的行为（周雪光，2003）。迪玛奇奥和鲍威尔（1983）提出了组织形式和组织形式趋同的三个机制：第一，强迫性机制，如组织必须遵守国家法律制度；第二，模仿机制，即模仿成功组织的行为和做法；第三，社会规范机制，即社会规范产生的一种共享观念、共享的思维模式（周雪光，2003）。

预算管理的趋同完全可以从“组织趋同”的理论中得到解释。导致预算趋同的第一个机制是模仿机制，首先是企业对国家预算的模仿，企业预算产生的原因是一些大企业从国家预算的制约效果中得到了启发，通过预算构建企业的权力约束机制；其次是其他企业对成功企业的模仿，其后果是大多数企业都建立预算管理制度，作为一种企业的综合性管理工具。导致预算趋同的第二个机制是社会规范机制。正是由于多数企业建立了预算管理制度，企业应该有预算管理已经成为社会共识，而且社会对预算管理的程序、功能都有常识性的认识。如果一个企业尚未建立预算管理或未按照规程操作，社会就会认为该企业的管理尚未达到规范化的阶段。导致预算趋同的第三个机制是强迫性机制。2000 年 9 月，国家经贸委发布的《国有大中型企业建立现代企业制度和加强管理的基本规范（试行）》，明确提出企业应建立全面预算管理制度；2001 年 4 月，财政部发布的《企业国有资本与财务管理暂行办法》，要求企业应当实行财务预算管理制度；2002 年 4 月，财政部发布的《关于企业实行财务预算管理的指导意见》，进一步提出了企业应实行包括财务预算在内的全面预算管理。在我国，上述一系列具有法规性质的文件构成了强迫性机制，企业必须建立预算管理体系。企业为求得“合法性”，也必须遵守这些法规。

预算趋同的积极意义在于推进预算管理在企业的运用，并成为管理控制系统的核心。但是我们也应该看到预算趋同的消极意义，由于趋同的三种机制的作用，企业认为按照既定的方式实施预算管理是天经地义的，很少从双环学习的角度反思预算管理的缺陷，以及如何改进预算以适应本企业的特征，即预算应对技术环境要求的“权变性”不够，这也是预算遭受批评的原因之一。

3.5 预算管理本质的三维观

3.5.1 预算管理本质的三维观

对于预算管理本质的认识一般局限于管理控制工具，这是与将研究视角固定在理性组织之上密切相关的。如果从更广的视角和更多的层次的组织理论出发研究预算管理本质，预算管理的内涵远比“管理控制工具”丰富。

综上所述，以斯科特的“三视角”的组织理论为基础，预算管理的本质是三维观的：一是组织层次的控制系统；二是参与个体的行为规范和优化系统；三是环境层次的资源平衡系统（或称交互系统、契约系统），如图3—6所示。

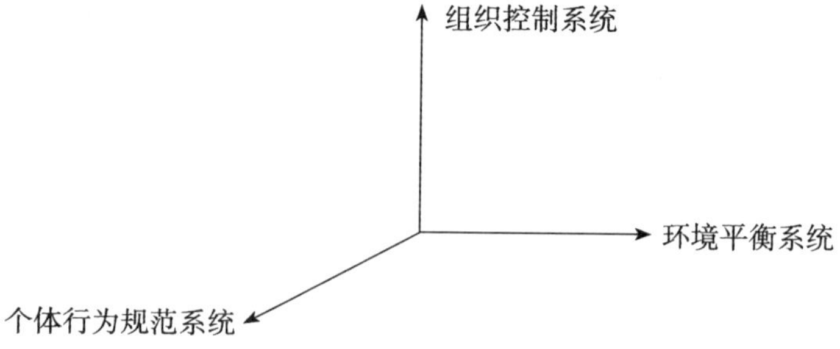

图3—6 预算管理本质的三维观

三维视角之间并非是相互排斥、非此即彼的关系，而是相互补充、相得益彰的关系。分别从三个不同的视角研究预算管理的属性，可以全面、立体地透视预算管理的本质。

3.5.2 预算本质的三维观对预算改进的启示

从预算批评的角度看，预算管理在实践中偏重的是组织维度的控制工具作用，与市场和战略脱钩，说明预算实践中忽略了预算的组织与环境的平衡系统功能。预算角色的相互冲突也说明了传统预算对于环境适应性的不足；预算重编制、轻执行则说明组织忽略了预算管理对行为因素的影响，预算管理实践中必须重视员工的行为取向研究，重视组织文化、价值观等对预算执行的影响。

综上，要想使预算管理成为一个有效的管理系统，必须从这三个层次的三个角度入手，其中个人行为是最基本的要素，一切管理系统运行的效率最终取决于系统与人的适配程度。

4 科层制框架下的传统预算管理研究

4.1 科层制的经典理论

德国著名社会学家马克斯·韦伯（Max Weber）关于科层制（bureaucracy）[①] 的开创性研究对诸多学科的发展产生了深远的影响。科层制是组织理论发展的里程碑之一，属于理性组织系统论的杰出代表；同时，它也是正规组织最为常用的组织结构和管理形式。自17世纪以来，科层制已经成为现代社会的政府、非营利组织、公司以及企业等不同性质组织最常用的主流组织形式。正如彼得·布劳（Peter Blau）和马歇尔·梅耶（2000）所说："在当今社会，科层制已经成为主导性的组织制度，并在事实上成为现代性的缩影。除非我们理解这种制度形式，否则我们就无法理解今天的社会生活。"他们认为，科层制模型已经同样运用于商业和非商业组织之中。有两个事实很重要：第一，大规模的科层管理最早出现在私营企业而不是政府机关；第二，当科层制元素出现在政府机关的时候，它们被理解为商业式的管理方式。在本世纪初，科层制被当做是商业式的管理，而不是商业式管理的对立面。

① bureaucracy又常被翻译为官僚制。由于官僚制有贬义倾向，而实际上Bureaucracy是一个中性词，本身并无感情倾向，官僚主义只是Bureaucracy的形式化的结果之一，因此，本书采用"科层制"这一中性译法。

科层制这一术语包含着诸多含义，如文官统治、专业行政管理统治、公共行政管理等。不同的意义源自不同的学科背景，如比较政治学、组织社会学、公共行政管理学或政治经济学等。本书主要从组织社会学的角度阐述科层制的概念和特征，科层制体现了德国式的社会科学与美国式的工业主义的结合，按照通行的解释，科层制指的是一种权力依职能和职位进行分工和分层，以规则为管理主体的组织体系和管理方式，也就是说，它既是一种组织结构，又是一种管理方式。

4.1.1　科层制的管理特征

根据韦伯、彼得·布劳、马歇尔·梅耶（2000）、彼得·布劳、理查德·斯科特等（2006）组织学家的有关研究，科层制组织的管理特点可以归纳为以下几点：

1）等级制的权力体系

科层制组织内部的权力是严格按照职位分配的，组织内部的单位及个人都有固定不变、明确规定的工作范围，即科层制是建立在分工基础上的，各职位配备的都是具备专业知识的专家；在权力的垂直方向上，上级任命下级，并监督下级，下级对上级负责，形成等级制的权力体系。

2）权威的来源

科层制中与权力对应的另一相关联的概念是权威，科层制中的权威首先来源于其所占据的职位，其次来源于其拥有的专业知识。在韦伯的理想科层制理论中，二者是统一的，专业知识的水平与其职位的高低是匹配的，拥有较丰富专业知识的员工自然会取得较高的职位。

3）规则导向的管理体系

科层制组织内部有一套正式的规则和条令支配职员的决策和行

为（彼得·布劳、理查德·斯科特，2006），具体表现为组织内部通过比较完善的书面文件实施严格的现代化管理，使员工严格遵守规则。

4）非人格的控制机制

科层制的控制是严格的制度或规则控制，它的前提假设之一是员工的行为无情感性。员工必须严格遵循规则或法律的规定，不允许掺杂任何个人情感，职员在与客户和其他职员的接触中应基于一种无感情的准则。

综上，科层制的基本特征可以用几个关键词精炼地概括：专门化、规则、等级制、非人格的控制机制、权威。

4.1.2 科层制的效率与非效率的理论争论

从管理学的角度看，对科层制的相关研究集中在管理效率方面，对于这一问题的研究存在诸多分歧。科层制理论的创始人马克斯·韦伯认为，科层制的专门化、规则管理以及非人格的控制机制克服了个体行为的局限性，从而实现了组织的高效率。而后来的组织理论学家克罗齐埃和默顿分别关注了科层制中客观存在的低效率刚性和反功能的缺陷，对科层制的效率性提出了质疑。

1）韦伯的科层制理论：效率至上

（1）韦伯科层制的效率判断

我们在上一小节中讨论了科层制的基本特征，这些特征可以理解为科层制的要素或者是科层制的外在表现形式，是对科层制建构特征的描述，那么具备这类特征的组织，究竟能够实现怎样的组织目标？马克斯·韦伯认为，科层制的理性外化体现在其效率、稳定和平等的三大价值体系中，效率也体现稳定和平等的价值内涵，因此，戴维·毕瑟姆（2005）认为，韦伯的“效率”概念并不是某种单个的特征，而是指各种价值的综合，包括执行的质量（如速度和可预期性)、范围的扩张和运作的成本效益。

理想科层制的首要目标在于对效率的追求，韦伯认为，科层制的特征决定了组织的高效率，“经验往往表明，从纯技术的观点说，行政组织的纯粹官僚制形态能够达到最高程度的效率……与其他形式的组织相比，它具有精确性、稳定性、可靠性和纪律严明方面的优势”。由此可以看出，韦伯是以历史上出现过的其他管理形式作为比较标准，来确定科层制的效率性的，他还形象地将科层制效率与其他组织效率的差别比喻成“机器生产与非机械生产”的差别。①

（2）科层制的效率来源

科层制的效率来源于其构成要素和管理特征，即通过“制度行为”实现“制度超越”，通过理性的制度设计克服个人缺陷，产生一种“倍增效应”，使整体的“制度行为”超越“个体行为”的总和。戴维·毕瑟姆（2005）分析了科层制要素（特征）对效率的作用过程：第一，科层制的系统化分工使得复杂的行政管理问题被细分为可处理、可重复的任务，每一项任务归属于某一特定的公职，然后由一个权力集中、等级制的控制中心加以协调。在此，机械的类比是很精确的，把一整套的运动细分为若干构成要素，然后重新组合为一个协调的过程，从而大大扩张了运作的范围，提高了运作的精确性和成本效益。第二，科层制的非人格性避免了人际关系的不可预期性，保证了在人员选择和管理行为中不存在个人偏好。第三，科层制照章办事的特征使其能够统一处理大量事务，为改变规则而设定的系统程序则使行政管理避免了传统的僵化性（一成不变的规矩）。第四，个人依靠组织报酬来维持生计，因此，他们有义务遵守组织的法律和规则。

① 转引自［英］戴维·毕瑟姆：《官僚制》，长春，吉林人民出版社，2005。

2）克罗齐埃的科层理论：低效率刚性特征

马克斯·韦伯论证了其构建的理想类型科层制的效率性，但是实际中的科层制组织是否会偶尔或有规律性地偏离理想的管理效率？克罗齐埃通过对大型组织非优化状态的各种模型的论证，认为实践中的科层制并未体现出如马克斯·韦伯所说的高效率，相反，“科层制不仅效率低下，随时间的发展，刚性还会不断增强”（彼得·布劳、马歇尔·梅耶，2000）。克罗齐埃指出了科层制低效率的刚性特征，认为科层制结构存在与生俱来的低效率特征，它本来就不是高效率的管理模式。

克罗齐埃建立了科层制的一般过程理论，理论核心就是所谓的“科层的恶性循环”，又被称为“科层制反功能怪圈”。该循环或怪圈包含四个要素：非人格规则的广泛发展，决策的集权化，各等级层次或职别的隔离和随之产生的群体对个人的压力，以及在残存的不确定因素周围平行权力关系的发展。非人格规则消除了人的判断力并代之以管理理性，这些规则未能给无法控制的特别事件处理留下空间。严格的规则保护的后果是双重的，一方面组织成员完全服从外界强加给他的规则；另一方面，他又完全摆脱了个人束缚。非人格规则直接产生了怪圈的第二个要素，即决策的集权化，那些非人格的规章制度未曾规定的因而需要特别作出的决策均由负责该决策的人在自己所处的层次上作出，以避开受决策影响的人所施加的个人压力。这使得决策与执行渐行渐远，组织也日益僵化，那些能够亲临环境的人无法就适应性问题作出决策，而制定决策的人却并不真正了解实际问题。这两个要素的结合就构成了等级地位的孤立性。科层制组织具备细化的垂直的等级制度，并从整个体系上排除了决策的相互影响，但是由于垂直体系的脆弱性，在规则未规范的地方，非等级的平行权力就出现了。

3）默顿的科层制理论：目标置换理论

科层制过分强调规则导向固然可以保证管理的精确性和可靠性，但是这也会导致将规则这一手段置于最终目标之上的倾向，即使得规则从手段演变成目标，形成所谓的“目标置换”（或者“目标替代”）。默顿通过许多不断发生的例子发现，一些为了提高效率的设计．常常会导致仪式化的或特别刚性的行为，两种行为反而都有损效率。默顿提出了著名的“目标置换”理论：规则原本只是手段，现在却变成了终极目标；当“工具性价值转变为终极价值”时，就会出现人们所熟悉的目标置换。默顿引述了导致目标置换的四个主要原因：第一，科层制的规则和规范要求功能价值以外的象征意义，遵守规则能得到奖励，违反规则会受到惩罚。第二，对规则的了解程度深的成员成了规则专家，而科层人员的团体精神又有赖于团体成员对规则的具体理解。第三，非人格化。任何为了满足顾客具体要求而表现出的规则弹性都会被指责为偏袒，因为没有做到对所有顾客都一视同仁。最后，因为政府机构不存在竞争对手，所以，政府机构的顾客不存在其他选择，尽管这种垄断对大众构成困扰，但过分遵从规则并不会增加科层组织的成本（彼得·布劳、马歇尔·梅耶，2000）。默顿基本肯定韦伯构建的科层制的效率性，认为通过规则和规则遵守的激励能够获得组织的协调和控制，但是要加上冲突部分。

4）科层制效率的权变理论

从科层制的理论研究中不难看出，对于科层制的效率性的争论是客观存在的，各方观点都有其合理性的一面。组织理论的研究者逐步认识到，没有放之四海而皆准的组织效率原则，因此将理论的研究重点逐渐转到影响科层制效率的环境因素上。随着组织目标、技术和环境的变化，组织有效运作的标准也发生了系统性的变化。伯恩斯（Burns）和斯托克（Stalker）对机械式组织和有机式组织的管理系统作了区分，他们认为组织的决定性变量是组织所处环境的变化速度，处于稳定环境之中且运行程序化的组织结构，应采用机械式的模式。戴维·毕瑟姆（2005）认为机械式组织非常接近韦伯的科层制组织，因为机械式组织具备层级制的权威体系、精确的角色界定、决策和指令沟通的垂直化模式。相反，如果组织环境的变化速度较快，那么组织应当运用有机式的结构，即后科层制（Post-bureaucracy）。后科层制属于一种不固定的职能分派制度，界定个人任务时，具有广泛的主动性；权威来源于专长而不是职位；整个组织的知识及其目标是高度分散的，而非集中于组织的上层；具备横向的信息和意见沟通模式；忠诚于专业规范，而不是服从于特定的职位。

琼·伍德沃德（John Woodward）在《工业组织》（Industry Organization）一书中认为，企业运作的变化速率不仅仅是市场或技术变化的函数，而且还源于产品特性的影响，一个生产定制产品的企业与从事装配线或流水线生产的企业，需要一种更为灵活的组织结构。查尔斯·佩罗（Charles Perrow）在其著作《组织分析：一种社会学观点》（Organizational Analysis：A Sociological View）中提出，即使在同一企业的不同部门，组织模式也有所不同，研发部门较程序化的生产部门更要求“有机”地和更加灵活地分配任务。①

因此，科层制本身并没有“好”与“坏”的价值判断，只有与环境的“适应”与“不适应”之分。本书研究的切入点正是预算的效率性，研究在组织环境剧烈变化而导致组织转型的情况下，即从科层制转向新型组织的过程中，原来建立在科层制基础上的预算管理模式已经不能适应新型组织的要求，从而导致预算管理的无效率性，因此，必须构建符合新型组织要求的新型预算管理模式，实现预算的高效率。

① 转引自［英］戴维·毕瑟姆：《官僚制》，长春，吉林人民出版社，2005。

4.2　科层制组织的纵向预算组织体系

4.2.1　科层制组织框架下预算管理的组织流程概要

各国、各企业在预算管理的具体细节上可能存在一定的差异，但在关键流程上却保持着一致，这一点可以从东西方的教科书中找到佐证。预算管理的实践性很强，所以在各国的管理会计和预算管理著作中的流程只能是对实际管理流程的提炼，而不可能是著作者的主观臆断。

英国作者梅特兰（Maizland，I.）在《如何编制公司预算》一书中对预算流程作了概括（如图4—1所示），他将关键流程分为先分后总的预算和先总后分的预算。其中，预算的组织机构是预算管理委员会，预算管理委员会的主席一般由公司的财务总监和预算决策的总负责人担任，预算管理委员由各部门负责人担任。委员们负责审核各部门呈报的预算，并提出修改和否决意见，还负责制订总预算并将其分解至各部门，由各部门来执行，并对执行情况跟踪、报告。

中国台湾的资深咨询顾问王忠宗（2004）根据其多年的经验认为，“预算是管理之母”，这是因为预算能够产生很多的数据（数字）作为提升经营绩效的依据，他在《经营计划与预算管理》一书中以“目标—计划—预算”为主线构建了预算流程和制度（如图4—2所示）。

我国内地的预算管理模式可根据预算管理的起点分为若干种，但基本流程是大同小异的。我国财政部企业司主编的《企业全面预算管理的理论与案例》一书中，从公司治理的角度描绘了预算管理的流程图（如图4-3所示），清楚地说明了公司预算管理中的组织机构及其权限。

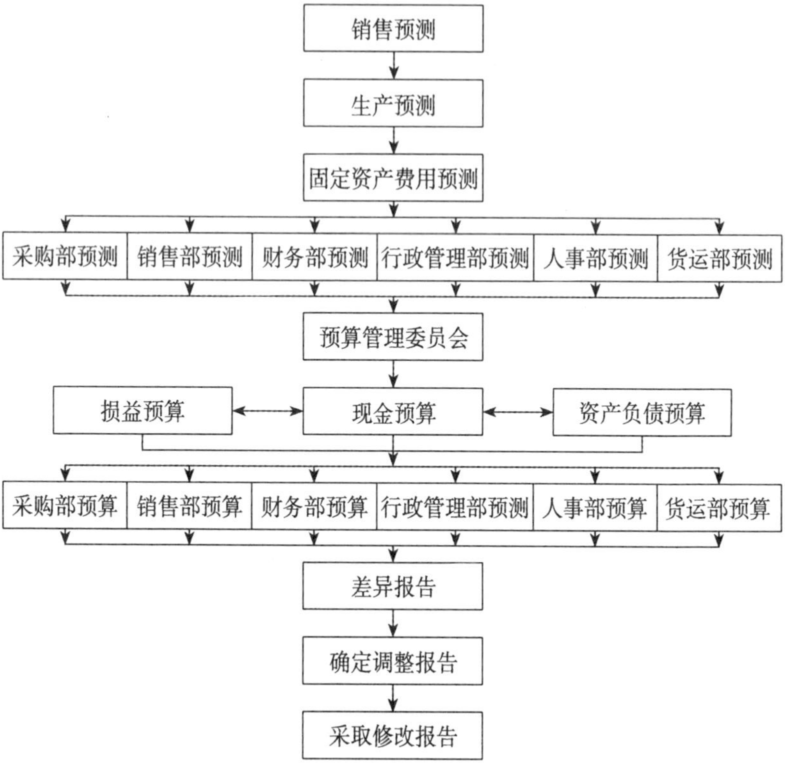

图 4—1　预算管理流程图

我国特大型企业宝钢集团的预算管理组织流程如图 4—4 所示，该企业将预算管理部门分为预算归口部门（主要是财务部门）和预算责任部门（各事业部和分、子公司），先由这些部门编制预算初稿，由公司领导和预算管理委员会审核通过，再下发至责任部门和归口部门来执行和监控。

4.2.2　科层制组织预算管理组织流程体系的共性特征

根据上述具有代表性的预算组织流程图，我们可以看出，尽管

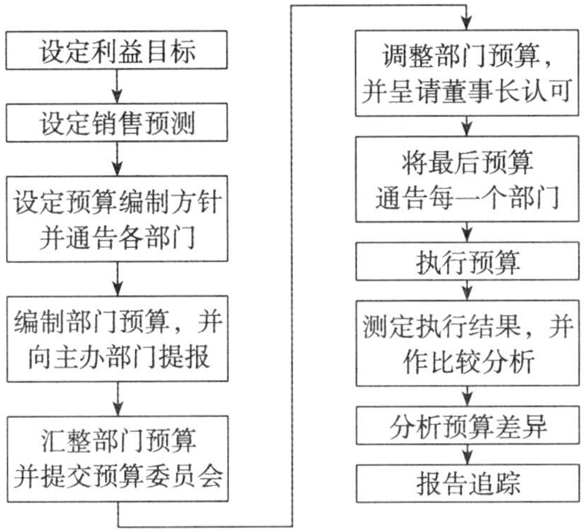

图 4—2　预算管理程序

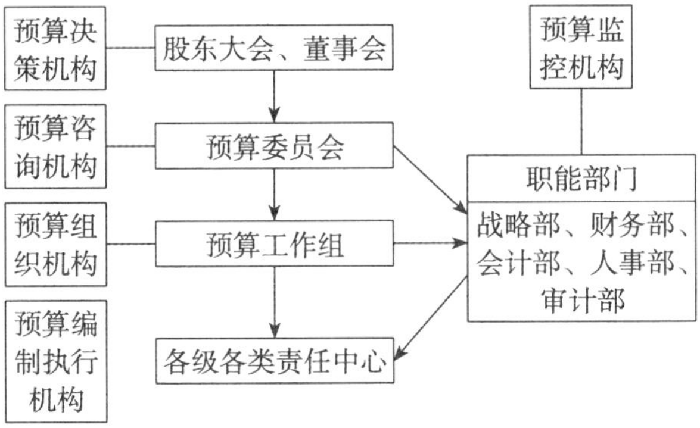

图 4—3　预算组织体系框架图

各国企业所处的环境、行业等方面存在差异，但它们在预算体系方面是基本相同的，这也从一个侧面佐证了“组织趋同”现象的存在。出现这种状况的原因是上述预算流程的组织基础都是科层制的，故预算组织体系中必然会体现出科层制的一些管理特征。

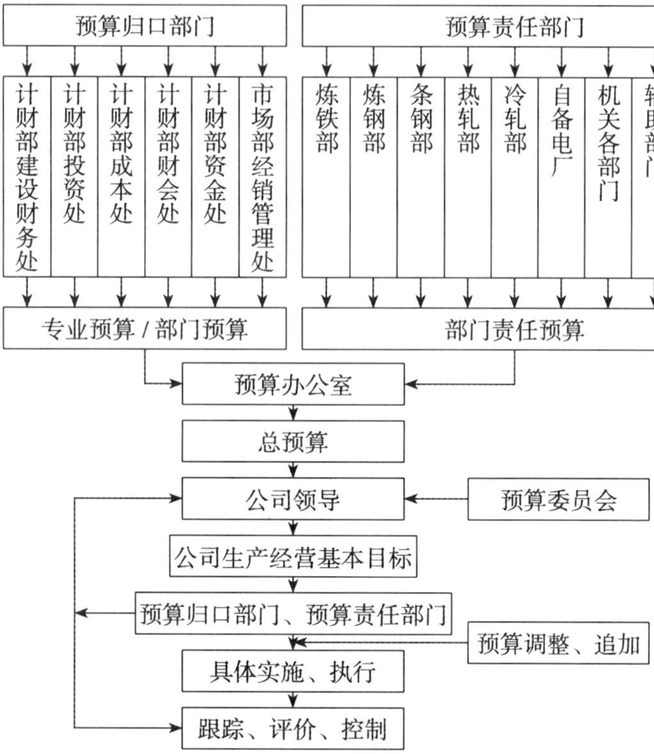

图 4—4　宝钢的预算管理组织流程图

1）科层制组织的预算管理组织体系是纵向结构的

任何管理系统的建立和运行都是依附于组织结构的，科层制的层级结构决定了其预算管理也必然是纵向的，无论是“自上而下”还是“自下而上”的预算模式，都体现了注重“上下之分”的垂直结构。处于预算管理最高层的股东大会、董事会以及公司领导，拥有决策权，有权决定最终的预算水平；处于预算管理基层的各责任中心，包括各部门、分公司、子公司等，是预算编制的参与机构和预算的执行机构；处于决策层和执行层之间的是预算管理委员会及其下属的预算办公室，负责预算编制、汇总、平衡、协调等工作。预算管理委员会是由各个主要职能部门的经理组成的，由首席执行官担任主席。这个委员会的工作是使公司内各部门甚至部门内各员工在从事专门信息的交流时更为方便。并使各部门就预算的基础假设达成一致。由此可以看出，科层制的预算组织机构属于纵向体系。

2）科层制组织的预算管理本质是集权型的管理模式

科层制组织的预算是高层管理者控制基层的工具。预算管理有“自上而下”和“自上而下”的两种运作模式，一般认为，“自上而下”的运作模式属于集权模式，“自下而上”的运作模式属于分权模式，但我们仔细研究就会发现，两种模式的本质均为集权型的财务管理模式。

“自上而下”模式是按照“上下结合、分级编制、逐级汇总”的原则，遵循“两下一上”的程序进行预算编制的，其基本步骤是：①下达目标。企业董事会或经理办公会根据企业发展战略和预算期经济形势的预测，作出相关决策，提出企业预算期的财务和非财务目标，并确定预算编制的政策，由预算管理委员会下达各预算执行单位。②编制上报。各预算执行单位按照预算管理委员会下达的预算目标和编制政策，结合自身特点以及预测的执行条件，提出详细的本单位预算实施方案，上报预算管理委员会。③审查平衡。预算管理委员会对各预算执行单位上报的预算实施方案进行审查、汇总，提出综合平衡的建议。在审查、平衡过程中，预算管理委员会进行充分协调，对发现的问题提出初步调整的意见，并反馈给有关预算执行单位予以修正。④审议批准。在讨论、调整的基础上，预算管理委员会将企业年度预算草案提交董事会或股东大会审议批准。⑤下达执行。预算管理委员会将已获董事会或股东大会批准的年度总预算，分解成各部门、分公司预算。⑥各部门、分公司将下达的预算指标分解到各基层预算单位，逐级下达执行。

“自下而上”的模式实际上是按“两上一下”的程序进行预算编制的，其基本步骤是：①董事会或经理层组织预算工作讨论会，确定预算目标。②预算管理委员会拟订并发布预算大纲。③基层预算单位拟订预算并逐级汇总。④预算管理委员会根据各部门、分公司编制的预算草案，组织预算协调会议，汇总成全企业的预算草案。⑤董事会或经理办公会初审集团预算草案，决定是否再次调整预算。⑥股东大会或董事会审定通过预算。⑦预算管理委员会发布预算执行指令。

从两种模式的程序来看，两种预算的最终决定权在股东大会或董事会，区别仅在于“自下而上”的模式上，责任中心有预算编制的参与权，但这种预算的参与权是受限制的，因此，所有责任中心的预算都是以完成企业目标为最终目的的，而企业目标是由董事会和总经理确定的，是不容讨论的。因此，两种预算模式本质上是集权型的，归根结底的原因在于预算管理的基础是科层制，这就决定了无论如何改革预算模式，最终的决策权和决策知识仅保留在高层内。

3）科层制组织的预算管理是基于职能结构的

无论国内还是国外的预算组织流程图，都表明预算是建立在组织职能结构基础上，而非基于流程的。这也是与科层制的系统分工和专家治理的特征相一致的。

4.2.3 科层制框架下的预算管理的权力配置

社会学家帕森斯清楚地看到权力问题构成了组织理论的关键问题，财权是财务管理的核心，财权按照其作用范围可以分为以治理为基础的外部财权配置和以内部管理为基础的内部财权配置，预算管理的权力配置属于企业财权配置的范畴。因此，预算管理一方面表现为资源配置的“资金流”、“物流”、“信息流”；另一方面，又表现为预算背后起支配作用的“财权流”。徐莉萍、陈慧

(2006) 提出，可以从“价值”和“财权”两个维度构建预算管理的框架，如图 4—5 所示。

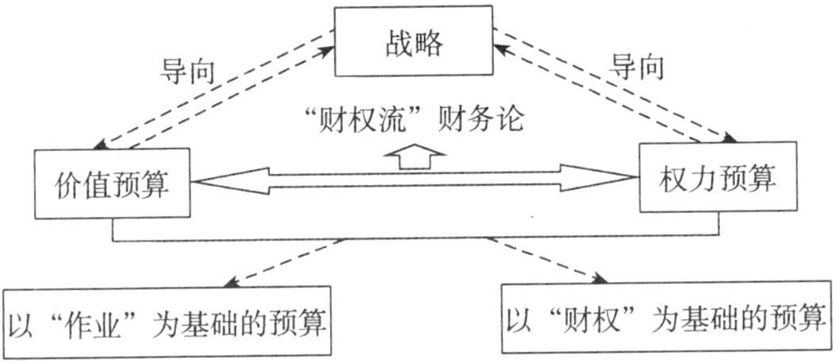

图 4—5 价值、权力基础的预算

1）预算管理的外部权力配置

外部财权配置是公司财务治理的核心（伍中信等，2006）。李心合等（2005）认为资源是财权配置模式的决定因素。不同的财权配置模式实际上构成了不同的公司治理模式。预算管理中的外部财权配置主要表现的是公司股东和经营者在预算中的权力分配，是预算权力的第一层次分配。当然，从更广泛的利益相关者分析，债权人、政府、社区和员工均会对预算产生一定的影响，形成一定的权力。譬如，债权人可能在现金预算平衡需要融资时，对预算产生影响；政府、社区、员工可能对企业预算中的税收、环境保护、员工福利等方面的预算安排施加影响，形成一定的权力。利益相关者之所以或多或少会对预算产生一定的影响，根本原因在于预算的资源配置功能和利益分配功能，由于利益相关者为企业提供了一定资源，因而他们均有权参与其利益分配。但就目前现实的法律而言，外部财权配置还是主要表现为股东阶层和经营者阶层的预算权力分配。《公司法》从法律规范的角度对预算管理的权限作出了规定：审议批准由董事会制订的公司年度财务预、决算方案是股东（大）会的职权之一；董事会负责年度财务预、决算方案的制订；经理组织实施年度经营计划和投资方案，实际上就是负责预算的执行；监事会的职权之一就是检查公司财务，对预算编制和执行情况的监督权也可以归入监事会财务监督权的范畴。由于公司治理的要求通常包括各机构的权力制衡，所以，预算管理的外部权力配置也是相互制衡的。

2）预算管理的内部权力配置

内部财权的配置是以内部管理权力分配为基础的，是在股东和经营者分配的基础上，再次在经营者内部进行预算权力的分配，属于第二层次的财权配置。这一层次的权力分配与组织结构和管理模式直接相关。根据预算组织的流程概要，预算权力的分配仅在经营者和责任中心之间进行，经营者根据股东大会、董事会审议通过的预算方案，有权将方案分解到各责任中心，并对责任中心的预算执行情况进行考核监督。各责任中心的权力就是执行预算和参与预算的编制。建立在科层制基础上的预算管理，其内部权力的分配是不均衡的，体现的是上级对下级发布命令和实施指挥的等级权力关系，是控制与被控制的关系。表 4—1 所示的是科层制纵向预算模式的权力分配情况。

表 4—1　　**科层制纵向预算权力分配情况**

股东会及董事会	经营者	责任中心
预算管理组织及其权力： （1）预算战略、目标、方案的最终决策权； （2）决算权与监督权	预算执行组织及其权力： （1）预算方案形成、预算执行； （2）预算自我监控权； （3）预算方案分解权； （4）对责任中心预算执行的监督权	分预算执行组织及其权力： （1）参与预算编制； （2）执行本责任中心的预算

4.2.4 科层制组织纵向预算组织体系的效率分析：权变解释

与科层制一样，在不同环境下，科层制组织中纵向的预算组织体系的效率特征是不同的。在相对稳定的线性环境中，科层制预算管理由于注重内部的预算执行，加之科层制的权力配置模式，导致了预算表现为高效的综合性管理工具，这也是预算为大多数组织所采用的原因。而在组织环境的复杂性和不确定性较高时，预算则成为了浪费组织时间和资源却收效甚微的管理工具，成为阻碍企业战略实施、对市场快速反应以及内部信息造假的罪魁祸首。

4.3 科层制组织的预算行为研究

4.3.1 科层制控制与预算角色定位

1）科层制组织的管理控制

管理控制理论在西方的发展已历经百年，从组织理论演化的角度看，它的发展经过了封闭、理性观点，封闭、自然观点，开放、理性观点，开放、自然观点四个阶段。理性系统强调清晰的目标和理性的计划，自然系统则强调目标的自发性形成和非正式信息的作用。而从环境的视角出发，又可分为封闭性系统和开放性系统，因此，可以将管理控制系统分为上述四类。科层制控制无疑属于封闭、理性的系统，科层制的建立前提就是相对稳定的环境，因此科层制的组织很少考虑环境对组织的影响。如爱德华（Edwards，1979）所述，随着时间的流逝，简单而更个人化的权力系统有让位于更复杂而非个人化的权力系统的趋势——即让位于技术和科层结构，科层制控制是结构控制的典型代表。

William G. Ouchi（1980）将控制战略分为三种——市场、官

僚制和小团体。官僚制控制战略是指利用规则、政策、权威层级、书面文件、标准和其他的官僚机制来使行为标准化和评估业绩。张相洲（2004）将管理控制分为三种类型：制度模式、市场模式和文化模式，并提出狭义的制度控制就是官僚制结构，是组织中最为常用的基础性控制手段，它伴随着很强的输入控制（如计划、预算等外部施加程序，以及科层制的明确职责规范等）和输出控制（如监控产出、内部管理报告、标准制定、差异分析和业绩评价的信息系统等）。因此，科层制不仅是组织结构形式和管理方式，其本身还是一种具有很强控制力的控制系统。

预算管理是科层制控制的重要组成部分，它贯穿于制度控制的输入（预算作为控制标准）和输出（差异分析、业绩评价）两端，科层制组织的预算指标是规则的组成部分和法定权威的来源。达夫特（2003）认为由预算、统计报告、薪酬系统和经营过程构成的管理控制系统是官僚制控制的重要组成部分（见表4—2）。戈文达拉扬（1999）在《管理控制系统》一书中，更是将预算管理等同于管理控制系统。由此可见预算管理在管理系统中处于核心地位。

表4—2　**官僚制控制的重要组成部分：管理控制系统**

子系统	内容和频率
预算	财务、资源成本，每月
统计报告	非财务产出，每周或每月
薪酬系统	基于部门目标和业绩，对管理者的例行评估
经营过程	规则和规章，描述正确行为的政策，经常性

2）科层制组织中的预算管理的角色定位

预算管理的角色与其功能密切相关，根据预算管理的功能，预算包括控制、业绩评价、资源配置、沟通、计划、学习等多重角色，借用社会学的角色理论，这些多重角色的集合是“角色丛”。预算角色之间的冲突决定了在同一情境下只能将某些角色定义为有明确期望的正式角色和没有明确期望的非正式角色。我们认为，在科层制组织中，一方面，作为正规控制系统核心要素的预算管理的首要正式角色就是控制，与直接控制相关的是业绩评价，业绩评价也是事后反馈控制方式之一；另一方面，基于科层制对效率的追求，通过预算进行有效的资源配置也是组织对预算的角色期望之一。因此，控制、业绩评价和资源配置是预算管理在科层制组织中的角色定位。由于角色具备规范和自我表现功能，因此预算管理的角色定位在某种程度上就决定了其行为模式和行为特征。

4.3.2 科层制组织的预算行为特征

马克斯·韦伯将规则视为科层制的核心概念，在其所列举的科层制的九个特征中，至少有七个是直接与规则以及规则遵守行为相关的。他认为，员工的行为应该是规则约束下的理性行为，是可以预测的机械性行为。科层制在表面上建立了一项有益的行为背景：层级和规则严格规范了员工和组织的行为，强制性地要求员工的行为服从组织目标。

纽斯特罗姆（2004）认为不同类型的组织有不同的行为模式，他将组织的行为模式分为独裁模型、看护模型、支持模型和社团模型等四种类型（见表4—3）。与科层制对应的组织行为模式是独裁模型和看护模型，组织行为模型的基础是权力和经济资源，管理取向是正式的官方的权威，这种权威是由针对所适用群体的命令权所赋予的。该模型假定员工是理性的经济人，金钱是员工行为的决定性因素，管理层认为自己知道什么是最好的，认为雇员的责任就是服从命令。同时，还假定员工必须被指导、被驯服、被强迫去工作，而这些正是管理层的任务，员工的任务则是服从命令。

表 4—3　　　　**组织行为模式**

	独裁模型	看护模型	支持模型	社团模型
模型的基础	权力	经济资源	领导	伙伴关系
管理定位	权威	金钱	支持	团队工作
员工定位	服从	安全感和收益	工作绩效	有责任感的行为
员工的精神状态	依赖老板	依赖组织	参与	自律
被满足的员工需要	生存需要	安全需要	地位和被认可的需要	自我实现的需要
效果	最低	消极合作	驱力被唤醒	一定的工作热情

克里斯托弗·A. 巴特利特和萨曼特·高歇尔（1999）认为现在以科层制为基础的大公司实际上对员工行为产生了腐蚀性的影响，产生了四个相互影响的病状特征：服从、控制、契约、限制（如图 4—6 所示）。

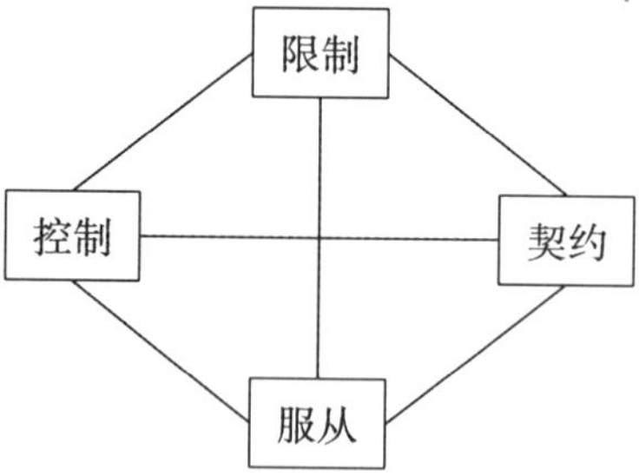

图 4—6　科层制企业管理背景的病症

组织行为是预算行为的基础和环境，加之科层制组织对预算的角色定位，因此科层制的预算管理具备以下行为特征（如图 4—7 所示）：

第一，服从。科层制的等级权力结构要求下级服从上级的命令和指挥，巴特利特和高歇尔（1999）认为这种模式等同于军事模式，其积极意义在于确保员工跟从企业领导制定的方向，但是，这种一致的行动也会退化成一种病态，使得员工成为只会服从的“机器”，丧失了思考和学习能力，阻止了员工依据环境变化对现

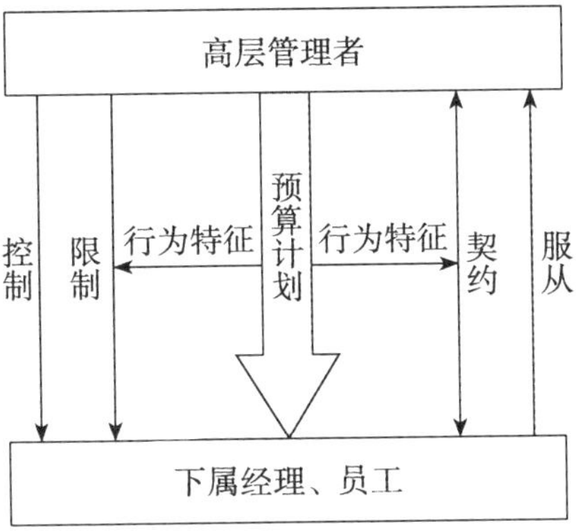

图 4—7 科层制预算行为特征

有政策提出质疑的行为。根据科层制的权力配置的预算管理本质上属于强加型的管理模式。“强加（Imposition）”是 L. 查德威克（1997）列举的七种预算行为特征之一，他认为如果管理当局“自上而下”地将预算强加给基层员工，那么“在下面工作”的人员可能会抵触它们，不给予支持，或根本就没有热情。强加预算的基础是科层制的权力，下属员工只能接受和服从分解的预算指标。当然，直接强加预算的极端行为在企业实践中并不多见，一般允许下级在预算管理中存在“讨价还价”的行为，但是很显然，双方的谈判地位是不平等的，最终在“顾全大局”的旗号下，下级必须接受上级的预算指标。

第二，控制。预算是管理控制的核心，其基本目的就是控制员工的行为。大多数公司都建立了复杂的资金计划和经营预算体系，这些体系在分配资金、提高资金运营效力和促进经营持续改善方面是非常有效的，但是也导致了企业内部人际关系的退化。目标制定和预算过程经常演化成观点不同者之间的相互攻击，监控活动常常变成权力不断扩大的管理人员对一线经理的干预，这种对一线经理行为的影响再一次使他们趋于保守（克里斯托弗·A. 巴特利特和萨曼特·高歇尔，1999）。

第三，契约。在传统科层制结构的公司中，组织与员工之间的关系是基于契约之上的，具有法律倾向。预算就是其中的显性经济契约，预算的考核是报酬制度的构成要素之一，其正面作用在于激励、引导员工做出有利于企业的行为，但是，其负面效应也很明显，即强化了公司和员工基于金钱的关系，使员工们开始从感情上疏远公司，他们越来越觉得自己像一个经济实体的员工，而不是一种社会团体的成员。

第四，限制。随着公司规模和范围的扩大，高层管理者发现需要使用明确的策略和制度对下属受托经理的经营行为进行限制。战略目标被具体细化，并为各种经营单位制定了更细致的职责组合。显然，预算管理正是这种使用管理策略的具体过程，各责任中心的思考范围仅限于自身的预算，预算管理中的“本位主义”限制了一些积极行为的发生，比如对从企业全局出发思考预算改进，以及预算执行中的合作等。

4.3.3 科层制、规则与预算行为后果

1）预算管理的理性特征

从预算管理的过程来看，预算管理的基本思想与科层制的管理模式相适应，是科层制模式中的重要管理工具，在某种程度上把科层制的思想转化为了实践。传统预算管理就是以层级制的组织结构为基础的，其基本特征与科层制所追求的价值理性相一致。

（1）预算管理的效率性特征

预算管理所追求的是以实现战略目标为前提的最佳效率的资源配置，在合理预测的基础上作出资源分配、平衡的决策，提高决策的效率。承担预算任务的部门和员工将预算指标看做规则，并以此排除各方的其他干扰，提高工作效率。各部门和个人遵循规则的约束，完成各自的预算指标，则整个组织就可以实现战略目标。

（2）预算管理的平等性特征

在预算的编制过程中可能存在博弈，并可能因讨价还价能力的差异而导致预算指标的不公平。但是，预算管理指标一旦确立并作为绩效考核的依据，对所有部门和员工而言，都是平等的。

（3）预算的规则属性对工作角色模糊的矫正

预算作为规则为员工设定了具体的目标，明晰了员工的行为方向。Marginson 和 Ogden（2005）通过对 Infotain Plc 公司的案例研究发现一个有意思的现象：当经理人员面临与角色模糊相关的不确定性时，作出的反应是积极致力于实现预算目标，而不是将预算当做压力，因为预算提供了结构性和确定性的资源。预算的实施对角色模糊的矫正有重要作用，实证研究结果表明角色模糊程度高的人比模糊程度低的人更可能致力于实现预算。

2）预算管理的反功能特征

（1）科层制刚性特征与预算管理的功能紊乱行为

米歇尔·克罗齐埃（2002）认为，过分强调规则会导致两个后果：一方面上级失去了让下属可以相机处置的权力，其作用被局限于对执行规定内容的监督；另一方面下级也失去了给上级施压以及与他们谈判的权力，因为下级的行为完全受规则所支配，一些为了确保效率的非常操作化的设计常常会导致仪式化的或特别刚性的行为，两种行为反而都有损效率。因此，实践中的科层制不具备如马克斯·韦伯所说的高效率，相反，科层制不仅效率很低，而且随时间的发展，刚性还会不断增强。

预算管理是应组织正规化的需求而产生的，适应企业的层级结构是科层制组织的重要管理工具，建立在科层制基础上的预算管理与科层制一样有着低效率的刚性特征，而且两者的刚性能够相互强化。事实上，由于预算管理耗用了管理者大量的精力，且操作成本高、效果不佳，因而经常被视为低效率的管理工具。预算管理本质上采取的是集权型的管理思维，预算管理制度是科层制企业规则的组成部分，是考核控制部门和员工的正式规则，具有刚性特征，因此它必然会产生负面的行为后果，或者说功能紊乱的行为后果。预算一旦作为考核控制的工具，实现预算的压力就产生了，执行预算时就会充满对预算压力的抱怨。阿吉里斯（2004）认为，预算管理对人力资源而言是压力性工具，而且因为预算很具体，所以会成为最好的传递全部管理压力的工具。因此，预算通常被认为是“有害的压力”，不仅被指责为阻碍了创新和学习，而且被认为过分注重预算的实现可能导致功能紊乱行为的发生，如操纵数字、部门间冲突、增加与工作相关的压力、预算博弈等。

杰里米·霍普和罗宾·弗雷泽（2005）认为，预算中“玩弄数字游戏”的做法已经膨胀到让人无法接受的地步。当以预算作为年度绩效评估的依据时，预算合同就像毒品，有严重的副作用，极大地促进了“盈余管理”的现象。两位作者还列举了10条典型的语录，来反映预算功能紊乱的行为。这些语录分别是：“总是争取最低的目标和最高的奖励”；“不管付出什么代价，总是争取奖金”；“永远不要把客户需求放置于销售目标之上”；“永远不要与其他团队分享信息或资源——它们是敌人”；“总是要求比实际需要更多的资源，因为它总是会被削减到你实际所需的用量”；“总是花光预算”；“一定要学会为自己开脱”；“永远不要提供精确的预测”；“总是达到数字的要求，但不要超过它们”；“永远不要冒险，这不值得”。

（2）科层制的严格规则导向与预算目标置换

默顿提出了著名的“目标置换”理论来批评科层制，认为科层制过分强调规则导向固然可以保证管理的精确性和可靠性，但是过分苛求规则的遵循也会导致将规则这一手段置于最终目标之上的情况，使得规则从手段演变成目标，工具性价值转变为终极价值，“目标置换”（或者“目标替代”）就产生了。

预算管理实践中存在着严重的目标置换现象，传统的预算管理首先根据企业的战略目标制定预算目标，然后将目标按职能部门层层分解，分解的预算指标就构成了“规则”，并通过考核的办法强制执行。细分的预算指标本来是实现企业目标的手段，现在却变成了部门和员工的终极目标，甚至导致部分员工为完成自身局部目标，不惜牺牲组织的整体利益。在传统预算管理的过程中，部门和员工只关心与自身利益相关的预算指标，较少主动将自身目标融入组织目标，更没有人从组织战略目标的角度思考问题，这必然导致部门间的不合作甚至冲突行为的增加。

4.4 参与式预算：对科层制预算行为的矫正

所谓参与预算（participative budgeting），是指允许下级参加预算的编制并影响或决定与其自身相关的预算水平，这是企业分权式民主管理在预算管理中的具体运用。

4.4.1 参与预算对预算行为的矫正

参与预算管理对应的组织行为模式是“支持模型”，这个模型假定管理者意识到员工除了对金钱存在需求之外还有地位和被尊重的需要，通过员工“参与管理和决策”唤起其自身的驱动力，增强其工作积极性，对员工的工作不是一味地进行命令和控制，而是为员工完成任务提供一定的支持。但是，由于这个模型中仍然存在科层制的等级关系，因此，将其定义为“支持模型”。这个模型的内容决定了它与传统预算行为存在一定的差异，通过预算的“参与”过程可对功能紊乱的预算行为起到一定的矫正作用。

1）激励与认知因素

目前，被众人普遍认可的首要因素是参与式预算的激励功能，

Hofstede（1967）的研究发现，参与式预算在所有激励措施中效果最强，Becker 和 Green（1962）强调成功的参与过程能够激励员工为达到目标而付出最大的努力，参与式预算通过提供与所有者或上级共同决策的机会来增强雇员的精神和情感，这种情感激励着雇员并激发他们的创造性，诱导其实施正面的行动（Owen，1987），如动机的改善和工作的承诺、降低压力和提高绩效等。相反，没有管理者足够参与的预算可能导致紊乱的行为，并导致焦虑、压力和低绩效（Brown，1995）。参与式预算使得下属经理更有责任执行预算（Brownell，1981；Maloney and Mia，1998）。更早的研究还表明，参与式预算通过更广泛的信息沟通、更有效的协调行为和团队精神的发展来获取收益（Hopwood，1976）。Shields 和 Young（1993）提出，参与式预算实际上要求下属经理为预算的编制和执行贡献其知识。

2）信息与协调因素

M. D. Shields 和 S. M. Young（1993）认为，部分参与式预算前置因素的研究根植于日本的管理文献，日本公司经常使用参与决策制定和质量圈等概念，其目标在于获取公司各个层次组织的准确信息，这些信息被用来帮助公司更有效地配置资源以提高公司层面的绩效。此外，还有的研究以信息不对称理论和委托代理理论为基础来解释参与式预算的必要性，认为参与式预算可以使上级获取下属部门的实际环境信息以改进资源的分配方案，并设计出对下属最优的激励契约。通过参与式预算的过程，上级可以了解下属间在任务上存在的相关依赖信息，促使各部门加强信息沟通，减轻水平层次的信息不对称，从而更好地协调预算管理，因此，任务的相互依赖性越强，对参与式预算的需求越强。

4.4.2 参与预算和管理绩效关系的一般理论分析

参与预算与绩效关系的实证研究是建立在权变研究框架基础上

的，因此在不同情境下的研究结果并不完全一致，但同时，实证研究的大部分结论表明参与预算与绩效之间存在着正相关关系。实证研究只是证实了两者之间的关系，至于两者的作用机理，则需要理论探讨。我们提出了参与预算和绩效关系的分析框架（如图4—8所示）。

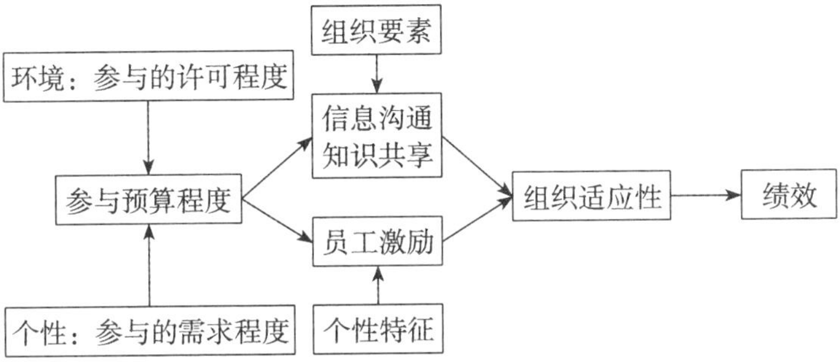

图4—8 参与预算和绩效关系的分析框架

1）预算参与的程度取决于参与的需求与参与许可的均衡

环境决定预算参与的许可程度，这里的环境包括企业的外部环境和内部的组织环境。外部环境的不确定程度越大，企业决策所需的信息就越依赖于直接接触环境的下属员工，允许员工参与的程度也就越高；如果企业内部倾向于分权管理模式，则预算参与的许可程度提高，企业民主型的组织文化也会提高预算参与的许可程度。员工参与的需求程度则由其个性特征所决定，自我控制型的个体较外部归因型的个体可能会表现出更多的参与需求。需求和许可的均衡则构成了最佳的预算参与程度。Clinton 和 Hunton（2001）以参与预算的一致性为自变量研究了参与预算与组织绩效的关系，所谓参与预算的一致性（DPC）就是指可觉察的参与需求（PNP）与准许的参与程度（DPA）之间的符合程度，变量定义为两者之差，越趋向于零，说明参与预算的一致性越高。研究表明，参与一致性程度与组织绩效指标之间存在均匀正向的显著相关。

2）参与预算的过程促进了企业内部的信息沟通和知识共享，提升了员工激励水平

企业内部存在多重委托代理关系，上下级之间和平行部门之间的信息是不对称的，这就从信息不对称理论和委托代理理论的角度证明了参与预算的必要性。我们可以将参与预算理解为管理沟通的过程，信息的沟通包括上下级之间的沟通和平行部门之间的沟通。下属通过参与过程，会对预算有一个全盘的认识，而不是仅局限于本部门的视角，对于加强部门之间的合作与协调是有益的，上级则可以通过下属的参与预算获得下属部门的实际环境信息，以便改进资源的分配方案，设计出对下属最优的激励契约。

参与预算还促进了企业内部的知识共享，尤其是下属可以通过参与的机会贡献自己的知识，Locke（1990）认为参与决策制定的好处在于对工作的激励和认知的理解。西方的学者大多侧重于研究参与对工作的激励，从认知角度出发的研究较少。实际上，上级如果能够不断地向下属提供运营和财务信息，应该可以从下属获取一些如何提高绩效的高质量的建议。Shields 和 Young（1993）认为，参与预算实际上要求下属经理为预算的编制和执行贡献其知识，因此，参与预算为组织学习创造了一种机制，使得组织对动态变化的环境适应能力增强。

只有与民主型的组织文化、分权型的组织运行机制和网络型的沟通模式相匹配，才有利于参与预算发挥促进信息沟通和知识共享的作用。

3）参与预算提升了员工激励水平

从雇员的角度看，参与预算通过提供与所有者或上级共同决策的机会，提升了雇员的精神和情感，转变了他们对预算的抵触情绪，这一情感转变激发了他们的创造性并促使其实施更多正面的行

动（Owen，1987），如改善动机、降低压力和提高绩效等。相反，下属参与程度不够的预算可能导致紊乱的行为，并导致焦虑、压力和低绩效（Brown，1995）。其他研究者认为，允许下属经理积极参与预算的过程，会使他们更有责任执行预算。在对组织的研究中已经发现，员工寻求自身在组织中的重要感、运用自身才智的机会和尽力实现工作中的更高目标的机会，而参与有助于满足自尊、自我实现等高层次的需求，提升员工的激励水平。实证研究的结果表明，内部归因型的个体对参与预算的激励功能有着更强烈的感知。

4）组织适应性是高绩效的基础

迈克尔·比尔（2004）认为，组织适应性是维持公司绩效和生存的至关重要的组成因素，这种适应性就是学习和变革的能力。他还从适应性组织动力学的角度论证了上级太过于“自上而下”或放任自流的领导风格、很差的跨职能和跨业务的协作以及垂直交流的缺乏等是造成组织非适应性的重要原因。通过以上分析，我们认为参与预算的信息沟通、知识共享和员工激励的功能能够解决这些问题。

允许员工参与预算是介于自上而下和放任自流的领导模式之间的一种模式，与建立适应性组织的要求相一致：一方面，参与预算可以使外部的信息迅捷地反馈给高层管理者，以便即时调整组织战略，适应环境变化；另一方面，参与预算也是授权的一种形式，参与能通过给予组织低层更多的责任，加速低层建议被批准的进程，促进组织目标的实现，即组织低层在授权范围内因地制宜地调整和执行预算，参与使得预算的刚性约束柔性化。

参与预算提高了员工与组织的契合度，组织中的人的动机是多样的，并不总是与组织目标一致。通过充分的信息沟通和协调行为，可以发展团队精神，强化组织的凝聚力，增强员工目标与组织目标的一致性程度从而减少组织变革的阻力。参与预算能够成为组织学习的机制和组织变革的推进力量，成为建立适应性组织的动力因素之一。

4.4.3 参与预算的局限性及其根源

1）参与预算的局限性

（1）参与预算效果的不确定性

一些研究者发现，参与预算与绩效之间是呈现正相关关系的，而另一些研究者则认为二者的联系很弱，二者关系并不显著，甚至是呈现负向关系的，这说明二者间的关系并非简单的线性关系。组织的很多变量都对参与预算的效果有着很大的影响，如集权和分权的影响，在分权组织结构下，参与预算的效果要优于集权的组织结构情形；组织文化对参与预算效果的影响，组织权力距离小的组织采用参与预算模式的效果要优于权力距离大的组织采用预算模式的效果。这些都说明了只有在与之相匹配的组织环境中，参与预算的效果才能得到充分发挥。在科层制组织中，存在的是集权式的组织结构和权力距离大的组织文化，因此，从理论上讲，在纯粹的科层制组织中运用参与预算的效果可能不尽如人意，参与预算可能会流于形式。

（2）参与预算为预算松弛的产生提供了必要条件

Young（1985）认为，低估或夸大的预期就是预算松弛，他指出当下属有机会选择工作标准并将其作为业绩评估标准时，他们就会低估其生产能力，低估的部分即为预算松弛。相反，Waller 认为松弛是超出完成任务所需资源的部分，Dunk 则认为松弛是使得预算容易实现的预算水平。综合这些观点，可将预算松弛定义为在预算中有意低估收入和生产力、故意高估成本和完成工作所需资源。因此，预算松弛产生的必要条件是下属通过参与有机会选择预算标准。参与预算本身对预算行为的矫正效果并不确定，而另一方面，参与预算又可能导致预算松弛这一新问题。

2）参与预算局限性的根源

管理会计的研究者考虑了个体、组织和环境等三个层次的因素对参与绩效的影响（参见研究综述），当这些因素（如外部控制的个体、集权组织结构、权力距离大的文化、稳定的环境等）与参与预算不匹配时，参与预算对绩效没有作用或者只是负向的作用，但这些都是导致参与预算局限性的浅层次因素。

我们认为，造成参与预算局限性的深层次根源在于科层制与民主的矛盾。参与式管理，当然包含参与预算管理，体现的是参与民主在工商组织中的应用。民主主义者认为，自治就是参与决定集体生活的规则和政策；而官僚制则表现为强加的和异化的权威，压制这种个人的自主权（戴维·毕瑟姆，2005）。因此，在组织中，科层制与参与预算是相互矛盾的，要使参与预算发挥效应，必须修正和变革科层制。

5 组织转型与预算管理适应性分析

5.1 组织转型

5.1.1 组织发展与组织转型

组织转型（organizational transformation）是由组织发展（organizational development）演变而来的，对这方面的理论研究始于20世纪80年代，是现代组织学研究的新领域。

1）组织发展

组织发展（organizational development，OD）理论是20世纪60年代产生并流行的一种利用行为科学方法研究组织变革的组织行为理论。研究组织发展的先驱者是德裔美国心理学家和行为科学家、团体动力学的创始人库尔特·列温，他提出的“组织变革的模式”是组织发展的奠基石。在组织发展的历程中，诸多管理学家对组织发展的理论和实践作了有益的推进，比如Kurt Lewin的“T小组”、Robert Tannenbaum的“团队建设”、Chris Argyris的“组织学习”、Douglas McGregor的人性研究、Herbert Shepard在埃索标准石油公司的实验、Warren Bennis的领导理论等（Wendell L. French and Cecil H. Bell，Jr，1999）。

Richard Beckhard（1969）界定了组织发展的定义：组织发展

是指依靠一种有计划、遍及整个组织、实行自上而下管理模式的努力，在组织“流程”中通过运用行为科学的知识实施有计划的干预手段，从而达到增进组织效能和促进组织健康运行的目的。在这个定义中包含了以下5层含义：①组织发展是一种有计划的努力。一个组织发展计划涉及对组织的系统性诊断，组织改善的战略规划的形成，以及实施这些尝试所需要的资源调配。②组织发展涉及整个系统。组织发展的努力事关整个组织的变革，诸如文化、奖励制度以及整个管理战略上的改变。③组织发展是通过自上而下的管理模式实现的。在组织发展的努力中，系统的高级管理层对变革计划倾注心血，对结果承担风险。④组织发展是用来增进组织效能和健康的。对于组织效能，从组织的角度是指组织目标的实现程度；从组织与环境关系的定义，则是指组织对环境的适应程度；从个体的定义，是指组织对组织成员或参与者的需求或利益的满足程度。对于健康的组织，Miles（1966）从任务完成、内部的整合、组织和环境的相互适应等三个方面列举了其要求。⑤组织发展运用行为科学知识，通过有计划的干预实现其目标。组织发展的策略是通过干预发展或进入现有的组织并帮助它。干预手段是从行为科学中汲取的知识和技术，如动机、权力、沟通、知觉目标设置、人际关系、群体关系、冲突管理等。

2）组织转型

Wendell L. French and Cecil H. Bell，Jr（1999）梳理了组织发展的历史，认为动荡的环境使得组织发展升级为组织转型，也就是说，组织转型是第二代组织发展。莱维（Levy）和默瑞（Merry）在《组织转型》一书中将组织转型描述为一种多维的、多水平的、定性的、不连续的、彻底的、全面的组织变革，认为组织转型需要解决组织的核心流程、精神、意识、创新能力和进化等方面的问题，涉及组织范式的转换；巴图克（Bartunek，J. M.）（1988）认为，组织转型是一种发生在组织对自身认识方面的跳跃式的变革，并伴随着组织战略、结构、权力方式、规范、模式等各方面的变化；组织学家贝克哈德（Beckhard，R.）认为组织转型是组织在形式、结构和性质上发生的变革；美国信息系统协会主席、匹兹堡大学的威廉姆·金（William R. King）教授认为，组织转型最好定义为：通过改变组织中大多数人的行为，来实现奇迹般地提高整个组织绩效的有计划变革①。

3）组织发展与组织转型

组织转型是由组织发展演变而来的，但两者也存在本质的区别：组织发展是渐进式的，是量变的过程；组织转型是革命性的，是质变的过程，属于组织范式的转换。两者也相互关联，组织发展是为组织转型积聚能量，发生量变的组织发展会突变为质变了的组织转型。两者的关系如图5—1所示：

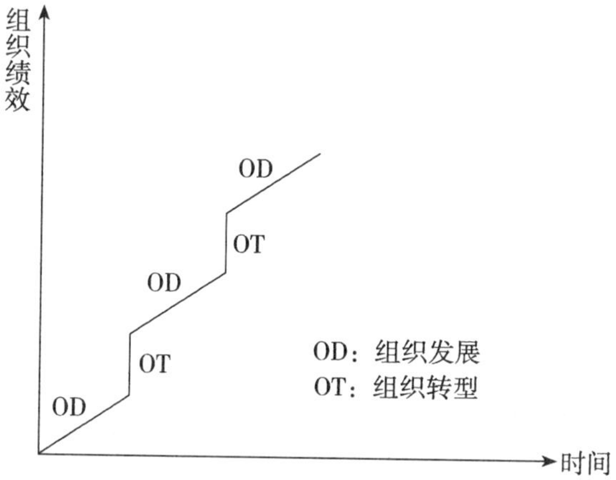

图5—1　组织转型与组织发展之间的关系

在较短的时间段内，组织发展和组织转型是两个不同的组织变革阶段和方式，但是放在更长的时期来看，组织发展是组织转型的

① 转引自钱平凡：《组织转型》，杭州，浙江人民出版社，1999。

一个准备阶段，是构成组织转型的一部分。因此，本书认为组织发展从属于组织转型，广义的组织转型包含组织渐进的发展过程和突变的转型过程。

Jerry I. Porras 和 Robert C. Silvers（1991）发展了一个有计划的变革模型（如图 5—2 所示），把组织发展和组织转型都作为有计划的变革干预模型，并对这两种模型的异同进行了比较（见表 5—1）。

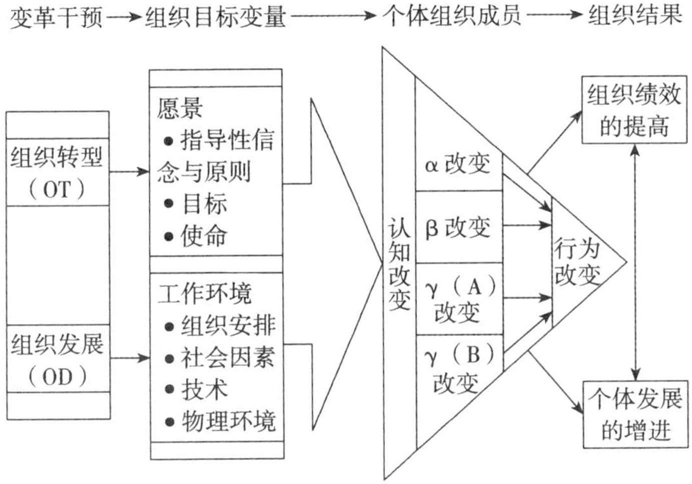

图 5—2 组织变革模型

注：α 改变：范式中可感知的变量水平变化，但不改变范式中变量的结构；β 改变：在现有范式中，对变量的认知发生了变化，同样也不改变它们的结构；γ（A）改变：现有范式结构的改变，但不增加新的变量；γ（B）改变：用一个范式去替代另一个范式，在这个过程中会出现一些或全部新的变量。

5.1.2 组织转型的特征界定

从组织转型的定义以及组织转型与组织发展的关系，我们可以将组织转型的特征界定如下：

表 5—1　　　　**组织发展与组织转型的异同**

组织发展	组织转型
行为科学理论、价值观战略和技术的结合	行为科学理论、价值观战略和技术的结合
面向组织工作环境有计划的变革	面向组织愿景和工作环境有计划的变革
α、β、γ（A）认知改变，并导致他们行为的改变	α、β、γ（A）、γ（B）认知改变，并导致他们行为的改变
使组织更好地适应当前的环境或者促使组织产生可以更好地适应未来环境的变革	推动范式的改变，以使组织能更好地适应未来的环境，或者创造未来期望的环境

1）组织转型的深度是范式转变

“范式”这一术语是由美国哲学家、科学史学家、麻省理工学院教授托马斯·S. 库恩 1959 年首次在《必要的张力：科学的传统和变革》一书提出的，之后，他在《科学革命的结构》一书中对“范式”的基本含义作了较为清楚的说明：“我采用这个术语是想说明，在科学实际活动中某些被公认的范例——包括定律、理论、应用以及仪器设备统统在内——为某一科学研究传统的出现提供了模型，范例是模子，从这里会产生具体的、连贯的科学研究传统。”

组织转型是指由科层制组织向新型组织转化，这个过程是组织范式的根本性变化，之所以称之为“范式转变”，其原因包括：第一，这是对人性假设主观认识的升华，即对组织模式的最基本假设——人性假设的修正。科层制组织的人性假设是“理性的经济人”，认为人都是自利的，人是组织机器的机械部件之一；而新型组织强调的是人的社会性，认为人是复杂人，现代人对自主意识、自我实现等需求等更为重视。这一组织建构的基础假设的不同，直接导致了两种组织的本质区别，因此，人性假设认识的改变是组织转型的根本原因。第二，这是组织愿景的变革。所谓愿景，是指企业永远为之奋斗并希望实现的目标，它是一种意愿的表达，概括了企业的未来目标、使命及核心价值，说明了企业存在的目的和理由。愿景的作用在于激励员工，在组织内部形成凝聚力，在组织外部树立组织的良好的形象，彼得·圣吉在《第五项修炼》中把“共同愿景”作为企业的五项修炼之一。愿景不同于空洞的口号，胡佛（2003）在《愿景》一书中，强调愿景需要把洞察力和策略结合起来，提炼出著名的胡佛“3E律”——探索（explore）、本质（essence）和执行力（execution）。当今企业面对外部环境的深刻变化，必须重新思考并确定企业的愿景，以保持企业的独特性，创造自身的核心竞争力，愿景的变革需要组织和管理的彻底变革才能实现。处于组织最高层次的愿景的变革决定了组织转型是范式的转变。

2）组织转型的广度是全方位的

组织转型与一般的组织变革不同，组织变革通常是局部性的，如对人力资源、营销以及财务等某一职能部门的变革，而组织转型则是全局性的，其内容是多维的。从组织要素的角度来看，组织转型首先包括显性的组织结构变革，以及随之而来的组织权力配置的改革；其次包括隐性的企业文化和价值观的变革；再次，还包括组织行为模式的根本转型，员工的认知改变的类型包含α、β、γ（A）、γ（B），其中的γ（B）就代表组织转型中的员工行为模式的范式转换；最后是组织间关系的转变，组织间由竞争关系向合作竞争关系发展。

组织范式与管理范式是相互适应的，也是相互影响的。组织转型导致了管理范式不可逆转的变化。罗珉（2005）根据管理学理论追求的目标不同，将管理学理论范式分为追求更有效率的科学主义范式（scientist paradigm）和追求更加人性的人本主义范式（humanist paradigm）。科学主义范式的切入点是组织层次，其研究的基本假设是：组织是人为构建的“机器”，作为理性经济人的员工是机器的一个组成部件，构建组织的目的是实现个人不可能实现的效率。科学主义范式的一个典型是泰罗制，在当时组织所处的经济环境下，泰罗制运用科学的管理方法和有效的物质刺激确实大大提高了组织的效率，同时也提高了员工的福利水平。但随着经济水平的发展和人性认识的进一步丰富，人们对泰罗制的批评与日俱增，美国质量管理大师J·M·朱兰认为泰罗制最严重的问题在于让数百万充满智慧、富于创造的员工的才能得不到充分利用，德鲁克在肯定了科学管理取得了世界性成功的同时，指出科学管理未能成功解决管理工人和工作的问题。如果说这些管理大师仅仅是清醒地认识科学管理的负面影响和不足之处，人本主义者则从根本上否定了科学管理的范式，人本主义认为泰罗制是不道德的，是将工作“非人性化”，并把极具人性色彩的管理变成了简单的效率衡量。人本主义范式是以新康德主义、现象学、诠释学等哲学思潮作为理论基础的，它将“人”作为社会人，认为人除了自利的一面，还有利他主义的品质，这是人本主义范式的“科学共同体”。

韦伯的科层制思想深受泰罗科学管理思想的影响，以科层制为代表的理性组织对应的是科学主义范式，理性组织与科学主义范式有着共同的人性假设，其目标都是组织的效率，而忽略人的主观意识的存在，对人的发展需求视而不见，研究的层次是作为整体的组织。新型组织与人本主义范式相对应，以“人”为中心构建组织和组织管理，将依靠人、相信人、尊重人、培养人作为组织的宗旨，使组织发展和个人发展共生于组织体系内，两者相互促进，相互优化，研究的层次是具有个性特征的人。组织转型的过程依赖于员工认知的改变，并进而导致行为的改变，产生更好的组织结果。

组织结果不仅包括组织绩效的改进，也包括个人发展的增进，也就是从只关注单一组织绩效的组织模式，发展到组织绩效和个人发展并重的组织模式。

5.1.3　组织转型的影响因素分析

1）历史因素

钱平凡（1999）指出影响企业组织转型的因素有两类，即历史因素和环境因素。由于“路径依赖”和“组织惯例”的存在，组织的发展必然受制于组织历史的惯性和惰性，这两者是影响组织转型的内生性变量。葛雷纳的“组织发展模型”就强调企业组织历史对企业发展的影响，他以组织年龄和组织规模为组织历史变量建立了一个模型，来分析组织的演变，并提出了企业成长的五阶段模型：创造力发展与领导危机阶段、通过指导而成长与自主危机阶段、通过委派代表而成长与控制危机、通过协调而成长与繁文缛节的危机和通过合作的成长与未知的危机。奎恩与卡莫恩（1983）将组织发展分为四个阶段：企业化阶段、集体化阶段、正规化阶段和合作阶段。因此，随着企业生命周期和规模的不断变化，企业必须不断地对组织进行变革，以适应管理方式的转变。

2）环境因素

对于组织而言，环境是外生性的影响变量，根据开放系统的组织理论，组织必须建立与环境相适应的组织结构和组织文化才能生存和发展，成为高绩效的组织。历史因素分析主要针对个体企业的案例研究，而环境因素分析则可适用于企业群体的研究。对于组织环境的界定是存在分歧的：一种观念认为组织环境特指组织边界以外的外部影响因素，而另一种更广义的观念认为环境就是组织所依存的社会。对于环境的分类也有不同的认识，一种观念认为环境应当分为宏观、中观和微观三个层次；而罗宾斯则将环境分为一般环境和具体环境。本书的主旨不在于研究广义的组织环境对组织的影响，而只是研究分析直接作用于组织转型的核心环境力量，因此不需要对组织的环境泛泛而谈，而只需要研究对组织转型有直接作用的现时环境特征。

在信息时代，对组织转型有直接作用的环境因素主要包括：

（1）企业内部知识员工阶层的出现

知识员工（knowledge worker）或知识型员工、知识工作者的概念最早由管理大师彼得·德鲁克提出，他将知识员工界定为“掌握和运用符号和概念，利用知识和信息工作的人”。其后的辛考茨基认为，知识员工是那些创造财富时用脑多于用手的人，他们通过自己的创意、分析、判断、综合、设计，给产品带来附加值。

知识员工的特征首先是拥有专业知识这种智力资源，其次是拥有学习和创新的能力。知识员工具有与一般员工不同的个性特征，比如轻视权力、自我意识强等。知识员工在需求方面除了与传统员工一致的物质需求外，更注重成就需要。这些特征决定了对知识员工管理和激励方面的特殊性，玛汉·坦姆仆的研究表明，激励知识员工的前四个因素依次是个体成长（33.74%）、工作自主（30.51%）、业务成就（28.69%）、金钱财富（7.07%）；安盛咨询公司与澳大利亚管理研究院对澳大利亚、美国、日本等多个行业的858名员工（其中包括160名知识员工）进行分析后，列出知识员工前五名的激励因素依次是报酬、工作性质、提升、与同事关系、影响决策；相对于其他员工，知识员工对工作性质、与同事关系和影响决策这三方面更为重视，而在报酬和提升方面，知识员工与其他员工没有区别（袁政，2003）。张望军和彭剑峰（2001）通过实证研究对中国知识员工的激励因素进行排序，依次为工资报酬与奖励（31.88%）、个人成长与发展（23.91%）、有挑战性的工作（10.145%）、公司前途（7.975%）、有保障和稳定的工作（6.52%）；郑超和黄攸立得出类似的结论，激励因素依次为：提高收入（48.12%）、个人发展（23.71%）、业务成就（22.30%）、工作自主（5.87%）。

“知识员工”的出现，使得人们不得不重新思考“理性经济人”的假设的合理性，国内外的实证研究均表明，除了将报酬作为传统激励因素外，知识员工更注重工作自主、影响决策和业务成就等更高层次的需求满足。上述研究结论为建立知识员工的管理和激励模式提供了实证基础，也为研究员工和组织行为提供了新的逻辑起点，并在此基础上对组织的激励与控制提出了变革要求。

（2）信息技术的广泛运用带来的新的商业环境

对于信息技术所带来的商业环境的变化的研究可谓汗牛充栋。有数字经济之父之称的泰普斯科特（1999）认为，信息技术与企业甚至与整个世界的变化息息相关。伴随着计算机技术的商业应用、信息技术本身以及技术的主导应用的深刻变化，我们正步入信息时代的第二阶段。如果企业无法适应新的形势，不能有效地实现转轨，就会被无情地淘汰。信息技术的运用究竟给组织变革带来怎样的冲击？莫顿的研究表明，这种变革至少可以归结为：第一，信息社会给企业生产、管理活动的方式带来了根本性的变革；第二，信息技术将企业组织内外的各种经营管理职能、机制有机地结合起来；第三，信息社会的到来会改变多个产业的竞争格局和态势；第四，信息技术给企业带来了新的、战略性的机遇，促使企业对其使命和活动进行反思；第五，为了成功地运用信息技术，必须进行组织结构和管理的变革；第六，对企业管理的重大挑战是如何改造企业，使其有效地运用信息技术，适应信息社会，在全球竞争中立于不败之地。

（3）组织间竞合理念的提出并在实践中的运用

竞合概念最早是由美国耶鲁大学管理学院的拜瑞·内勒巴夫（B. J. Walebuff）和哈佛商学院的亚当·布兰登勃格（Adam M. Brandenburger）提出的，他们在合著《合作竞争》一书中，将竞争（competition）与合作（cooperation）组合成一个新名词，即竞合（co-opetition）。他们认为，创造价值当然是一个合作过程，而攫取价值则要通过竞争，这一过程不能孤军奋战，必须认识到要相互依靠，就要与顾客、供应商、雇员以及其他人密切合作，传统的商业战略大都注重竞争，而忽视合作。组织间关系的变化直接导致了组织的外部转型。供应链管理、价值链管理、战略联盟、虚拟企业等新型企业组织形态的出现都是对竞合理念的实践。无论是在理论界还是在实务界，均已认识到竞争和合作的对立统一关系，企业之间除了传统意义的竞争之外，实现合作双赢也是非常重要的，这一点已经被越来越多的企业所认可，合作已经成为广泛认可的理念。合作是为了更好地提高竞争力，除了效率考虑之外，还能够降低企业环境的不确定性。

5.1.4 组织转型的内容

按照组织转型的影响范围，可以将组织转型分为内部转型和外部转型。内部转型主要是指内部的结构、文化、权力等组织要素的变革；外部转型则是指扩展组织边界，变革组织与环境、组织之间的关系，建立适应组织间合作的组织模式。

1）组织内部转型

李·G. 鲍曼和特伦斯·E. 迪尔（2005）分别从结构视角、人力资源视角、权术视角和象征视角比较完整地勾勒出了组织重构的模型；大卫·J. 蒂斯（2005）研究发现，企业层面创新的方向和频率的决定性因素包括组织架构和激励、人力资源与组织能力、内部文化与价值、财务来源与外部联系。两位管理学者的结论有很大的共性，据此，我们可以归纳出组织内部转型的主要内容包括：

（1）组织结构转型

明茨伯格（1979）归纳了五种组织结构设计，即简单结构、机械型官僚结构、专业型官僚结构、事业部结构以及临时结构。简单结构只有两层：战略高层与工作层，组织主要通过直接的指挥来协调。机械型官僚结构中，重要的战略决策由战略高层负责制定，日常事务则由管理者或标准程序控制，不同于简单结构的是战略层和操作层之间有很多层次，即有许多支持人员和一个较大的技术专家集团。明茨伯格以哈佛大学为例说明了专业型官僚结构的特征，即战略高层与专家之间几乎没有管理层，呈现出分权式的结构，控制主要依赖专业培训与思想灌输，专家几乎不受干预，这种组织结构主要适用于大学、研发机构等知识密集型组织。事业部制的特征是大部分工作由半自治的组织完成，但在各事业部内可能仍然保留了机械型的官僚结构。最后一种组织结构是临时结构，它是一种松散、灵活、可实现自我更新的有机结构，主要依靠横向手段连接在一起。明茨伯格所列举的前四种结构都含有层级制的本质，层级制是传统组织的主流结构形式。威廉姆森（1975）甚至认为无论将来出现何种公司组织形式，在 M 型组织之后，基本都是层级结构。主流企业理论认为，层级制是组织控制和协调的最佳途径，是“本质”的组织原则。

但是，由于组织环境的变化和层级制自身的局限性，针对层级制的批评和否定的声音很多。彼得·哈格斯特龙和冈纳·赫德伦（2005）对现代公司层级制的削弱现象从不同侧面进行了解释：第一是规模，层级制被认为是管理大企业的唯一途径，但事实是制造技术正在改变游戏规则，大企业正在变革组织结构，寻求小企业的优势，比如，企业内部各单元之间的市场关系。第二是国际化，国际化企业的复杂环境使得层级制的统一控制变得更为艰难，必须进行组织结构转型，根据客户维度或者内部竞争力来构架组织。第三是新技术，传统的层级制不利于新技术的开发，因此，公司在正规结构之外还会创建特殊的单元来发展新产品和新业务，小型团队和项目组已经成为组织结构的一部分。第四是短生命周期与时间竞争，层级制是与稳定的环境和结构化的任务相对应的，而产品周期的缩短和时间竞争要求改变层级制，多职能团队（甚至引进供应商和客户作为团队的成员）不再遵循“直线”关系，而是从较低层级开始，更多地依赖水平方向的沟通交流。第五是信息技术，信息技术的出现使得信息在横向和纵向同样发达，信息技术既可减少组织的层级化和垂直化，也能用来加强垂直化控制。但是，从信息技术的实际应用来看，信息系统的应用并不是按层级制路径展开的，这削弱了层级制的地位。第六是激励，在员工的文化水平较高的情况下，层级制是低效的。晋升并不仅仅指职位的上调，已经扩展到了横向调动。

为了对快速变化的环境作出及时响应，打破组织结构中高耸的层级制已经是大势所趋，取而代之的是扁平化、柔性化的组织结构，能够随环境变化而灵活调整。实现这种组织结构的具体方式是在组织内进行团队建设，跨部门的、实行自我管理的团队是组织结构的基本单元。信息技术是组织结构转型的技术基础，组织横向、纵向的无障碍沟通依赖的是信息技术的发展。

（2）组织文化转型

在高层有计划的干预下，组织结构的转型可以在短时间内就能完成，但组织文化的转型可能是比较漫长的过程，它与组织结构的转型在时间上的不同步往往成为组织转型失败的重要因素。因此，组织文化转型是组织的保护带，原有的组织文化以其固有的稳定性，紧紧保护原有的组织整体结构，抵制结构变革（钱平凡，1999）。组织文化转型和结构转型的同步是组织转型成功的保障。李·G. 鲍曼和特伦斯·E. 迪尔（2005）将组织文化归入到象征视角，采用象征视角的领导者对组织的历史和文化比较敏感，在转型过程中善于运用象征符号调动员工的积极性，注重为员工描述组织的美好前景，建立共同愿景，赋予组织强烈的使命感，努力构建富有凝聚力的组织文化基石。

每一种管理思想的背后都有文化的作用。任何管理思想的形成，既是文化环境作用的过程，也是文化环境作用的产物（丹尼尔·A. 雷恩，2000）。魏文斌（2006）从文化基础出发，将管理思想的发展历程划分为三个范式：一是基于科学文化的科学管理，泰罗、法约尔和韦伯试图运用科学的方法、严格的规章制度和物质激励取得组织的高效率。二是基于人文文化的行为管理。人际关系理论确立了人是“社会人”的假设，认为人不应当仅仅被视为追求利润的工具，应当注重人的需要和动机，使“人”在文化中处于主导地位。三是基于知识文化的文化管理。文化管理涵盖了人的心理和生理、人的价值观和智力水平，以及对知识社会中“知识工人”的知识创造和智力资本的研究，形成了以适应知识经济、信息革命和网络时代需要的新的文化管理知识系统。科层制中的文化属于科学文化的范式，以严格的职位规范和规则保证组织机器的精密高效运作，随着科层制向新型组织转型，人文文化和知识文化将成为组织的主流文化范式，并且，随着组织向柔性化方向的发展，组织文化的作用将越发显著。

（3）组织行为转型

组织行为转型，即李·G. 鲍曼和特伦斯·E. 迪尔（2005）所表述的人力资源视角，主要研究不同组织的人力资源假设、人与组织的关系变化，以及人对组织管理策略的反映的变化。麦格雷戈、阿吉里斯等管理学家都认识到了人的个性特征与传统组织的结构和管理机制存在冲突，传统组织对待员工的态度像成人对待小孩，而不是成人，组织对员工的假设比较简单，即除了获得工资他们没有别的权力，他们的职责就是努力工作和服从命令。但实际上人对组织的需求远不止这些，阿吉里斯认为人们都有基本的自我实现的倾向。组织转型的内容之一就是重构员工与组织的关系，采用投资人力资源的策略，提升人力资源的价值，主要方法有：一是强化个体与组织的联系，如提高收入、增强安全感、从内部提升人、培训员工、分享组织的成果等；二是向员工授权，使工作更有意义，具体手段包括提倡参与、工作丰富化、建设团队、促进民主化、平等化，以及重视组织内部的多样化。

2）组织外部转型

（1）组织与环境关系的转变

如何解释组织与环境的关系？20 世纪 70 年代，组织和环境领域出现了两大理论：种群生态学和制度理论（新制度理论）。杰弗里·菲佛、杰勒尔德·R. 萨兰基克又创建了组织资源依赖的理论。种群生态学（organizational ecosystem）理论认为，组织的管理人员不能影响环境。这种看法假定组织不能做出有效的反应，管理者只能选择适应环境；组织本身的战略是有限的，战略的有效性取决于社会发展趋势，而不是战略本身的好坏。种群生态学理论的缺点是它忽略了管理者的动机和能力。种群生态学所持的观点是环境决定论，即认为组织作为生态系统的一个组成部分只能消极被动地适应环境。

制度理论关注社会环境对组织的作用，并假设环境会对组织带来限制条件，强调社会规则、社会期望、社会准则以及价值观是给组织造成压力的根源，与权变理论不同，制度理论认为环境的压力制造了“组织趋同”的现象，即所谓的合法性机制。

资源依赖理论所持的观点则与种群生态学理论完全相反，认为组织可以通过修正、操纵或控制其他组织来维持组织与环境之间的平衡。为了生存，一些组织经常努力控制和改变环境因素。在外部环境中，可以采取两种策略来管理资源：其一，在组织与主导环境的重要因素之间建立适当的联系；其二，改变组织的经营领域，从而使组织能够控制环境领域。

人们对组织和环境关系的认识经历了环境决定组织、环境和组织相互影响和组织能够控制环境等三个阶段，组织能够通过一定的经营战略和管理方式降低环境的不确定性，从而有效地规避环境风险，基于供应链和价值链的经营战略就能够有效地实现这一目标。

（2）组织间关系的转型

传统的组织间关系主要表现为同行业的竞争关系和与供应商、客户的市场交易关系。由于信息技术和网络技术的发展，合作竞争成为组织间关系的趋势，组织的生存与发展必须依赖与其他人的合作。只有通过合作才能获取竞争力，广义的合作包括组织内个人、部门的合作和组织之间的合作。罗伯特·洛根和路易斯·斯托克司（2005）提出了合作型组织应该具备的特征：①基层员工与管理层的价值观和目标一致；②具备一种互信互敬的氛围；③公司所有成员、客户和供应商的全部知识都实现了共享和整合，从而最大限度地优化公司的运作以及最有效地利用各种机会；④决策的制定比目前大多数组织具有更加广泛的基础，有更多的人在组织发展方向问题上参与意见；⑤组织的等级结构分层最小化，公司通过合议实行民主管理，而不是以命令和控制实行管理。这 5 条标准涵盖了组织内部以及组织间合作的特征，其中第③条是从知识共享的角度说明组织间合作的特征。

基于组织合作的组织形式很多，包括虚拟组织、战略联盟、业务外包、基于供应链的组织等。这些组织模式虽然在具体操作上存在差异，但它们具有很多共性的特征：第一，组织保留的是各自的核心竞争力，合作是“强强联合”，可以产生效率倍增的效应；第二，组织间的合作关系是动态的，组织之间合作的目的是为快速响应市场机遇，以信息技术为基础，动态地组成一个组织网络，当任务完成后，网络又开始进行重新组织；第三，组织的关系是准市场关系，即介于组织协调和市场契约之间的一种关系。

5.2 组织转型的实证分析：世界知名公司的实践

5.2.1 通用电气的无边界组织

杰克·韦尔奇于1981年接任通用电气公司董事长时，公司的财务和经营状况都是不错的，但韦尔奇清醒地认识到公司可能遭遇的困境，其原因在于：第一，美国工业在竞争中接连败于日本企业之手，丧失了市场份额；第二，美国宏观经济增长乏力；第三，公司一直依赖传统产业，而且已经变成互不相关事业的混合体；第四，公司本身结构垂直一体化的特征过于突出，极易受到外部变化的冲击（赵光中，2002）。实际上，早在20世纪70年代，有识之士就对美国大公司普遍存在的“大企业病”进行了批评：一是庞大的运转费用；二是传统的垂直式组织管理结构，导致机构臃肿、信息传输缓慢和失真以及拒绝变革的傲慢和惰性。通用电气也不能例外地患上了此类“大企业病”，因此，韦尔奇决定变革通用电气的组织，建立效率型的组织结构和组织文化。

在通用电气组织转型过程中，“无边界组织”和“无边界行为”成为公司的追求目标，抵制官僚体制成为贯穿转型过程的主线。在组织纵向结构方面，以压缩等级链为主旨，将通用电气的管理阶层从29层削减到6层；在部门间，以拆除藩篱为要务，建立起以团队为核心元素的网络型组织结构，任何可能阻碍员工内部沟通或员工与外界有效交流的边界和壁垒均被彻底清除，消除了各部门、各管理层级、各地区间的壁垒；主动接触和了解供应商和客户，建立紧密的合作伙伴关系。

韦尔奇认为任何企业都有两类问题：组织结构的转型必然要求

组织文化的变革，以适应新型的组织结构关系，通用电气公司一改过去的与科层制对应的角色文化，营造了以人为本的文化和学习型文化。通用电气以人为本的文化表现为将人作为公司最宝贵的资源；强化组织内部的无障碍的沟通，对员工充分信任并予以授权；公司高层管理人员乐于倾听员工的声音，韦尔奇在每年4月份的第一个星期向全体员工发放名称为“首席执行官问卷”的调查表，了解员工对公司的意见和建议，分享员工的想法和创意。

5.2.2　施乐公司的组织转型

1）施乐公司转型的环境背景：竞争的压力

施乐公司成立于1961年，其前身为Haloid公司。当其办公用复印机——第一台实用型的办公用静电复印机在市场上获得极大成功后，公司更名为施乐。由于拥有几项专利的保护，施乐公司以超乎寻常的速度成长起来，并在整个20世纪60年代和70年代初期统治了美国复印机市场。在一系列反托拉斯诉讼之后，施乐公司同意向竞争者提供技术特许，这使得IBM和柯达公司分别于1970年和1975年进入了复印机行业。日本公司也进入了这一市场，主要集中在大规模生产的低容量复印机市场。20世纪80年代初期，IBM和柯达公司在高端复印机市场取得了很大成功，而日本公司则在低端市场占据了统治地位。

2）面对挑战的直接反应：质量战略

为了应对市场的激烈竞争，施乐在1984年确立了“质量领先之路”，认为质量是施乐之本，质量是施乐的基本经营原则，质量意味着为内部和外部顾客提供能够充分满足其要求的创新性产品和服务，质量改进是每一位施乐员工的职责（如图5—3所示）。

施乐（法国）公司的战略和质量总监迪迪埃·格罗认为，在实施“质量领先之路”这一原则的过程中，强调的重点随着时代

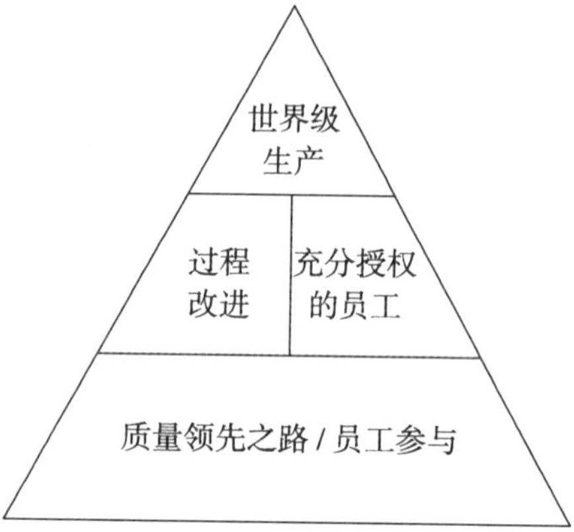

图 5—3　施乐质量领先之路

的不同而有所修正和改变。最初，是强调使顾客满意；接着，重点转到使公司成为被外界公认的以优质著称的公司；进一步地，公司努力将质量整合到经营和管理过程的所有方面。今天，施乐公司强调质量是公司四大优先事项的基础，即顾客满意、员工满意、市场份额和生产率。以这种方式强调生产率是非常重要的，因为“我们希望成为顾客的样板，我们相信我们从事的事业是通过文档来帮助客户提高它们的生产率”。

施乐公司的质量领先战略是成功的：施乐与富士公司在日本的合资企业富士施乐曾于 1980 年荣获了戴明奖；兰克施乐（欧洲公司）经过多年努力，逐步确立了其在欧洲工业界的领先地位，这可以从其所获得的一系列奖项中得到佐证，其中包括在 1992 年获得的第一枚欧洲质量奖。施乐公司夺回了一部分失去的市场，财务绩效也大大提高。

3）公司领先的本质思考：组织转型

施乐公司对于其质量方针带来的效益深信不疑，然而，公司首席执行官保罗·阿莱尔却认为公司正处于一场“机会危机”，“我们正面临着一场机会危机：一方面，我们面对着诱人的市场，拥有着出众的技术；而另一方面，如果我们不能克服笨重的职能式官僚制方式并利用质量过程来提高效率，我们就不能充分利用我们的优势”。迪迪埃·格罗也认为，公司典型的职能式结构并不是顾客所期望的，顾客不愿意从一个职能部门跑到另一个职能部门。职能碉堡的存在使得所有的跨部门决策都被上推到组织的更高一级。这就降低了公司对顾客的要求作出迅速反应以及与顾客更紧密联系的可能性。例如，在法国我们有八个地区性的组织负责销售，服务则由另外一个单独的职能部门负责，它们直接向分管总监报告。销售人员的思维方式是“卖出去就万事大吉”。他们没什么动力关心售后的顾客关系；同样，服务人员在访问顾客时收集到了大量有价值的信息，但却很少将它们传递给销售人员。一旦销售和服务部门之间发生什么冲突，就不得不将决策工作推到更高一层的主管那里。

保罗·阿莱尔自1990年成为首席执行官而接管公司的控制权以来，一直认为现有的以职能为中心的官僚制组织不能适应市场的快速变化，施乐公司必须进行组织转型。保罗·阿莱尔以其自身强大的沟通能力和组织能力推动了施乐公司的组织转型并取得了卓越的成效。

（1）公司愿景转换

公司愿景是制定战略的指导思想。20世纪90年代，施乐公司不再将自己视为一家“复印”公司，而将自己定义为“文档管理”公司，通过提供提高业务效率的文档服务，成为全球文档处理市场的领先者。作为老牌的复印机制造企业，施乐公司尝试过从传统的文档处理、印刷、复印等优势领域进入信息技术行业，但都没有成功。对顾客的主要需求和自身优势的不断分析表明，信息处理在很大程度上还将继续依靠文档，不管是纸质的还是电子媒介的文档。因此，公司的战略愿景更新为“文档公司”（The Document Company）。为了使这一战略意图更为明确，施乐公司甚至在90年代中期更名为施乐文档公司（Xerox，The Document Company）。

（2）组织结构转化

如何将公司愿景转化为现实？保罗·阿莱尔认为必须围绕工作流程来组织设计组织，要把业务重新组织进大量的水平化的、交叉式职能的小组中。公司将从原有的科层制组织向新型组织结构转化，新型组织结构的基本特征是：第一，按照完整的业务流程组建团队，不再将业务分割成不连续的活动之后分配到职能部门中。第二，公司围绕两个相关联的团队——业务团队和客户运作团队——组织活动以共同实施价值链的工作。第三，业务团队有充分的自主权。保罗·阿莱尔将业务运作小组称为“微型企业”，每个“微型企业”都由大量的多技能的、授权的团队或关注于价值链的相互连接的团队构成。“微型企业”需要对自己的盈亏作出解释，与施乐公司以外的第三方签署协议和合同，并与公司内部的其他部门密切合作。第四，以满足客户需求为团队基本目标。团队成员决定使用外部或内部技术满足客户要求，他们考虑竞争或成本结构，决定推出新产品或增加新特色的可行性。交叉式职能小组可使小组成员明确如何才能有效地进行产品生产、宣传以及把产品推向市场。

（3）施乐公司的新文化

公司愿景和组织结构的变革带来了公司文化的变革，新型组织的文化主要表现为以下几个方面：连接市场；行为主导；纯粹效益主导；方针驱动；团队主导；授权给员工；开放、真诚的沟通；组织的反思和学习。

（4）团队的行为

赋予团队自主权，团队自然对公司负有责任。公司首席执行官保罗·阿莱尔认为：“团队总经理与我有着非常相似的责任。实际上他们从开始到结束作出了所有的决策。他们接近客户，总有人能对公司行为负责。”公司意识到行为因素的重要性，依照绩效和行为模式对人加以评定。公司为促进行为的优化，还为团队经理和成员提供充分的培训。

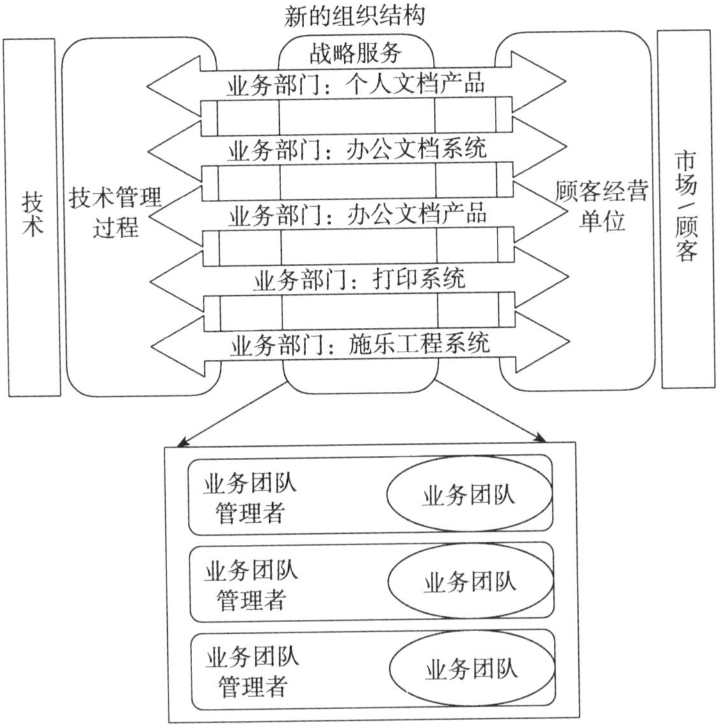

图 5—4 施乐公司的新型组织结构

5.2.3 IBM 的公司转型

1）转型的缘起

IBM 公司作为计算机行业创始者之一，一直领导着行业的潮流。蓝色巨人 IBM 漫长的企业生命，几乎记录了整个 IT 行业的发展历程。但是 IBM 在 20 世纪 80 年代走向衰落，业绩大幅度下滑，亏损严重，债务增长，股票价格从 1985 年的 100 多美元下降到 1993 年的 21 美元，每股跌掉了 88 美元的价值；市值从 1985 年的 957 亿美元，下降到 1993 年的 328 亿美元。同时，IBM 内部管理效率低下，以职能为中心的部门各自为政，协调困难，客户服务质量下滑，客户不能及时获得产品和服务及技术支持。一时间，IBM的经营运作十分困难，蓝色巨人破产或衰亡的声音甚嚣尘上。1993年，IBM公司新任CEO郭士纳上任后，对IBM管理和业务体系进行了彻底的整合。

2）组织结构改革：基于流程的团队组织

路易斯·郭士纳力排众议，坚决反对把庞大的IBM解体为各种专业公司。本来IBM已于1991年改组成由13个分公司组成的“公司联邦”，各分公司享有较大的自主权，实际上是为它们的完全独立做准备。路易斯·郭士纳认为IBM的规模大和全面经营是它的优势，必须充分利用这些优势来保持它的总体实力，他强调，“一体化能力是IBM独具的资产”。市场分析家也指出，如果IBM没有这些优势，它的许多竞争对手的日子会好过得多。不过，路易斯·郭士纳同时也要求必须改革大而全所带来的各种负面影响，这也就是他初到IBM时的主要任务。

路易斯·郭士纳大刀阔斧地精简机构，撤销中间管理阶层，合并工厂，裁减员工，取消终身雇佣制。他改变了IBM包揽一切、自成体系的传统经营模式，本着降低成本、提高生产效率的原则，把一些部件转包给外厂制造。实际上，1992年年底，IBM首先对其组织结构机制进行了重大改革。通过使各分支单位成为利润中心而使组织结构分权化，发展出网状组织。通过进行层级缩减，使组织扁平化，每个成员都能够发挥出专业才能。做个形象的比喻，就是从“一艘战舰”转变为“一支舰队”，以便更灵活地适应市场。

内部团队合作，外部单一对口。郭士纳所预想的是团队管理模式，“尽量细分和精通本行的同时，又能通过协调把这些资源有效地整合在一起”，如将软件部门和硬件部门组成一个工作小组，形成单一流程，即用于研发与转型项目的管理服务，这被认为是IBM组织架构的成功之处。在IBM人自己眼里，这实际上是一个

teamwork（团队合作）的过程；而从外部或者从用户的角度看，IBM 力图留给用户这样一种印象：一个用户只需要面对一个“销售（salesman）”就可以解决问题。这个销售可以卖给用户所需要的一切，从一台 PC 到一揽子解决方案，包括了软件、硬件、合作伙伴的二次开发和咨询服务等。

3）强化外部合作：企业网络化运作

流程是 IBM 管理整合与变革的核心。因此，整合变革的过程实质是公司核心流程建立的过程。IBM 核心流程的建立经历了三个阶段，该公司称之为“三次浪潮”：第一次浪潮发生在 1993—1995 年，主要整合内部流程；第二次浪潮发生在 1996—1997 年，主要整合供应链；第三次浪潮的发生时间为 1998 年到现在，主要整合企业网络运作和管理系统。IBM 公司作为全球企业界的一个成功典范，在整合供应链管理、提高供应链的运营效率方面拥有许多宝贵的实践经验。

IBM 还致力于实现电子商务，实现变革的流程、信息技术与互联网整合，重新确立 IBM 的行业领导地位。IBM 是电子商务的发起者、倡导者和最早的实践者，当然也是受益者。IBM 和业务伙伴、供应商、客户在网上进行了大宗的交易，目前网上经营的业务已占其总业务的 80%。

IBM 还加强与竞争对手的合作，如与微软建立战略联盟关系。

4）摒弃“变质文化”，创建“卓越文化”

郭士纳认识到文化的重要性：“文化不是游戏的某一方面，而是游戏本身。”IBM 的基本文化信念有三：第一，追求卓越；第二，提供最佳的顾客服务；第三，尊重个人。深层的文化变革目标，是提醒 IBM 人，要相信自己有能力决定自己的命运，以及知道自己需要什么，并且促使他们在思想上创新，并在行为上保持积极的姿态，加强共同合作，避免变质文化持续蔓延。

何谓变质文化？诠释如下：注重个人在组织中的地位，而忽略顾客和市场。例如，IBM 人去做自己想做的任何事情，却不必担负责任，或者抵制其他人的意见或行动。部门之间无法产生“竞合”成效的思维模式，彼此在顾客端用尽心机玩两面手法（如针对同一客户多重恶性竞价）。官僚习气造成冲突，组织内重复设置幕僚单位，依本位主义而自筑围墙，没有尽到协调联系之责，也没有创造职务上的价值。IBM 内部隐语太多（如简化语汇、技术用语等），导致了对内、对外沟通瓶颈的产生，常常事倍功半且不易被广泛接受。资深高阶主管往往坐而言，没有起而行，不深入了解细节，也无法以身作则带领部属，造成需要庞大的行政助理支持，既无效率也浪费成本。

5）经济绩效大幅度提高

1998 年，IBM 公司实现了经营业绩的全面恢复，盈利能力大幅度提高。营业收入 817 亿美元，比 1993 年增加了 30%；实现利润 77 亿美元，比 1993 年（亏损 77 亿美元）增加了 165 亿美元；股票价格回升到 184 美元，比 1993 年提高近 800%；市场价值达到 1 700 亿美元，比 1993 年增长了 420%。

经营效率和管理效率显著提高。通过建立整合管理和业务运营体系，IBM 大幅度提高了管理和经营效率。产品投放市场的时间加快了 75%，准时交货率达到 95%，客户满意度上升 5.5 个百分点，节省资金 95 亿美元。采购效率也明显提高，采购订单处理时间从过去的 30 天下降到 1 天，合同周期从 6 ~ 12 个月下降到 30 天，内部采购满意度从 40% 提高到 85%，节省资金 42 亿美元。

5.2.4 宏碁公司的组织再造

宏碁公司的改造行动涵盖了三个层次：以“快餐店模式”进行流程再造；实行“主从架构”进行组织改造；以“全球品牌，结合地缘”为新经营哲学。

1）快餐店模式

所谓“快餐店模式”就是将原来的在台湾生产组装然后销售，转变为在台湾生产组件，卖给海外事业单位，在市场当地组装，向市场提供刚出炉、具备最新技术的电脑，加快新产品的推出速度和库存周转速度。

2）主从架构

“主从架构”源于计算机术语，因为与宏碁精神相合，因此，用它来比喻宏碁的组织关系。所谓“主从架构”，就是将散置于每个人办公桌上的电脑与不同功能的服务器连接，构成一个完整的网络。每一部个人电脑都是独立运作的“主”（client），网络上随时提供最佳资源给各服务器的“从”（server），二者密切而弹性地结合在一起，即终端不再简单地依赖主机的命令，而是自己本身也具有运算能力。

“主从架构”的本质是授权各事业单位，并让各海外事业单位当地化，包括当地化的组装、当地人的管理，以及当地拥有过半数股权并就地股票上市。“主从架构”反映了宏碁对授权和控制的理解，其思考逻辑与一般公司强调控制不同，它认为勉强地把组织控制在一起，会导致效率低下、竞争不力，组织终究还是会失控；如果企业成员能够拥有共同利益，大家都能自我负责，则更能为企业的最大利益而努力。因此，宏碁的基本理念就是“充分信任，彻底授权”，公司高层在交办事项时，只是说个基本看法，至于如何执行则由员工做主，并认为通过授权，员工相应地具有了自我实现的成就感和责任意识，能够较好地完成任务，这样反过来又促进了授权，由此授权体系就形成了良性循环。宏碁在发展不顺利的时候，曾经有员工信心不足，产生权责不分的“大锅饭心态”。解决的办法不是放弃授权，而是让授权做得更彻底，将原来的组织打散，让子公司独立门户，对外竞争，权责一旦明确，情况立即改善很多。

“主从架构”打破了原有的层级结构。在传统的层级组织中，子公司与子公司之间的互动需要通过母公司，但在“主从架构”中，这些子公司是完全独立的“主”，无须通过上一级的“主”，可与任何“主”互动，而且其自身也有可能上升为上一级的“主”。因此，宏碁是积极的分权组织。

3）“全球品牌，结合地缘”

这个概念是宏碁前任董事长施振荣在1992年的一次演讲中提出的，揭示宏碁在各国当地化的信念，宏碁甘于让出控制权，将授权和让员工分享发挥到极致，即形成当地股权过半的国际化策略。其意义在于创造了一个共结伙伴的基本环境，在共同利益驱使下，员工才有压低风险、积极掌握机会的意愿。

5.2.5 交叉职能团队组织：摩托罗拉的空间和系统技术小组的供应管理组织

1）传统供应组织

系统技术小组是摩托罗拉通讯企业的4家公司之一（其余3家分别为呼叫、地面移动产品、蜂窝电话），后来发展为政府电子集团（GEG）。在变革之前，公司的12个部门都分别寻找供应商、投标、获得供应和确保质量。这种分裂的结果是使摩托罗拉陷入了一个庞大而无效率的官僚制度中。

旧的供应获取手段在等级制下会陷入泥沼，一个决定或命令要从小组的总经理到部门总经理，再到运营经理，然后到材料经理，接着到工段经理等直到最低的采购员，这样逐层过滤下去，总共有7~9层，效率低下且没有交叉式职能合作团队。

2）新型供应组织系统

新型供应组织结构如图5—5所示，其基本特征如下：

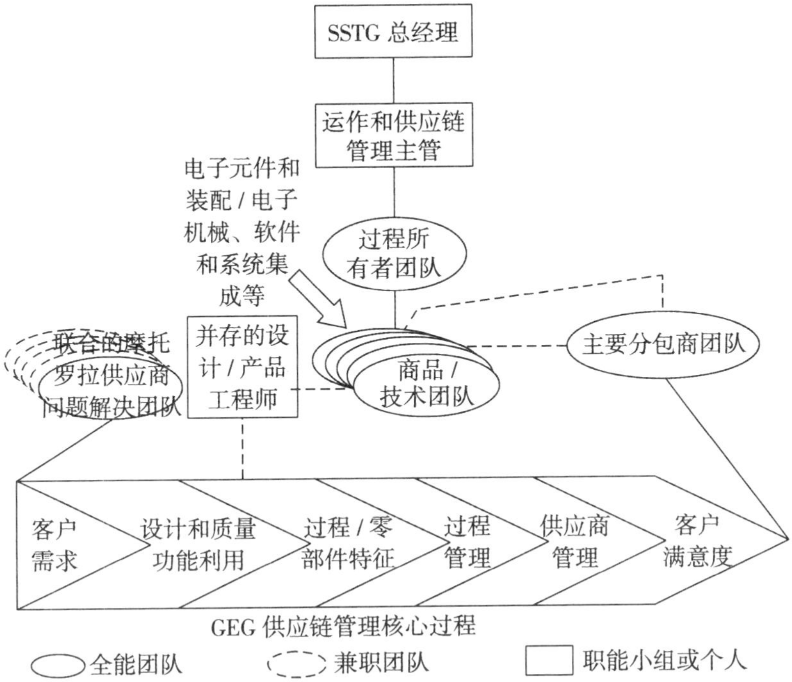

图 5—5　摩托罗拉的空间和系统技术小组的供应管理组织

（1）层级结构大为减少，由原来的 8、9 个层级减少为 3 个层级。

（2）供应管理团队具有独立的决策权，具有选择和更换供应商的权力，能够自己进行选择和决策，甚至无须通知自己的部门经理。

（3）供应管理团队是职能交叉组织，外部供应商是过程的一部分。

5.3 新型组织的特征界定

何谓新型组织？为回答这一貌似简单的问题，管理学家创造了许多新名词，罗宾斯（1997）列举的新型组织包括团队结构、无边界组织、虚拟组织和女性组织等四种形态。钱平凡（1999）根据国外的研究对新型组织形式作了较为丰富的概括，如“队”型组织、学习型组织、网络型组织、虚拟型组织、民主型组织、智能型组织、互锁型组织、战略联盟型组织、边界模糊型组织、交响乐队型组织、自设计型组织、分子型组织以及疯狂型组织等。各种组织新名词层出不穷。透过这些炫目的名词，我们对新型组织模式的共同特征作一概括：

5.3.1 组织结构：以团队为基础

无论何种形式的新型，其共同主旨在于从集权走向分权，授权给员工，激发员工的创造性。组织中心从官僚高层向客户转移，企业对外部机遇和威胁的响应速度增快，这是组织发展的大势所趋，必然要求组织结构进行变革，增强组织柔性，以适应这一变化趋势。

1）团队的兴起

20 世纪 60 年代中期，W. G. 本尼斯在分析了官僚制组织没落的原因之后，提出了未来组织的构想，认为“临时性”是未来组织的根本特征。明茨伯格（1979）也把临时结构作为组织结构的一种，团队成为“临时性组织”最佳选择。所谓团队，即指由两个或者两个以上的人组成，通过人们彼此之间的相互影响，相互作用，在行为上有共同规范的一种介于组织与个人之间的一种组织形态。他们为了共同的目标走到一起，履行共同的规范，分担责任和义务，为实现共同目标努力。其重要特点是团队内成员间在心理上有一定联系，彼此之间发生相互影响。团队包括五个要素：目标（purpose）、定位（place）、职权（power）、计划（plan）和人员（people），简称“5P”，5个要素构成团队的整体框架（王青，2003）。团队的基本特征包括：第一，团队有共同的远景目标和业绩目标；第二，团队成员有互补的技能；第三，团队使用相同的方法，包括经济方法、管理方法和社会方法，只有使用相同的团队方法，才能实现团队的整体目标；第四，团队成员相互承担责任，每个人对团队任务的完成都负有责任，别人的成绩与自己密切相关，团队成员的责任感是确保团队内部行为的重要群体规范内容之一。

团队的雏形始于20世纪80年代的质量小组，到了20世纪90年代，各类团队纷纷在组织中出现，并且十分活跃，同时，一种以团队为基础的组织开始形成。美国《培训》杂志于1996年抽取了456家人数在100人以上的公司为样本，对组织中的团队使用情况进行了调查，相关数据见表5—2。

表5—2 **公司团队使用情况**

多少个团队	所有组织	拥有10 000名雇员以上的组织
拥有一个以上团队的百分比	73%	81%
在拥有团队的公司中，雇员参加团队人数的平均百分比	55%	57%
至少拥有一个自我管理团队组织的百分比	31%	45%
在拥有自我管理团队的组织中，雇员参与人数的平均百分比	36%	32%

此外，据美国《财富》杂志的统计资料表明，在世界500强公司中，80%以上的公司都在倡导团队工作方式。团队管理的作用

在于打破传统的等级制，是对传统层级结构的改造。团队，尤其是自我管理团队的兴起正好说明层级制的式微。从表5—2中的数据我们可以看出，团队在组织中的运用已经是普遍的现象，而且有意思的是，在大型组织中，团队运用的比例高于平均水平。通常认为科层制是管理大型组织唯一有效的组织形式，而调查数据表明，大型组织的变革要求高于一般组织，以团队为基础的组织完全可以取代科层制成为高绩效的组织结构形式。

2）团队的类型

组织中的团队类型众多，根据不同的任务目标设立不同的团队，这也是组织柔性化所必需的。斯蒂芬·P. 罗宾斯和玛丽·库尔特（2003）对组织中的团队按照目的、持续时间、成员和结构进行了分类（如图5—6所示）并列举出了组织中最常见的四种团队类型：

目的： • 产品开发 • 问题解决 • 企业再造 • 其他任何组织希望实现的目的	结构： • 受监控的团队 • 自我管理团队
成员： • 功能型团队 • 交叉功能型团队	持续时间： • 长久团队 • 临时团队

图5—6　工作团队的分类

（1）职能型团队（functional team）

职能型团队由一名管理者及来自特定职能领域的若干下属组成。其特征是团队成员来自同一职能团队，解决的是专业问题。职能型团队是比较传统的团队类型。

(2) 跨职能团队 (cross-functional team)

与职能型团队不同，跨职能团队是由来自不同领域专家组成的一个混合体，目的是并肩作战完成各种各样的任务。

(3) 自我管理团队 (self-managed team)

这种正式的员工群体中没有一个管理者负责整个的或局部的工作流程，自我管理团队负责完成工作，并进行自我管理。很多知名公司，如施乐公司、通用电气公司、百事可乐公司、惠普公司、联邦快递公司等，都采用了自我管理团队方式，由团队自己确定如何最佳地完成工作。大多数公司认为自我管理团队的管理效果很好，并将继续推广这种管理方式。

(4) 虚拟工作团队 (virtual team)

虚拟团队指的是利用计算机技术把实际上分散的成员联系起来以实现共同目标的工作团队。其本质特征是利用网络技术将不在同一地理位置的成员组织起来，完成团队目标。

3) 以团队为基础的组织特征

团队如何构成组织？在西方，“team-based organization”一词在研究团队和组织的文献中有很高的出现频率。如果说20世纪80年代管理学界的热门词汇是组织文化的话，那么到了20世纪90年代，一个重要的管理概念则是团队工作（尼基·海斯，2002）。基于团队的组织结构因为能够满足组织转型的要求应运而生，并被广泛使用。以团队为基础的组织结构的优势在于：执行任务时更加顺利和高效；团队工作提高了员工的道德水平，降低内耗。卡曾巴赫(Katzenbach)和史密斯(Smith)(1993)认为：高成就组织是以强有力的创造性和自治性的团队工作为基础的。他们将非团队的管理看做是不具生产性、甚至是损害性的，至少从根本上会将组织引向静止并最终走向停滞。他们认为，作为一名试图领导动态组织的首席执行官，不应该总想要亲手操纵管理，而应该建立一种制度和机构，让团队成员将组织的运行掌握在自己手里（尼基·海斯，2002）。斯蒂芬·P. 罗宾斯和玛丽·库尔特（2003）对团队为什么能在组织中持续普及下去的原因作了概括（如图5—7所示），认为团队管理对组织和员工双方都有积极的意义。

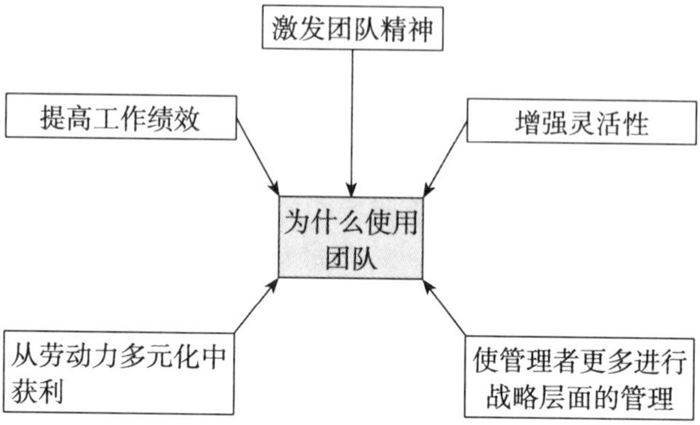

图5—7 为什么使用团队

以团队为单元建立的组织具有如下特征：

（1）组织的扁平化

团队兴起的原因之一就是组织裁员过程中对中层管理人员的大量裁减，因此，团队结构的组织层级很少，大部分组织只保留高级管理层团队和执行团队两级组织，而且，高层团队与执行团队之间的关系与传统的层级制的管制关系不同，更强调高层团队扮演指导、咨询、教练执行团队的角色（如图5—8所示）。

（2）组织网络化

团队组织的网络化按照"由内至外"的次序包含以下三个层次：第一层次的网络化是指组织成员之间的网络化沟通，这也是团队与群体的区别，跨职能团队和虚拟团队就是分别打破了职能部门的界限和时空界限，从而实现组织网络化的典型；第二层次的网络化是团队之间的网络化；第三层次的网络化是组织之间的网络化，组织通过虚拟化运作、战略联盟、业务外包、建立供应链等措施，

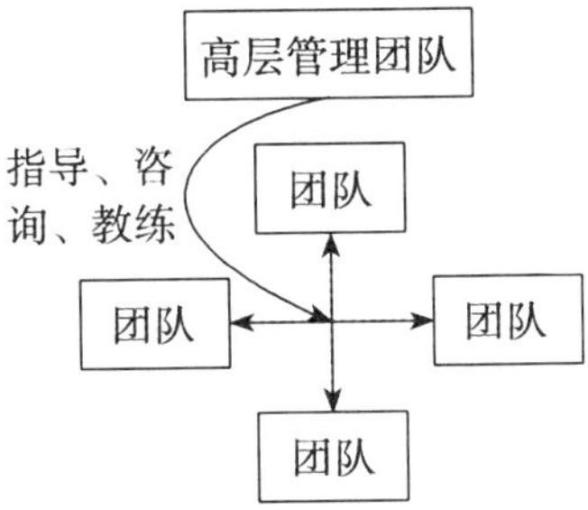

图 5—8 高层管理团队与执行团队的关系

实现组织之间的网络化合作。

(3) 组织的无边界性

组织的网络化导致的另一个组织特征就是组织的无边界性，无论是组织内部还是组织外部，都将以相互之间的沟通、合作取代原先的相互漠视。

(4) 组织的柔性化

组织建立以任务导向的团队为基础的柔性结构，可以提高资源配置的效率，增强组织对市场机会的反应速度。组织的扁平化必然导致权力下行，团队有自我管理、自我监控的权力，也增强了组织对环境变化的调整能力；同时，组织的网络化增强了组织的适应能力和承受风险的能力，强化了组织柔性。

4) 团队组织基础的组织结构模式

詹姆斯·迈天（1999）在《大转变：企业构建工程的七项原则》一书中描述了了网络组织结构、簇状组织、比萨饼式组织和圆屋顶型组织。这些组织的共同特点都是以流程再造为契机，建立以团队为基础的组织结构。

(1) 网络组织结构

①在网络组织中，所有企业成员都可以得到任何所需要的信息。信息从企业的底部传到企业的顶部，有利于加强企业成

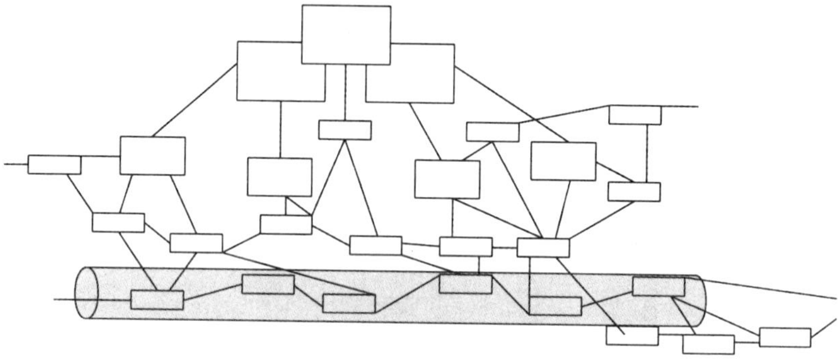

图 5—9　网络组织结构

员之间的沟通和合作，也有利于知识的传播和成员之间的能力互补。

②在网络组织中，没有严格的等级制度，也没有严格的分工，从而使得每个企业成员都享有很大的工作自由，这为企业成员从事创造性工作奠定了组织基础。根据顾客的需要设计企业的价值流程，由若干个知识员工共同完成一个目标和任务。

（2）簇状组织结构

①对整个企业进行彻底的流程再造，根据顾客的需要组成价值流小组。

②每个价值流小组都掌握一定的专业技能，由具备良好合作意愿的知识员工组成。

③总裁小组负责指定企业的计划，确定企业的发展方向，构造企业的组织结构，对各价值流小组进行授权。

④在簇状组织中，B、C、D 类簇状小组都是为 A 类簇状小组提供服务的。

（3）比萨饼式组织结构

①在比萨饼组织结构中，企业内部人人平等，人们之间是平等的工作分工关系。

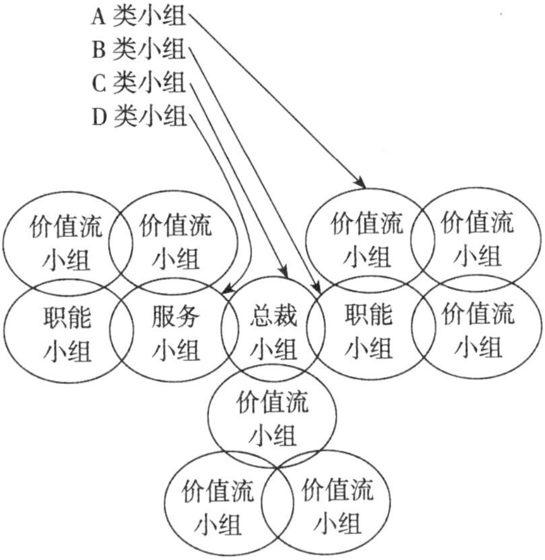

图 5—10　簇状组织结构

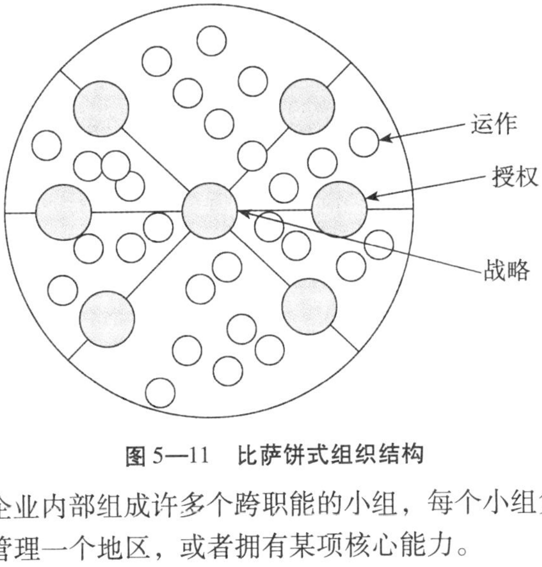

图 5—11　比萨饼式组织结构

②在企业内部组成许多个跨职能的小组，每个小组负责一项业务，或者管理一个地区，或者拥有某项核心能力。

③公司的总裁负责企业总体战略的制定和企业组织结构的构造。企业中还有一些职能小组负责为跨职能小组提供支持和帮助。

（4）圆屋顶型组织结构

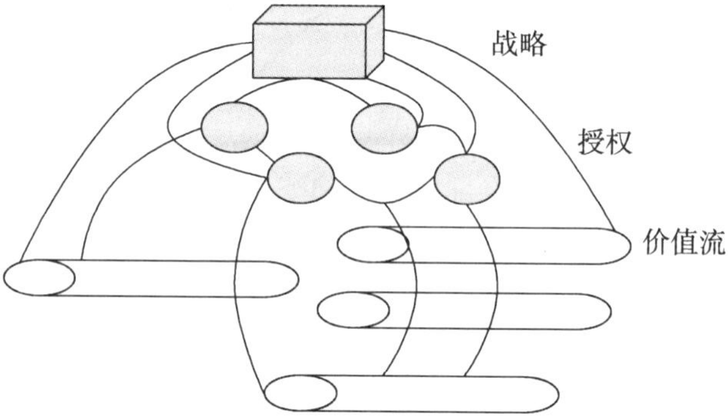

图 5—12　圆屋顶型组织结构

①企业根据顾客的需要组成各种价值流小组，每个价值流小组有自己明确的目标。它的运作以顾客（企业内部的和外部的）需求为导向，价值流小组活动的目的就是使顾客满意。这些价值流小组就如同房屋的桁条，是企业这座圆屋子的基础。

②在圆屋顶型组织结构中，圆屋顶提供了一个很大的空间。表明在企业内部，各个价值流小组具有很大的自主决策权。

③发散的肋拱可以减轻圆屋顶的重量，这表明通过减少中层管理者，可以缩减企业的管理费用。

④在圆屋顶型企业组织中，连接企业基础（价值流小组）和屋顶（战略）的是一些支持性的职能组织，如财务控制、人力资源、信息技术等部门。

5.3.2　组织文化：任务文化和人本文化

英国著名管理学家查尔斯·汉迪用古希腊四位神代表不同类型的管理文化模式：众神之王宙斯代表霸权管理文化，太阳神阿波罗代表角色管理文化，女战神雅典娜代表任务型管理文化，酒神与歌神迪奥尼索斯代表个性管理文化（见表5—3）。

表5—3　**汉迪管理文化模式**

神	代表图形	文化名称	简明意义	组织文化特征	优势	缺点
宙斯	蜘蛛网	霸权管理文化	不太理性但慈爱冲动而富领袖魅力	仰赖亲密关系和信赖，以“移情作风”的沟通形式达成决策的速度	决策速度快	决策的品质取决于领导者（宙斯）的品质
阿波罗（太阳神）	神庙	角色管理	秩序法规理性	组织的任务被精密的逻辑划分成一个个的“角色”，工作人员的性别、年龄、名字都不重要，只要把该做的事做完就好——不能少，但也不必多	稳定性、可预期性、让人有安全感	否定人性、僵化无弹性、所有变化都被故意忽略
雅典娜（女战神）	网状	任务管理文化	年轻活力创造力	以突袭队的组织（team）来解决问题。一切以最后结果来评断其表现	组织中有热衷投入而团结一致的参与感。组员互相尊重，互相帮助。适合冒险开发	昂贵，为时不久
迪奥尼索斯（酒神与歌神）	小星团	个性管理文化或人本主义文化	个人主义	组织存在的目的是帮助成员完成目标，管理者也只是管家般的行政管理人而已	自由，又可享受组织提供的同事、资助、弹性，与商讨交涉的权力	所有的协调都变成无止境的协商

汉迪所归纳列举的不同文化类型是与不同的组织形式相对应

的，霸权文化和角色文化与理性官僚制组织相对应，层次制组织中特别强调权威和对权威的服从，以及职责的分工和明确，并以规则的形式确立下来。新型组织的构建是以团队为基础的，团队的组建和运作以任务为导向，任务管理型文化与此组织结构完全匹配。新型组织与官僚制组织在人性假设方面有本质区别，新型组织是以人为本的组织，因此，任务管理文化和人本主义文化是新型组织的文化选择。

5.3.3 新型组织的行为模式

克里斯托弗·A. 巴特里特和萨曼特·高歇尔（1999）认为新型的个性化公司以自我更新为核心，所以应重新定位行为模式（如图 5—13 所示）：第一，以纪律取代服从，纪律不仅仅是服从领导和与政策保持一致，而且是一种深入人心的规范，使员工凭借诺言和责任心工作；第二，以支持代替控制，高层与下属之间的关系定位为训练、帮助和引导的关系；第三，强调信任，公司与员工的关系不仅表现为契约关系，还表现为更有机的家庭式情感纽带信任关系，增强组织管理过程的透明度、公开性和公平性；第四，以拓展自我替代限制，提高员工个人抱负，鼓励人们提高对自己和别人的期望值，激励人们为更远大的目标奋斗。

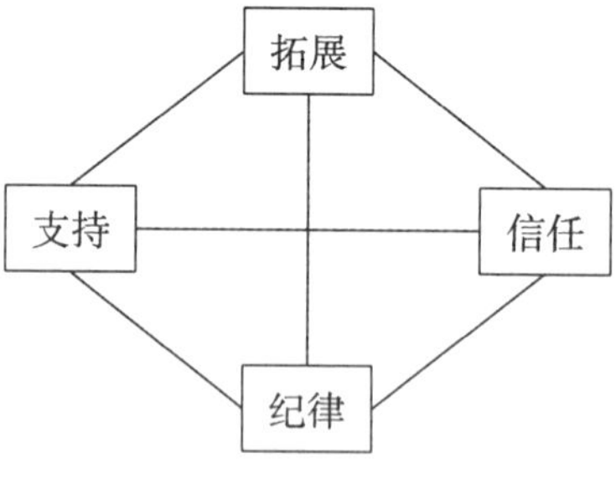

图 5—13 新型管理行为背景

5.3.4 组织间合作关系：供应链网络组织

Paul J. Dimaggio 和 Walter W. Powell 认为，组织是以与其他类似的组织共同构成一种“域”（field）的形式而存在的，组织域是新制度理论分析的基本单位。组织域意味着，组织是作为一个整体的一部分而存在的，这一整体是由诸多组织构成的：关键供应商、资源和产品消费、管治机构以及提供类似服务和产品的其他组织。这种分析单位的实质是，它使得研究者的注意力并非简单地放在竞争的企业组织或者实际相互作用的组织网络上，而是放到相关作用者的整体上。

在组织域的分析层次上，组织转型的范畴不仅局限于组织内部机构、组织文化和组织行为模式的转换，还包括组织域范畴的变革。供应链（supply chain）基本涵盖了组织域中的大部分机构，所谓供应链，或称商品供应链，是指从原材料供应直至产品（或服务）送抵最终顾客的整个过程。

基于供应链的网络组织构建是新型组织在组织间关系上的表现特征。供应链网络组织，是指为了满足最终顾客需要，由具有自主决策能力的企业和业务单位，通过一定的供需关系链构成的网状的组织系统。其含义包括：第一，供应链网络中联结了包括上游的供应商直至下游分销商和零售商等各环节的单位；第二，联结紧密程度通常是虚拟一体化，而非纵向一体化的；第三，供应链中既有物质流，也有信息流和资金流；第四，供应链存在的目的是为了服务顾客，并在这一过程中实现盈利，即盈利是服务顾客的副产品（王凤彬，2006）。

5.4 组织转型、管理控制与预算管理的适应性分析

5.4.1 组织类型与管理控制模式选择

组织选用的管理控制模式是与组织类型紧密相关的。David Otley（1995）将组织类型与管理控制相组合，把管理控制的发展分为四个阶段（见表5—4）：第一阶段，封闭—理性阶段。此阶段存在于20世纪60年代以前，在这个阶段，管理控制研究多基于以下两个假设：由于外部环境稳定、单一，企业外部环境不是影响企业管理行为的变量，管理行为内生于企业；经营者及员工都是理性的“经济人”，企业能够以一种理性的行为方式实现预期管理目标，管理者在控制系统中处于执行的地位。这个阶段的研究文献还有一个共同特点就是提出正式的管理控制模式以取代过去的典型官僚政治式控制模式，主张以预算控制为主导的诊断控制模式。第二阶段，封闭—自然阶段。该阶段大约出现在20世纪60年代末期至70年代，此时企业外部环境的变化并不明显，仍处于“渐变”阶段。企业开始注意到管理控制模式运行的行为性结果，并关注企业的内部环境，尤其是人的因素对管理控制模式的影响，力图对管理控制模式进行创新。为避免诊断控制模式存在的局限性，促使学者们在设计管理控制模式时更多地考虑企业内部环境尤其是人的因素，有的学者开始提出以管理业绩评价为主导的信任控制模式。第三阶段，开放—理性阶段。20世纪80年代以后，企业的外部环境呈现出动态的特征。环境已经威胁到企业的生存与发展，促使人们逐渐认识到企业是一个开放性系统，企业不仅高度依赖于环境，而且必须不断适应环境变

化，才能获得成功。在这种背景下，权变管理理论开始被应用到管理控制研究领域（Otley，1980）；多数文献已经形成共识，即管理控制系统的有效作用必须反映企业特定的组织背景，管理控制模式的设计主要取决于外部环境变量。边界控制模式应运而生，一方面它考虑企业内外部控制环境变化，另一方面强调企业的内部管理控制目标应当明确、定量，管理者不能随意调整控制目标，以确保经营活动能够在既定的组织行为边界和战略边界内进行。第四阶段，开放—自然阶段。20 世纪 90 年代以来，企业外部环境发生了巨大的变化，主要体现在经济全球化、竞争加剧化、需求多样化与个性化方面。同时，企业内部环境也发生了显著的变化，组织结构、人力资源、文化观念等因素也对企业的目标实现和管理行为产生了深刻的影响。因此人们开始谋求能够灵活适应企业内外环境变化的管理控制模式。学者们认识到某些外界环境构成成分可以受到人为操纵和管理（Chuaetal，1989）。技术、规模、文化、结构等内部环境因素也对管理控制模式的设计和运行产生了深刻的影响。权变管理理论仍然是这一阶段管理控制研究的理论基础，同时一些最新的管理理论如企业再造（reengineering）、学习型组织（learning organization）等理论也被应用于这一领域的研究。此时的控制模式可总结为交互控制模式，以适应企业环境的变化。

William G. Ouchi（1980）将控制战略分为三种：市场、官僚制和小团体。其中，小团体控制使用社会手段，例如公司文化、共享的价值观、承诺、传统、信念等来控制行为。使用小团体控制的组织需要具备共享的价值观和雇员之间的相互信任。当组织中问题的模糊性或不确定性程度很高时，小团体控制较为重要。那些转向分权化、横向团队、网络组织结构、雇员参与等新管理范式的公司，通常使用小团体控制或自我控制。

表 5—4　　**管理控制发展**

发展模式	封闭—理性模式	封闭—自然模式	开放—理性模式	开放—自然模式
研究基础	古典管理理论	行为学的方式	系统和权变的方式	激进的观点
主流观点	假定最重要的过程和事件都是在组织内部发生的，强调理性的解决方法	开始重视组织内非计划、自发行为的重要性；重视非正式结构	强调组织对环境的高度依赖，组织仍然是理性的，要求获取明确的目标	组织适应环境的同时，可以操纵和管理某些环境因素，开始重视价值与文化对行为的影响

Edwards（1979）总结了组织控制的三种形式：简单控制、技术控制和科层控制。张志学等（2006）认为制度的问题主要表现在以下三个方面：第一，非常严密的制度、规则和流程限制了员工的自主性；第二，制度的后摄性或回应性本质使得企业在应对新情况时出现困难；第三，制度本身会演化成一种官僚主义。自从现代组织研究诞生以来，参与、分权和民主的控制方式应该是限制性的科层制的替代方式（Follet，1941；Lewin，1948）。随着学习型组织和扁平化组织的兴起，学者提出在科层制后可能出现的第四种控制：协和控制（Barker，1993），这种控制不是管理者对被管理者发号施令，而是由被管理者共同讨论应当通过什么手段才能更好地实现企业目标，逐渐形成某种共识或默契——这就是价值观。

5.4.2　新型组织的管理控制模式

根据前文所述的新型组织的特征可知，与新型组织对应的管理控制模式分别为开放—自然模式、小团体控制模式和协和控制模式。这三类管理控制模式的特征主要表现为：

1）管理控制边界：从单体企业控制发展为以供应链为基础的协作控制

传统企业的管理控制系统是基于封闭系统的内部控制，而新型组织的管理控制的边界需要拓宽到整个供应链的控制。所谓供应链控制，是指为实现整个系统的高效率和低成本而采用的将供应商、供应商的供应商、制造商、仓库和商店、用户以及用户的用户有效地结合成一体来设计、生产和分销商品，并能在正确的时间和正确的地点提供正确数量的商品的一套方法。供应链控制的思考基点不是单体的企业，而是整个供应链系统。杰弗里·P. 温瑟尔（2005）将精益制造和供应链管理相结合，形成精益供应链的管理方法，加强了供应链的控制效果，提高了整个供应链系统的效率。

2）管理控制内容：从理性组织控制发展为行为优化控制

传统管理控制的人性假设是X类型的，忽略了人的自我控制的“自律”精神。自我控制的理论认为人性应该是Y型的，具有自我控制的理性。玛丽·帕克·弗莱特对管理的研究孕育了后来管理控制理论的思想精华。作为古典管理理论学家中研究控制问题的优秀典范，她几乎提出了所有现代控制理论的启蒙思想（Paker，1986）。弗莱特认为管理制度控制的不是简单的物质要素，而是复杂的相互关系，并坚持认为控制的基础在于“人本”，也就是控制的实施要依托那些意识到共同利益和共同目标的、能够自我管制和自我指挥的个人和团体。管理大师彼德·F. 德鲁克的控制理念在本质上是一种“自我、理性的控制”，这一点在他首倡的目标管理中得以充分体现（杨雄胜，2006）。罗莎贝斯·莫斯·坎特（1989）在论述新型管理工作时，认为强有力的管理控制对每一家公司都很重要，但现在顶层经理们所采用控制体制只能起到辅助性作用，而不是支配性作用。特别是在过去的10年里，那种在体制驾驭下的等级制审查和纠正措施已经让位于以人为中心的管理模式。在这种模式里，顶层管理者的关键作用在于创造一种环境，使经理和雇员们进行自我监督和自我完善。

学习型组织理论从“学习是人和组织的本质”这一假设出发，提出了“学习人”和“学习型组织”的概念，确立了在组织中培养和改造人性（人性组织化），以及组织人性化的理论，认为“学习人”是人性的本质，提倡通过个人学习实现组织学习。管理控制的作用不仅仅是消极地约束组织和员工的行为，更需要在控制过程中判断环境的变化，适时地对管理控制系统作出调整。

3）管理控制方式：由硬控制向软控制发展

硬控制是指基于正式规章和组织权力，直接作用于员工行为的控制方式。William G. Ouchi（1980）所提出的官僚控制便是典型的硬控制，控制内核要素就是规则、标准、层级制、法定权威等。安东尼也强调正式的制度控制。软控制则更注重影响组织成员的控制意识，从而影响其行为。COSO 报告和企业风险管理框架（ERM）均强调精神层面和文化层面的控制因素，例如高级管理人员的经营风格、管理哲学、企业文化和内部控制意识等。巴塞尔内控框架也特别强调“内控文化”。William G. Ouchi（1980）控制战略之一的小团体（Clan）控制的核心要素是传统、共享价值观和信念、信任等。我国著名财务学家谷祺教授等（2003）提出了内部控制的三维观：制度控制、市场控制和文化控制，其中文化控制的功能在于使激励内部化，促进组织目标与个人目标的一致性并减少不确定性。付长玉（2005）认为软控制是精神层面的事物，软控制属于柔性控制、自我控制、文化控制的范畴。

硬控制旨在治标，软控制旨在治本，两者相辅相成，缺一不可。传统组织过于强调制度、规范、权威等外在的强制力量，这些举措的应用自然也会引致负面的行为后果；新型组织中的以人为本的理念则更注重激发员工内心的道德纪律，从而逐步实现自我控制。

4）管理控制优化：控制与突破交替

美国著名质量管理大师 J. M. 朱兰对控制的定义是保持原状、遵循标准和防止变化，认为控制的目的是防止一些不好的波动，但“控制只是一个残酷的小伎俩，它的本质是避免进步的”。因此，在实施控制的同时，需要实现与其交替的管理突破，突破意味着变化，是一种果断而充满活力的活动，目的是达到更新和更高的绩效。这就要求管理控制系统自身是动态的，具有学习的功能，能够根据组织内外部环境的变化作出适时调整，上述管理控制的发展也说明了管理控制与环境的适应性要求。突破和控制都是循环系统中的一部分，控制是“避免变化”的结果，突破是“制造变化”的结果，管理突破的功能在于使管理控制系统本身的质量实现质的飞跃。

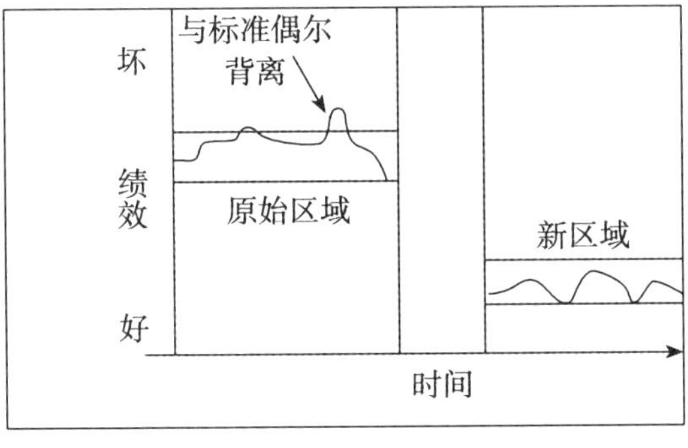

图 5—14　控制与突破的交替

综上，新型组织的管理控制系统模型可概括为图 5—15 所示。

5.4.3　预算管理与新型组织的适应性分析

Richard L. Daft 和 Norman B. Macintosh 认为正式的管理控制系统由预算、统计报告、薪酬系统和经营过程等内容组成，预算是财

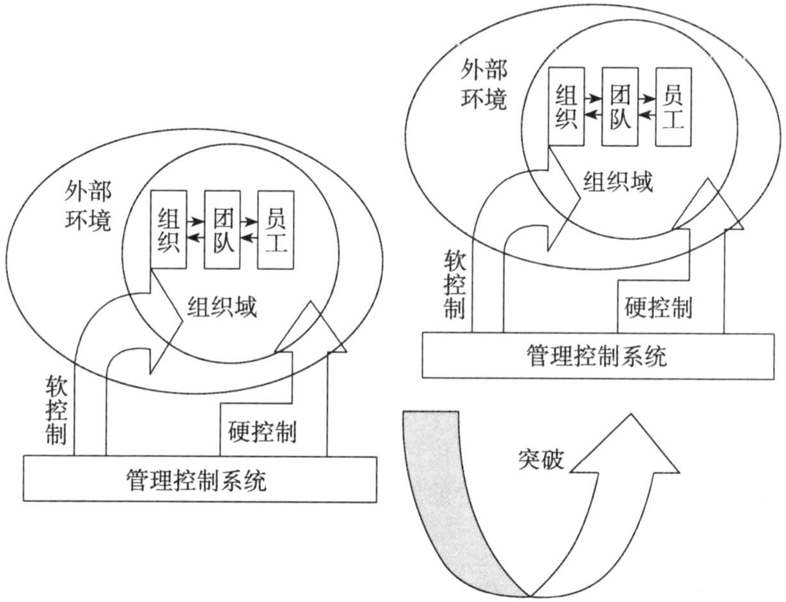

图 5—15 新型组织管理控制模型

务方面的控制系统；安东尼和戈文达拉扬（1998）所建立的管理控制系统是以财务与会计控制为核心的，在他们所著的《管理控制系统》一书中认为，根据战略计划编制的预算、预算执行和财务业绩偏差分析，是管理控制过程的重要组成部分，预算是组织短期计划和控制的重要工具。我国学者张先治（2004）认为我国内部管理控制系统模式框架由制度控制系统、预算控制系统、评价控制系统和激励控制系统四大模式组成。从上述论证中不难看出，预算管理是管理控制的核心内容。但同时，预算又由于其重要性及其实践中的种种不足而招致诸多批评。与科层制相适应的预算管理是否是新型组织所需要的？在新型组织中能否发挥其效用？这都是预算管理所面临的现实问题。

我们认为，预算管理的现有方式不能适应新型组织，但是预算管理的思想却是新型组织所必需的，因此，预算管理的出路在于根据新型组织及其控制系统的特征改造其组织流程，优化其行为。唯有这样，才能使预算管理焕发新的生机，同时，这也是新型组织生存和发展的保证。

1）传统预算管理方法与新型组织不适应：基于组织视角的批评

传统预算管理方法与新型组织的不适应性，主要表现在以下几个方面：

（1）传统预算管理是建立在X人性基础上的，因此，传统预算管理尽管有激励的功能，但通常被认为是组织的约束系统，而不是激励系统，即传统预算管理对员工的行为进行的是约束和限制，而不是激励与拓展。预算的约束功能是通过报酬系统体现出来的，也就是预算的契约功能。而新型组织是建立在Y人性基础上的，倡导组织与员工的关系以信任为基础，组织对员工的管理手段以授权、激励等正强化为主，传统预算与新型组织的人性假设不一致是导致预算功能紊乱行为的根源。

（2）传统预算管理的组织假设是封闭和理性的组织，预算关注的重点是内部的资源配置、员工控制等，对外部环境不敏感，反应迟钝，其后果是预算的低效率甚至无效率。新型组织是开放的系统，对环境有一定的控制功能，任何管理方法必须根植于对环境的深刻认识和及时反应上，必须是动态的管理方式。

（3）传统预算管理赖以存在的组织结构是层级制，体现的是集权思想。同时，传统预算管理是以职能划分的，而新型组织中的自我管理团队是按流程组建跨职能团队的，并以这些团队作为管理组织的构建单元。显然，传统预算与新型组织结构是不相适应的。

（4）传统预算管理的文化环境是霸权型文化和角色文化，而新型组织的文化是任务型文化和人本型文化，传统预算管理在新型组织中失去了文化土壤，与新型组织的价值观格格不入。

2）预算管理思想是新型组织所必需的

组织转型后，传统预算的组织基础已不复存在，预算与组织的契合程度降低，甚至与组织的要求完全背离，预算管理方法已经不能适应现代新型组织的管理方式。但事实上，大部分组织仍然将预算管理作为其管理系统的重要组成部分，这是由于：第一，组织对预算管理存在一定的路径依赖，预算管理在组织内长期运用并取得良好效应的现实，使得在组织转型后相当长的一段时间内，管理者仍然相信预算管理是组织必不可少的管理工具；第二，预算管理思想的内核在新型组织中仍有其合理性，目前还没有更好的管理工具能够完全取代它。

斯蒂芬·P. 罗宾斯（2003）对管理有个权威的定义：管理是一个协调工作活动的过程，它使得组织能够有效率和有效果地与别人一起或通过别人实现组织的目标，在这个过程中组合了计划、组织、领导和控制的管理职能。这一定义中特别强调“效率”和“效果”（如图5—16所示）。

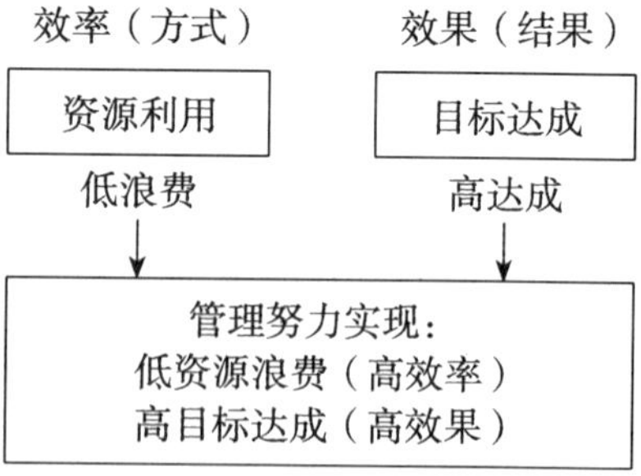

图5—16　管理的效率和效果

管理职能最初由法约尔于1916年在《工业管理和一般管理》一书中提出，管理活动作为企业的全部活动的6个组成部分之一，具备计划、组织、指挥、协调和控制等5个职能。现在，通常将管理职能压缩至4个职能，即计划、组织、领导和控制，这4项职能依次构建了一个完整的管理过程，最终目的是实现组织的目标（斯蒂芬·P. 罗宾斯，2003）。虽然管理理论和管理工具层出不穷，但管理的基本目标和基本职能并没有变化，变化的是实现这些管理目标和管理职能的具体方式。比如，管理控制的方式由组织实施控制转变为自我控制，但控制的职能仍然存在。同时，随着组织转型和组织权力下放，实施管理职能的组织层次会下移。在以团队为基础的组织中，组织授权团队，团队以自我管理和自我控制为主要管理方式。在这种情况下，实际执行管理职能的是团队，如自我管理团队的管理活动包括：进行工作计划与日程安排；给各成员分派任务；共同监控工作进度；作出操作性决策；针对问题采取行动（斯蒂芬·P. 罗宾斯，2003）。这些工作中已经包括了计划、组织、领导和控制的管理职能。因此，新型组织同样需要管理的基本职能。

预算管理角色包含计划、协调、沟通、控制和业绩评价的“角色丛”，这些角色也是实现管理基本职能的需要。预算管理是实现组织管理职能的有效工具。组织转型只能改变管理方式，但不会改变管理的基本职能。因此，从这个意义上讲，预算管理仍是新型组织管理所必需的。但与管理目标和管理职能的转变一样，预算管理方式和预算权力配置也需要转变，即使得团队成为预算管理的主体。预算管理的角色定位的侧重点也需要调整。预算的多种角色之间是存在冲突的，基于不同组织类型的预算角色只能是权变的，科层制框架下的预算角色倾向于计划、控制和业绩评价等刚性角色，这些角色也是构成预算管理的主要流程，而新型组织框架下的预算管理角色更多地倾向于预测、协调、沟通和资源配置等柔性角色，对控制、业绩评价等刚性角色的实现方式进行优化。通过以上分析，我们认为预算管理的基本思想是新型组织管理控制模式所必需的，但是，必须改造现有的基于科层制的预算管理模式。

视预算为导致美国公司僵化的祸根的杰克·韦尔奇，对预算的批评也仅限于预算的具体过程和方法，即所谓“谈判式预算”和“虚伪的笑容”，而不是彻底抛弃预算。韦尔奇在通用电气所建立的预算体制是与其战略相关的，预算关注两个问题：如何超越去年的业绩？竞争对手在做什么？应该以何种战略应对他们？即将预算与企业战略和企业竞争力相联系。韦尔奇认为预算的实质是“运营计划”，这实际上是突出预算的计划和资源配置的角色（杰克·韦尔奇、苏茜·韦尔奇，2005）。

预算的计划和资源配置功能是其他管理工具所不具备的。拉里·博西迪和拉姆·查兰（2003）将人员流程、战略流程、预算或运营流程作为执行的三个核心流程，对传统预算的批评集中于三点：一是没有对预算或计划制订的前提条件进行公开讨论；二是预算围绕的中心是公司高级管理人员所希望得到的结果，但并没有讨论或确定所需要的具体执行方案；三是在流程过程中，领导者没有机会对员工进行指导，也就无法帮助员工从全局的角度看待整个公司。拉里·博西迪和拉姆·查兰在批评的基础上提出“三天时间内制订一份预算”的新理念，即在为期三天的会议上共同讨论预算中的主要问题，如产品结构、运营边际成本、营销开支、制造成本、工程和研发开支等。这些重要问题确定后，就可以很快地制订出基本的预算方案和运营计划，具体的预算由各部门具体制订。从执行的流程角度来看：第一，尽管预算有这样那样的缺陷和不足，预算仍然是三大核心执行流程之一，是连接人员流程和战略流程的桥梁，是战略实施的重要工具；第二，预算的重要功能是资源配置，在营销、研发、制造等方面的支出，就是企业资源在不同部门的配置。

5.4.4 超越预算：超越预算管理思想了吗？

1）超越预算的产生

1998年1月，跨国型高新科技制造业联合会在欧洲组建了

“超越预算圆桌会议论坛（以下简称 BBRT）”这一产学研合作组织，该组织提出了“超越预算”的概念。“超越预算”是一种彻底抛弃年度预算管理的思路，“超越预算”方法的要义在于考虑现有的战略管理流程和预算程序，并将两者相联系，从而创造出一个独特的整合流程。通过削减财务计划流程，可以更有效地联系其他要素，如战略陈述、报告和报酬机制（如图5—17所示）。

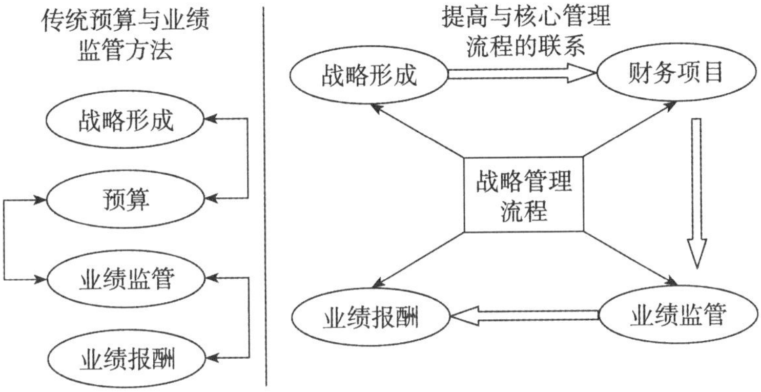

图5—17　传统预算与超越预算的比较

“超越预算”并不是说提供财务项目不重要，而是强调与战略要素的结合。“超越预算”的优点在于：第一，拓宽了企业视野，使企业关注一些非财务因素以及无形资产对企业业绩的影响；第二，新流程和新衡量工具的构造可满足企业实施精确管理的要求（见表5—5）；第三，这类方法要求企业区别预期的业绩和必需的业绩，引导经理人员追求更长远的目标。

2）超越预算特征

在 BBRT 的主任杰里米·霍普和罗宾·弗雷泽合著的《超越预算》一书中，对超越预算的理论和实践作了比较详尽的介绍，其主要特征如下：

表 5—5　　主导战略工具

组织类型	主导战略工具
石油化工公司	作业成本
汽车集团	平衡计分卡
消费品公司	EVA 测量指标
零售商	价值基础管理
工程公司	平衡计分卡
发电厂	授权员工

（1）超越预算一种管理体系和管理思想的整合

由超越预算管理体系可知（如图 5—19 所示），超越预算是包括预测、计划、评价等功能的管理系统。在这一系统中，不但有传统预算的内容，还吸收整合了 BSC、KPI、标杆管理等新的绩效管理工具和有关价值管理的基本思想，因此，超越预算管理体系是以客户为导向，以提升竞争力为手段，以股东价值为终极目标的战略管理工具。

（2）超越预算的基础是分权化的组织

超越预算是建立在对传统预算管理的批评之上的，认为传统预算与以中央控制为目的的组织相适应，“预算编制防疫系统中的那些有力的抗体”破坏了许多有效管理工具的作用（如图 5—18 所示）。原因在于，预算作为传统管理控制系统的核心，体现的是以中央控制为目的的集权思想，与封闭—理性组织相对应，所以与以强化企业竞争力、增加股东价值为目的的管理工具相矛盾。由于预算管理系统的阻碍作用，这些管理工具所发挥的效用较为有限，因此，超越预算模式的提出是以适应分权化的组织为基础的，而且这些管理工具有促进分权的作用。所谓分权化组织，就是建立以客户为导向的团队网络，将价值创造的决策责任交给一线的团队（杰里米·霍普和罗宾·弗雷泽，2005）。

（3）预算管理角色的减少

在超越预算体系中，预算担当了多种角色，而且角色之间存在冲突，在超越预算模式中，以一些管理工具替代了预算的某些角色，如使用KPI（关键绩效指标）考核来替代传统预算中的控制与激励作用。这一分离一方面可以解决预算本身功能之间的矛盾，另一方面，KPI的涵盖范围可以包括大量的非财务指标，考核评价较全面，能更好地体现战略导向。BBRT主张只将预算的作用、内容和范围局限在对现金流量的预测和计划，以及资源的配置上。

（4）预算管理方法的改变

传统预算作为固定绩效合同的特征，与各种管理工具出现了不相容性，导致了各种各样的负面影响（如图5—18所示）。超越预算模式以滚动预算取代年度预算，这样可以更好地适应外部环境，具备更好的柔性。由于启用了客户关系管理，因而可以通过大量客户资料的数据挖掘，掌握客户行为特征并提供预算编制的基础，这使得销售预测会更精确，资源的配置能更到位和准确。由于不再依据预算进行考核评价，预算编制减少了上下级关于预算目标的讨价还价环节，大大缩短了预算编制时间。超越预算模式能够发挥各种管理的整合协同作用（如图5—19所示）。因此，超越预算本质上是综合的管理体系。

3）超越预算思想评价

超越预算只是抛弃了作为年度绩效考核标准的年度预算，这并不等于抛弃预算管理的思想。在超越预算中，仍然将预算管理作为财务信息的主要来源，但是对预算管理的角色和管理方法作了调整。超越预算分离了预算的资源配置和业绩评价功能，并将资源配置计划的时间缩短，传统预算中的滚动预算仍是超越预算的根本。超越预算仍属于预算的范畴，只是在对传统预算改进的基础上，综合运用了一些先进的管理工具，将预算管理整合提升为战略管理工具。

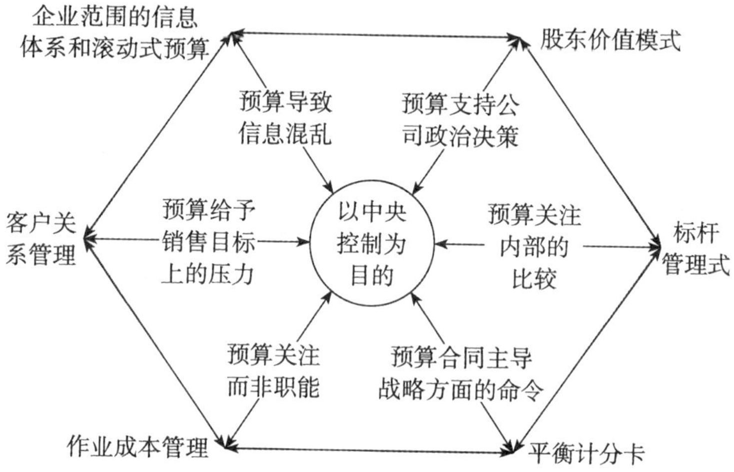

图 5—18　传统预算与各种管理工具的关系

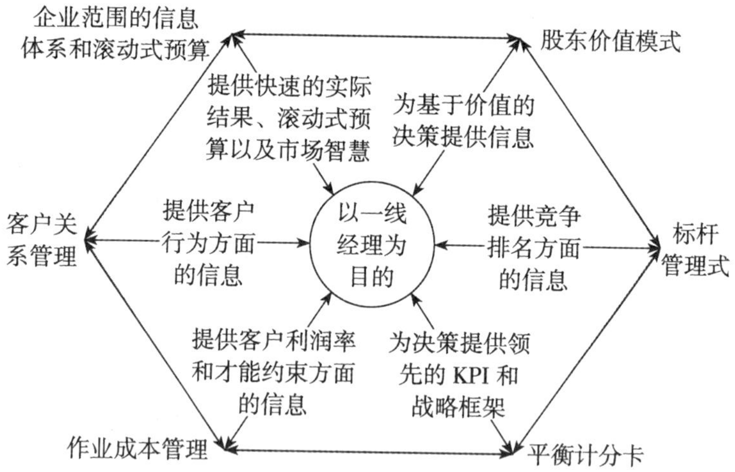

图 5—19　超越预算管理模式

6 新型组织的预算管理组织体系研究

6.1 新型组织的横向预算体系构建

6.1.1 新型组织横向预算组织体系：团队基础预算

1）新型组织预算管理组织体系的基本假设：团队基础的横向型组织

新型组织以团队为构成组织的基本单元形式，组织的层级数大大减少，采用了团队组织这一使得组织扁平化的有效手段，公司的运作由纵向的层级组织模式转为横向的网络组织模式。从组织体系看，就是所谓的横向型组织。达夫特（1999）认为，横向型组织的基本特征如下：第一，围绕工作流程或过程而不是部门职能来建立结构，打破了传统部门的边界。第二，纵向的层级组织扁平化，可能只在传统的支持性职能部门，如财务和人力资源部门存留少量高级管理者。第三，管理的任务可以委托到更低的层级。多数职工在多职能、自我管理型团队中工作，这些团队围绕诸如新产品开发之类的过程而组织。如 kadak 公司撤除了诸如行政管理、生产和研发的副总裁等主管，取而代之的是自我管理型团队，公司拥有 100 多个这样的团队，为各种各样的流程或项目工作。第四，顾客驱动了横向型公司，为了使横向设计奏效，流程必须以满足顾客需求为基础。这使得员工像与供应商联系一样与顾客进行直接、频繁的联系。有时，这些外部组织代表像训练有素的团队成员一样。

横向型组织不仅表现为外在结构是横向的，最关键的是组织的构建方式已经与科层制组织完全不同。横向型组织以动态的流程而非静态的职能作为构建组织的依据，以流程对应团队，由于流程可能外延至组织外部，因此团队的构成可能是跨职能的；同时，团队对流程负责，拥有自我管理的权力。达夫特（1999）认为，自我管理型团队是横向型组织的基本单位，自我管理型团队的设计包含永久性团队，具有以下三个要素：第一，团队被授权可以获得完成整个任务所需资源，比如原材料、信息、设备、机器以及供应品等。第二，团队包含各种技能的员工，如工程、生产、财务和营销。团队消除了部门之间、职能之间、科目之间、专业之间的障碍。团队成员经过交叉培训可以完成别人的工作，这种综合技能足以完成重要的组织任务。第三，团队被赋予决策权，这意味着团队成员可以自主进行计划、解决问题、决定优先次序、支配资金、监督结果、协调与其他部门或团队的有关活动。团队必须拥有自主权以处理一些完成任务所需的活动。

自我管理团队才是真正意义上的团队，团队有明确的目标，需要获得完成任务所需的各种资源，并对资源的配置拥有自主决策权。团队实际上是“小型化”了的组织，因此，原先组织层面的一些管理职能和管理方法仍然适用于团队层面，预算在团队资源配置、计划、资金支配等方面的作用是团队组织不可或缺的。

2）新型组织与团队基础预算的必然性

1985年，约翰·奈斯比特（John Naisbitt）和阿布尔丹（P. Aburdene）合著出版了《再造企业》（Reinventing the Corporation）一书。作者分析了企业创新的十点考虑，其中特别说明：过去那种集权式的管理方式必须让位于网络式、工作群体式的管理模式；企业将由一些自我管理的工作组构成，企业要赋予自我管理小组更大

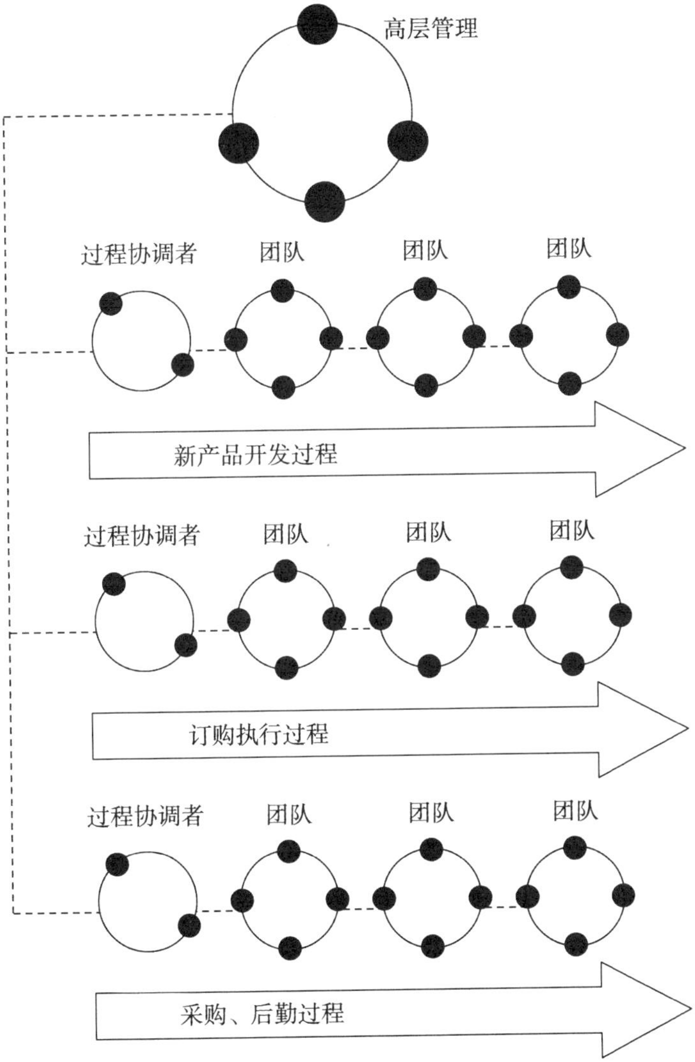
高层管理
过程协调者
团队
团队
团队
新产品开发过程
过程协调者
团队
团队
团队
订购执行过程
过程协调者
团队
团队
团队
采购、后勤过程

图 6—1　横向型公司

的权力。可见，奈斯比特和阿布尔丹已经非常明确地认识到企业再造的根本在于重新打造组织构成的基础——以“小组”代替“个人”（赵春明，2002）。

团队作为新型组织的基本构造单元，享有独立的资源配置权、决策自主权等，已基本具有一般意义上的组织功能。这就说明：首先，团队需要进行预算管理；其次，团队由于具备决策权而获得了预算管理的自主权。Cherbert Shivers（1999）认为，自我管理团队有很多特点，这些团队的工作内容通常包括：建立工作时间表；与外部的客户、卖主和供应商进行交流；设定生产定额和履行生产目标；进行行为训练；购买设备和服务；对每年的行为进行评价并引导；准备预算；雇用和激励员工（储奔，王晓宇，2006）。其中，设定生产定额、购买设备和服务以及准备预算都是团队的预算管理工作或与预算管理相关的工作。

在美国的企业组织中，自我管理团队执行的功能如图 6—2 所示（杰里·得拉姆等，1999），比例表示在有自我管理团队的公司中，由团队执行该功能的公司比例。其中，由团队负责预算编制的公司占 39%，由团队执行预算相关的或与预算性质相似的职能（如制订工作进度、设定绩效目标，以及进行绩效评估等功能均与预算管理密不可分）的公司所占比例更高。由此可见，在基于团队的组织中，团队有制订预算的自主权，实行的是团队自主预算。

虽然绝大部分团队管理方面的文献对团队预算的方法和过程只字未提，但是，我们能从团队性质、团队工作、团队功能、团队角色等论述中证明团队预算的客观存在，只是未能作为一个职能或工作予以单独研究。如科伦索（2002）在讨论自我管理团队成员的能力要求时，认为团队成员“应拥有基本的金融和财会知识，其中包括预算的技能”，这说明团队必须具备预算管理的功能。

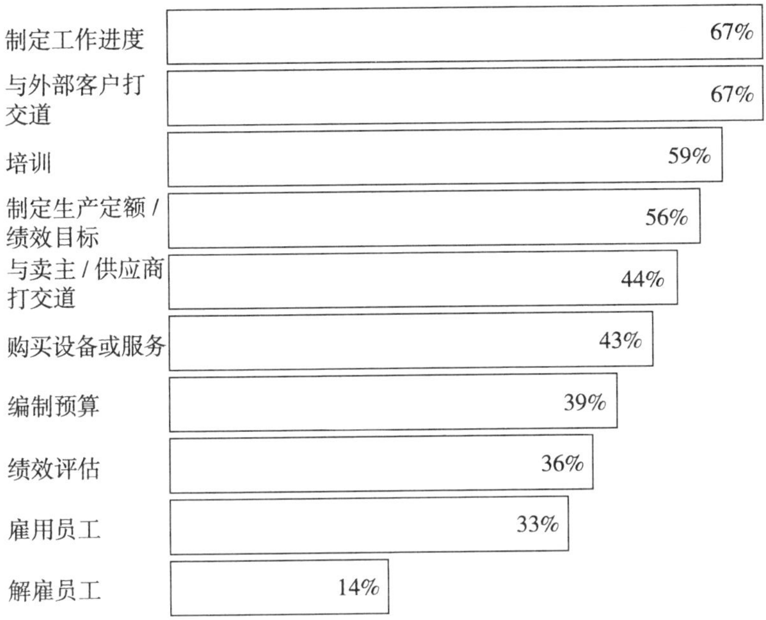

图 6—2 自我管理团队执行的功能

6.1.2 团队预算管理的权力配置

团队，尤其是自我管理型团队，构成了企业组织中的“小型组织”，组织转型在结构上的表现就是将“大组织”划分为若干个“小组织”，以适应环境复杂性的要求和杜绝大型企业的官僚主义作风。伴随着结构转型的一定是权力的转移，构建团队的目的就是赋予团队自我管理和自我控制的权力，更确切地说，团队对其所负责的流程具有控制的权力，自我控制是相对于外部控制而言的，团队与环境直接接触。相对于管理层，团队掌握的信息更及时，拥有更专业的知识技术，有自主决定流程的权力以及流程对应的资源预算。这样一来，一方面避免了信息传递过程中的失真和损耗，另一方面，组织对外部环境的响应速度更快，质量更高。从系统演化的动力来看，协同学创始人H·哈肯认为，自组织系统演化的动力是系统内部各子系统通过竞争和协同，从而使竞争力的一种或几种趋势优化，最终形成一般总的趋势（吴璇等，2005），因而自我控制团队的业务流程是通过企业内部各工作团队竞争而自行促使业务流程实现优化的。传统企业外部控制的业务流程系统是由系统外部命令规定的，如规章制度、管理者命令等，因而优化的动力也是来自系统外部的，系统内部的各个子系统是被动、缺乏活力的。对于现代企业这一复杂系统而言，外部环境和系统内部的信息量十分巨大，因而由外部指令推动的业务流程系统无论从运作还是发展的角度看，都远远落后于自我控制的业务流程系统。

新型组织预算管理的组织体系由纵向发展为横向结构，相应地，新型组织预算管理的权力结构与科层制也有着本质的区别，团队作为新型组织的基本单元具有预算管理的自主权，整个预算权力实现了重新配置，即由纵向权力体系转为横向权力架构。预算权力科层制的结构特征决定了权力只能留在高层管理者手中，而新型组织是由自我管理团队构成的网络组织，预算权力被赋予了各个团队，因此，各个平行团队均拥有预算管理的权力，预算管理的权力在组织中是横向分布的。

丹·迪芒塞斯库、彼得·海因斯和尼克·里奇（1999）在《精干型企业》一书中指出，公司传统的权力基础正在受到削弱，权力从职能部门向过程团队转移。他们引用一份内部报告的结论指出，“越来越多的过程权力层次”正把许多决策权和预算控制从传统的职能结构中分离出来，职能部门正演变为支持关键过程（流程）所需的“制度或能力的中心”。作为转型代表的惠普公司，其权力正从职能部门向过程团队转移，其特点主要包括：①控制过程的设计和重新设计；②总经理全力帮助；③制定过程衡量标准；④将过程标准与遭遇意外、不幸后的补偿相联系；⑤签订服务合同；⑥进行过程的预算；⑦控制“转变计划”的预算；⑧控制关键过程的各方面；⑨控制关于过程的战略计划。组织结构的转型必然带来更深层次的权力结构变革，新型组织中权力的重心在按流程组建的团队上，预算权力也从以职能为单位的预算向以流程为基础的预算改进，这不仅是方法的改变，更是权力的转移。

在传统组织中，管理者对预算拥有最终的决策权，那么当预算权力下放给团队后，新型组织的管理者在预算管理中会扮演怎样的角色？这个问题是与管理层的领导模式密切相关的。早在20世纪30年代末，勒温（Lewin）、李皮特（Lippit）和怀特（White）就指出，群体领导所采取的方式（专制的、民主的或者是放任的）不同，会使下属产生截然不同的行为特征：专制领导导致行为扭曲，管理者在与不在，下属员工的行为完全两样；放任领导下的群体则是不做任何工作的被动群体；而民主领导下的群体能够实现自我控制、自我指导、长期稳定地工作。在新型组织中，领导的方式当然是民主型的。

佩帕德（1999）认为，流程导向组织的特点要求新的管理风格。这些组织中的管理者正在从传统的管理模式变得更像咨询顾问或教练。领导技能将会变得比行政管理技能更为重要，即需要更多的远见洞察能力和带领员工实现这一远景目标的能力。卡罗琳·科尔宾（2002）认为，21世纪的领导者是“全权领导者”，他也强调在网络/团队中工作，强调员工意识，强调管理者的角色应该是教练和老师。新型组织的领导模式应该是民主模式，通过向团队充分授权实现自我管理、自我控制，管理层担当的是咨询顾问和指导教练的角色，传统的命令指挥、集权管理的角色逐步淡化。在团队预算中，管理者从基于强制权力的命令指挥的角色转换为基于合作的教练、咨询角色（见表6—1）。在预算管理中，不是简单地下达预算指令并运用考核的手段控制预算的实现，而是首先成为预算团队成员的一分子，为预算的设定和完成提供建设性的意见，然后积极协调员工关系并充分调动员工的积极性，建立团队的信任和合作的氛围，从而优化团队的预算行为，保证预算目标的实现。

表 6—1　　**传统管理者和新型领导者的角色**

传统管理者	新型领导者
将自己看做管理者或老板	将自己看做是倡议人、教练或内部咨询顾问
使用垂直指挥链	为了完成工作，可以与任何必要的人打交道
在团队中资历最深，级别最高	不一定是团队中资历最深，级别最高的人
自己做大部分决策	邀请他人参与决策
囤积信息	分享信息
努力掌握一种专业技术，如营销技术	努力理解整个流程
推崇加班加点	关注顾客是否满意

管理层担任咨询、指导等角色的权力来自何处？团队领导的权力类型以及实际运用权力的方式也是决定领导有效性的重要因素。法兰士（French）和瑞文（Raven）提出了五种权力的类型。于克尔（Yukl）和范尔伯（Falbe）（1991）认为，应该看到组织内还有另外三种类型的权力在发挥作用，这就是表 6—2 中的最后三种权力。研究人员认为，从总体上看，这八种类型的权力可以划分成两大类：第一类取决于个人在组织内部的地位，包括合法的权力、进行奖励的权力、强制权力以及发布信息的权力；第二类源于个人本身的特点，包括专家权力、进行咨询的权力、说服劝导的权力以及个人魅力（见表 6—2）。[①] 波德萨考夫（Podsakoff）与施林舍姆

① 转引自［英］海伊斯（Hayes，N.）：《协作制胜：成功的团队管理》，李靖坤、路文勇译，107 页，大连，东北财经大学出版社，1998。

（Schriesheim）（1985）通过研究认为，奖励权力、强制权力与合法权力的效力看起来最小，它们对人们在工作中的表现和对工作满意程度要么没有任何影响，要么会产生负面影响。但是，专家权力和提供咨询的权力往往能够产生积极的效果——人们变得更积极地参与工作。

表6—2　　　　**团队领导的权力类型**

奖励权力	这种权力是领导具有控制组织资源及奖赏（如工资和奖金）的能力
强制权力	这种权力是领导能够进行制裁或惩罚的能力，如申诉或停职
合法权力	这种权力源于个人在组织内所拥有的地位
提供咨询的权力	这种权力源于员工对其领导的喜爱或尊重
专家权力	这种权力是由于当事人被公认为具有某一特殊领域的专业知识或技能
发布信息的权力	这种权力源于对组织内的信息来源及信息传播渠道的控制
说服劝导的权力	这种权力源于某人有能力就某一特殊行为或决定说服其他人
魅力	这种权力源于个人的吸引力以及其能够传播活力的能力，因此人们愿意与他合作，并帮助他实现自己的目标

6.1.3　团队预算是基于流程的作业预算

团队组织的构建是与业务流程再造紧密联系在一起的：首先，构建团队组织的目的就是为打破职能部门的藩篱，构建跨部门合作的团队，而跨部门组建的依据就是流程，以流程取代职能作为划分标准；其次，组织转型是流程再造的基础条件，流程再造的过程必然伴随着组织变革，流程设计固定后，必须建立相应的团队来执行和改进这些流程。团队是流程管理的推动力，“以个人独自完成自己的任务为基础的组织正逐渐被以团队为基础的组织所取代，团队集体完成流程的大部分甚至所有的工作任务”（J·佩帕德、P·罗兰，1999）。哈林顿（2002）也认为团队结构是适应流程型组织的需要而出现的，团队的具体类型包括：改进执行小组、流程改进小组、子流程改进小组、任务小组、部门改进小组等。

团队是一种理想的流程执行单位，是为了完成某一特定的任务，从组织的不同领域中抽调一些具有不同的教育背景、技能和知识的人组成的（德鲁克，1987）。团队中的成员分别从事不同但相互有关联的活动，每个成员可能是不同领域的专家，他们的共同参与使工作中出现的问题能够快速得到解决，也使得工作中的沟通与协调变得更加方便、迅速。因此，团队这种组织方式对外界的变化反应较快，完成工作的效率较高。实施流程再造之后，组织的基本工作单位将由职能部门转化为流程工作团队。因此，应当按流程组建团队，由团队组成组织。团队组织是新型组织的结构形式，而流程型组织则是新型组织的具体运作方式，两者是密不可分，相辅相成的。基于流程的组织结构如图 6—3、图 6—4 所示（周宏斌，2000）。

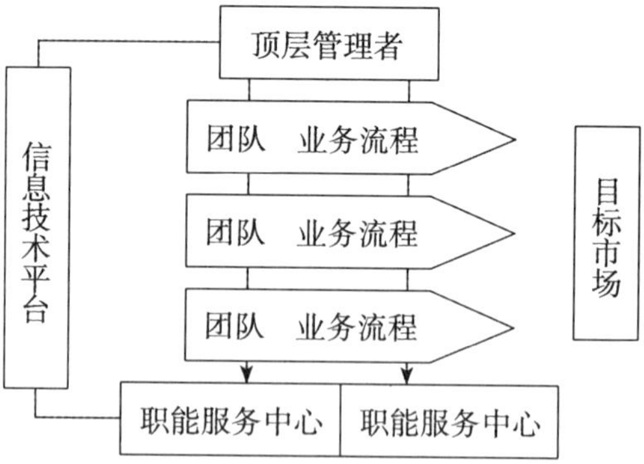

图 6—3　基于流程的组织结构（a）

所谓流程，指把一个或多个输入转化为对顾客有用的输出的一

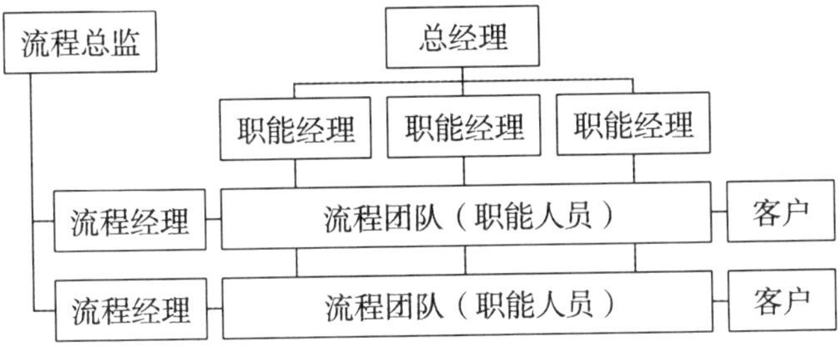

图 6—4 基于流程的组织结构（b）

系列活动的集合（陈禹六，2001）。哈林顿（2002）认为，流程是一项或一组作业，该作业需要投入，需要增加投入的价值，需要向内部或外部顾客提供产出。流程运用组织的资源来提供确定的成果。因此，流程的进一步分解就是活动或作业，活动或作业的合成就是流程。流程与作业的关系如图 6—5 所示。

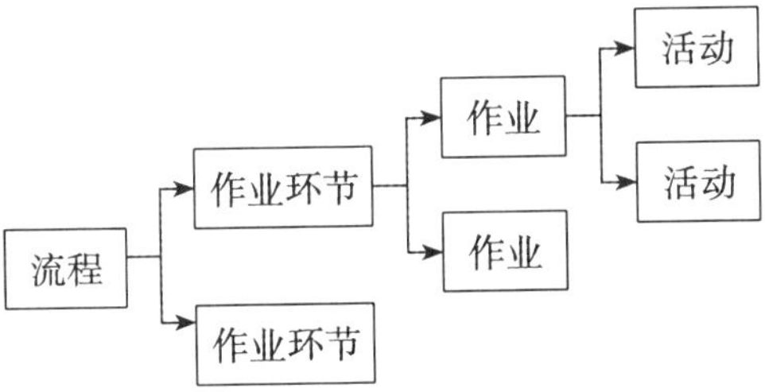

图 6—5 流程分解图

企业管理过程中的流程管理需要经历自上而下的分解和自下而上的合成（黄丽华，钱宇，薛华成，1997），如图 6—6 所示。新型组织的逻辑就是活动—作业—流程—团队—组织。活动和作业是团队的管理对象，因而作业基础预算（activity-based budget，ABB）方法成为团队预算管理方法就是顺理成章的事。ABB 方法是新型组织的必然选择。Stephen C. Hansen et al.（2003）认为，ABB 方法的精华在于闭环模型（如图 6—7 所示），它由运营环和财务环组成。阶段 1 的运营环：一旦作业和资源消耗需求已知，ABB 方法的工作就是实现资源需求和可用资源（容量）的平衡，从而实现资源平衡。阶段 2 的财务环：在运营计划的基础上建立财务计划，当财务计划与预先设定的财务目标相适应时，就达到了财务平衡。ABB 方法强调预算是由战略首先驱动运营的，在保证运营资源平衡的基础上，实现财务结果和财务目标的平衡。与传统预算相比，ABB 方法使得预算由侧重财务转向以战略为基础的运营计划，强调预算是由运营驱动的，可以真正发挥预算的管理功效。

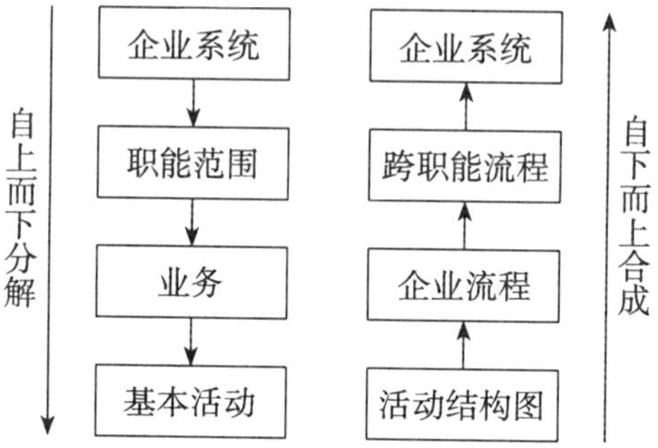

图 6—6　自上而下分解与自下而上合成相结合的流程识别方法示意图

在我国的预算管理研究中，已经出现了有关作业预算管理的介绍和研究（如潘飞、郭秀娟发表于《会计研究》2004 第 11 期的文章），这类文章往往注重方法的介绍，而忽略方法适用的组织基础。从本书的研究中不难看出，只有与流程导向的团队组织结合，作业预算管理才能发挥最大功效。

6.1.4　团队预算有效的基本要素

1）团队预算角色定位与预算控制模式选择

预算的角色很多，如计划、激励、业绩评价、控制、资源配置、沟通等，根据它们对员工行为的不同影响，可以将这些角色分成两类：第一类是刚性角色，如控制、业绩评价和激励；第二类是柔性角色，如计划、资源配置和沟通。由于两类角色之间是存在客

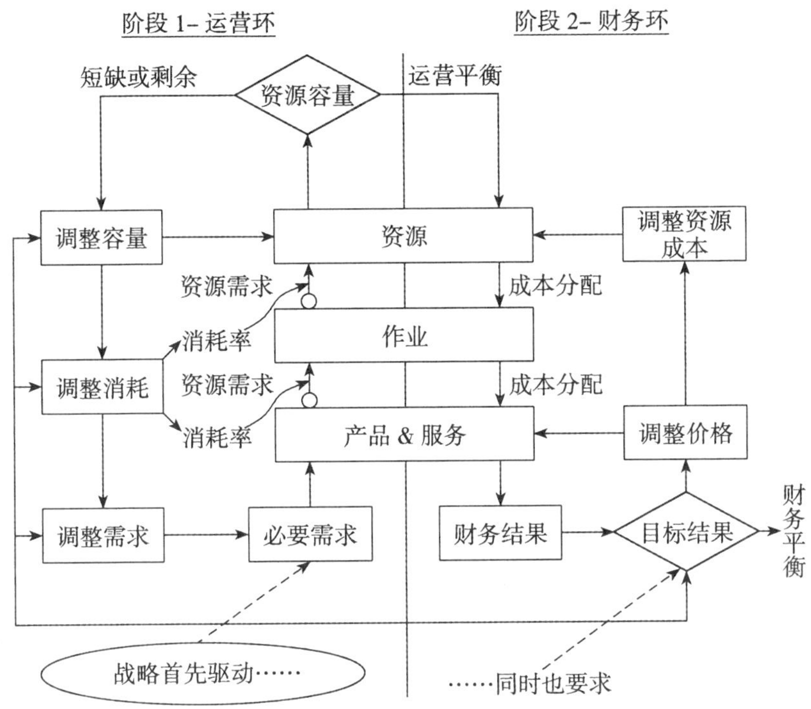

图 6—7　ABB 方法的闭环模型

观冲突的，而且不同企业的管理哲学、企业侧重的预算角色不同，因此会形成两种截然不同的控制模式：紧控制和松控制的预算模式。

所谓紧控制，是指高层管理者频繁地利用预算监控业务部门的工作，并将预算与实际的差异作为衡量业绩的主要指标。预算紧控制的管理哲学是：下属带有 X 型人性特征，是组织的执行单位，必须为其设定明确目标，并持续监督，才能完成任务，实现组织的预算目标。在紧控制下，业务部门管理者的预算目标被当做评价指标和标准，在每个月将实际完成的业绩与预测的业绩作比较，确认和讨论每个差异的细节问题，如果没有达到预算目标，则考虑补救的措施。因此，预算紧控制是指管理者的业绩主要根据在报告期内完成预算目标的程度来评估，预算紧控制有以下特点：①高层管理者重视、强调预算目标的实现；②在预算期内一般不轻易对预算进行修正；③关注预算各具体项目的细节；④不允许偏离预算目标。

预算松控制是基于这样的管理哲学：员工带有Y型人性特征，员工应该是具有自主权的，能够独立完成工作。在预算松控制的情况下，预算主要是沟通和计划工具。每年管理人员会编制、复查、修订、批准预算，每月或每季度会将实际业绩与预算相比，并对差异进行分析和解释，但是，这些预算并不被看做是管理者对员工进行约束和评价的标准。随着经营环境和条件的变化，预算将被不断地更新和修订，期末，在管理者报告中也包括与期初预算的比较和差异分析，但没有达到之前设定的目标并不意味着业绩不佳。预算松控制的作用主要集中在对战略、经营环境不确定因素的关注上，是对战略的一种交互控制，组织中各层级的管理层之间依据预算反馈信息对预算执行中的重要问题进行不断的交流，如为什么会产生实际与预算的差异，针对环境变量应采取哪些适应性措施，如何调整经营计划和长期战略等，使预算变成促进组织学习的“数据库”。

显然，从组织理论的角度来看，科层制框架下的预算管理的角色偏向业绩评价和控制等刚性角色，对应的是预算紧控制模式；新型组织的预算管理角色侧重于预测、计划、资源配置和沟通等柔性角色，对应的是预算松控制模式。

2）团队预算与团队目标

目标影响个人、团队和组织的效能，在一个团队中，相容和冲突的目标经常存在（王青，2003）。目标可分为任务型目标和关系型目标。预算目标是团队相容和冲突的目标之间博弈和协调的结果，预算为团队整体设定了明确的目标，而目标的明确性以及团队成员对目标的承诺是有效团队的首要要素。自我管理团队应当对所要达到的目标有清醒的了解，并且坚信这一目标包含着重大的意义和价值。这种目标把团队成员紧紧地凝聚在一起，个人的目标被融入到团队的目标之中。在这种团队中，大家愿意为团队目标的实现全力以赴（肖余春，2001）。在团队管理中，任务目标是团队管理的直接目标，预算构成团队管理的资源约束条件和财务目标。

3）团队预算与团队的全渠道沟通

所谓沟通，是指可理解的信息或思想在两个或两个以上人群中的传递或交换的过程，目的是激励或影响人的思想或行为（赵涛、齐二石，2004）。沟通的载体是信息，目的是使他人在思想和行为上发生变化。

对应不同的组织形式，团体沟通的网络有很多类型，如在科层制框架下，采用的是轮型网络，一个主管与多个下级进行信息沟通，但下级成员之间的沟通很少，领导实行的是严格的集权和控制制度，任务是分配型的（崔佳颖，2006）。因此，科层制组织的预算只发挥着下行沟通的作用，缺乏上行沟通、平行沟通和交叉沟通的组织基础。下行沟通的目的是让员工知晓预算任务，但使员工明确目标的同时，也给员工带来了压力，因此，这种沟通对员工行为的影响是双重的。

新型组织的沟通是全渠道网络沟通模式，全渠道网络沟通是指在网络组织中，每两个成员之间都能够进行直接的自由沟通，个体之间地位平等，团体领导人或中心人物的作用不明显。这种信息沟通的速度最快，是一种全方位的团体沟通结构。在这种沟通模式背景下，预算信息的沟通作用也是全方位的，包含上行、下行、平行和交叉沟通；团队内沟通与团队间沟通相结合，相互之间的沟通是平等的，沟通的目的在于相互协调，以完成预算目标，团队的属性之一就是强调整体性，成员们互相依赖地工作并能联合为绩效目标负责，团队的显著特点是强烈性和互赖性（德尔塔咨询小组 delta， consulting group，1986）。[①] 通过沟通信息，可以激发团队成员之间基于预算的相互协作，也就是当某个成员不能完成预算目标而影响团队目标实现时，其他团队成员可以通过各种方法和途径帮助其达成预算目标，最终保证团队预算目标的实现（这也属于实现团队的关系性目标）。

4）团队预算与团队激励

根据团队的相互依赖特征，应当通过激励来产生团队的协同效应。激励的依据是团队整体的绩效，然后才是团队内部的二次激励，二次激励的作用在于让个人目标融入团队目标，团队激励的运行机制如图 6—8 所示。

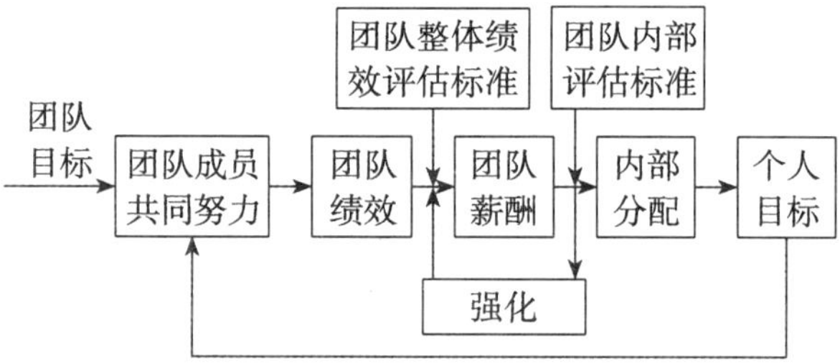

图 6—8　团队激励的运行机制

团队绩效考核的基本特征包括：第一，考核的客体是团队整体；第二，考核是多向的，而非单向的，除了上级的考核外，还有团队内部考核、团队外部考核等，在 20 世纪 90 年代，360 度考核的兴起为绩效考评提供了更为全面的数据；第三，考核的对象不仅包括结果，还包括行为、能力等过程指标。我们在前文已经论述了预算是团队管理的工作之一，基于预算的考评当然也是团队绩效的组成部分之一。与团队绩效的考核特点相对应，团队预算考核除了

① 转引自［美］德博拉夫·安科拉等：《组织行为与过程》（影印版），大连，东北财经大学出版社，2000。

对预算结果的完成程度进行考核，还需对预算编制、执行行为和协调执行能力进行考评，以团队作为考核对象导致团队成员间的合作；考核的多向性必然鼓励预算执行过程中团队间协调和合作行为的产生，这与传统预算考核是完全不同的。

6.1.5　新型组织预算管理组织体系的构建：以康柏公司为例

综上所述，新型组织预算管理组织体系是建立在横向组织上的，团队预算是预算组织体系的核心，团队是以流程为基础动态构建的，而流程是由若干个作业（或活动）组成的，因此，作业预算方法是新型组织预算管理方法的必然选择。由于新型组织管理方式的转变，预算管理的角色也随之变化，开始由控制、业绩评价等刚性角色向预测、计划和资源配置等柔性角色转变，预算控制模式的选择也倾向于松控制模式。预算管理流程可归结为：团队—流程—作业，其基本结构如图 6—9 所示。

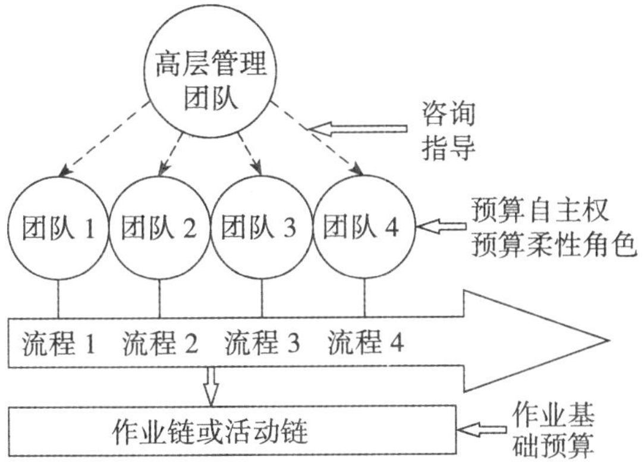

图 6—9　新型组织预算管理流程

我们以康柏公司的预算管理为例，说明新型组织预算管理组织体系的部分特点。[①]

1）康柏公司的组织结构

康柏公司的组织结构除了在1984年一段较短的时间内以事业部制设置组织机构以外，一直是按照职能制进行组织结构设置的。事业部制虽然有利于刺激新产品开发，但是它导致了职能重叠和冲突。管理人员不久就得出结论：康柏采用的并非真正意义上的分散经营模式。因此，它又恢复了职能型组织结构，以保持注意力的集中。从组织结构的设置看，康柏公司还不是一个理想化的新型组织，但在其组织结构的大框架下，工作的组织具备了新型组织以团队为基础的特征。工作步骤强调全面的观点，包括：工作原则、团队合作、提出解决方案、达成一致。

具体而言：第一，当决策和问题影响到几个团体时，每一个团体都要有代表参加，并且每个能够对该问题作出独特贡献的人都要参与，这是很重要的。第二，当一个管理人员接受某项使命时，他是代表其团队接受的，并且在需要的时候还要与组织中的其他成员一起工作。与个人的业绩相比，更强调团队的业绩，即使个人发挥了重要的作用，那也是第二位的事，最重要的是保证团队取得成功。第三，提出解决方案就是通过收集资料，考虑该问题对公司不同领域的影响，并对不同的可选方案进行充分的讨论来解决问题。正如康柏总裁所说："你所掌握的资料越多，你对于解决问题就越有办法。"一个重要的文化理念就是与所有关心的人交谈，即使他们的观点不确定或很模糊，只要他们的观点有一定的道理，就会对你有所帮助。对于高级管理人员来说．更要特别注意对于问题的各个方面都进行仔细的考虑，从而保证使各种竞争方案都得到充分的表达。第四，工作步骤的关键方面是达成一致。在康柏，常常需要

① ［美］小詹姆斯．I．卡什等：《创建信息时代的组织：结构、控制与信息技术》，刘晋、秦静译，大连，东北财经大学出版社，2000。

反复进行讨论、收集资料和提出方案这几个环节的循环，有时即使并不是对其中的所有方面完全赞同，每个人也都会同意某一个行动方案。只有在不能达成这种一致时，高层人员才会由自己拍板来作出决定。这种步骤能够使每个人都觉得他以及他所代表的团体所关心的问题都表达了出来，即使不能达成完全一致，每个参与的人对于最后的决策和问题也都能理解，关键是“在决策制定以后，每一个人都沿同一方向前进”。遵循这种步骤有时意味着要花很长的时间来形成正确的决定。然而，康柏的高级主管认为，花时间让每一个人对于决策有所理解总是值得的。

2）企业文化

康柏的企业文化是以人们的行为和思想为基础的。最为重要的假设就是：人的本性是诚实的，人们将使用一切可用的手段来把事情做好。信任员工是非常重要的事情，尊重员工、信任员工、开放式交流、直率坦诚、团队精神这些主要的企业文化理念也是与这种观点相一致的。为了保持这种公司文化，康柏努力雇用“好的”员工，即诚实、富有同情心和肯干的员工，公司为了找到合适的员工而花费了可观的资源。这种文化的人性假设基础与传统的理性经济人不同，决定了组织与员工的关系与传统组织的严格管制不同，也决定了管理控制系统（包括预算管理）的模式与传统模式的不同。

康柏的主要行为和决策原则是做对公司整体“有意义的事”，而不是过分关注固定的目标、熟悉的解决方案或标准过程。主管制造的高级副总裁 Vieau 评论说，他总是避免犯“这种事总是这样做的”之类的毛病，而是提倡考虑“这是否有意义”这样的问题。其整体思想就是：“做一些有意义的事，避免被程序所困扰。”

3）开放式交流是康柏各个运作方面中的一个关键要素

康柏总裁 Canion 说他无论怎么样强调开放式的环境都不过分，

这种环境有利于获得诚实的反馈意见。负责行政事务的高级副总裁Gribi认为在许多大公司中交流都是受到限制的，这样常常得不到应有的信息，或者所得到的信息是失真的。管理人员一致认为在康柏有很大的谈话自由。

4）财务控制

康柏从一开始就有一套成熟的财务控制体系。康柏的第一任财务总监Gribi曾根据他在Price Waterhouse和TI的经验建立了一套适用于《财富》500强公司的财务控制体系。1982年他买了一套被称为ASK的集成财务软件系统，这套软件提供了物料需求计划、采购、销售、订单录入和处理、公司会计等应用功能。到1990年，ASK的新版本仍然在康柏中使用。

康柏的财务职能的主导思想是帮助管理者对业务进行控制但不阻碍业务的发展。例如，Gribi经常强调所有财务部门的职员必须把自己当做一个服务性组织。财务人员不是作为业务人员的裁判或对手，而是在需要的时候保证适当的和必要的控制。公司CFOWhite甚至认为这种控制与限制是完全不同的，它可以保证公司业绩持续而强劲的增长。其思想是“在幕后朝正确的方向使劲”。财务通过关注经营问题而不仅仅是关心数字来为经理们提供帮助。

5）预算管理

（1）角色定位

康柏公司将预测作为财务控制的手段，并对预算和预测作了区分，Canion说每一个人都知道财务预测是一个起始的方向，而不是一个固定的目标。当事情发生变化的时候，保持平衡是非常重要的。由于预测每个月都要发生改变，管理人员会在任何适当的层次上作出改变：战略、生产计划、营销和销售活动、员工聘用，甚至是资本支出。White强调：将财务预测叫做预算是一种误导，因为预算的含意是一种固定的约束。例如，成本中心预测是一种向前看的控制机制，简单地用一名经理的话来说就是“这就是我想要做的”，它是要经过修订的。运作人员总是在明知道事情需要改变时说他们有一个预算，而与运作人员相比，财务人员较少把预测看成是预算。在康柏公司，预算所指的是狭义的年度预算，仅将预算看成固定的约束目标，是固定绩效合同，这种认识仅仅是预算管理的一个方面，即预算管理的刚性角色一面。广义的预算应该包括预测、计划等柔性角色。

康柏的预算管理中，组织文化决定了过程比结果更重要，通过这种不过分关注结果的方法，康柏试图鼓励员工进行创新，做一些有意义的事情。不论成功还是失败，Canion 都以同样的方式对结果进行分析，在他看来，遵循正确的程序远比简单地达到目标更加重要。因此，预算的考核、业绩评价功能等刚性角色被弱化。因此，我们可以认为，在康柏公司内，更侧重预算管理的柔性角色方面，即计划、预测、资源配置的作用。

（2）预算管理过程

预算管理过程的基础是需求预测，需求预测是建立在大量的信息和康柏管理人员的判断基础之上的。当前的销售业绩是一个特别重要的输入数据。地区销售人员每天将经销商的订单输入到 ASK 系统中，每个月，财务人员对销售业绩进行监测并对当前需求及将来可能的需求情况进行评估。他们特别密切地注意康柏的 25 个最大的经销商的销售情况，因为这 25 个销售商实现了康柏 90% 的销售额。

在每月的“需求预测讨论”会上，康柏将来自各个方面的信息集中到一起，来自公司不同部门的 15 ~ 29 位员工对这个月的问题进行审核。这些问题范围很广，包括从市场研究、库存水平到具有竞争优势的新产品引入和价格变化等内容。与会者经常就各个问题进行争论。这次会议是为下一次召开的需求预测审定会议作准备的。当在讨论会上有些问题仍得不到解决时，就会成立专门的小组来对有关问题进行进一步的调查。审定会议在讨论会两天之后召开，参加的人员要少一些。销售部门要根据讨论会的结果提出一个临时性需求预测值作为会议的出发点。在这个会上，根据公司所能得到的最新的信息和判断对需求预测的估计值进行调整。

需求预测成为制造部门的主要输入数据，制造部门每个月都要对其生产计划作相应的修改。在生产计划中，要分别对每一个生产单位按月、按型号说明生产水平。

对与需求预测同期的产品定价和产品成本，也要进行预测。一个由营销人员和财务人员组成的小组利用公司的价格变更批准机制、市场和竞争分析、产品引入计划来对每个月每种型号的产品进行价格预测。每一种型号产品在每个月的单位成本也与生产计划密切相关。财务部门在采购、设计、制造和营销部门的帮助下对这种预测进行协调。

所有成本中心都要用产品路线图、战略目标、生产计划和需求预测来作出自己的财务计划。400个成本中心都要对自己为实现战略目标和各自的基本目标所需的资源进行估计。战略目标是由高层管理人员制定的，而基本目标则是各个成本中心所负责的例行任务。成本中心的资源需求又按月对各种资源类别进行分解，资本支出也包括在内。成本中心计划使用 Lotus 1-2-3 电子表格软件和 Microcontrol 网络规划软件作为主要的数据采集和传递工具。财务部门使用 Microcontrol 软件将成本中心的预测和计划结果汇总起来，该软件也可以方便地从 Lotus 1-2-3 电子表格软件系统中读取和汇总数据。汇总后的数据比各成本中心的数据分类要粗略一些。财务部门将汇总后的成本中心数据与从需求和价格预测中得出的预期收入以及预期的制造成本结合在一起，就得出了计划中的资产负债表和利润表。

（3）预算管理方法：滚动预算的方法

需求预测、生产计划和成本中心计划均为以 12 个月为基础的滚动计划。各个月根据需求预测的变化更新预算，当实际情况与预测结果的差别较大时，要进行仔细分析。其中一个关键的问题就是确定这种差距是由于异常情况造成的，还是由于出现了一种新的趋势而产生的。

（4）绩效考核：预算目标的承诺比实现更重要

Vieau 说由于康柏向其员工提出了超常的要求，所以如果员工达不到目标，是不会因此而受到惩罚的。当项目失败时，要问的问题是：“我们是否尽了最大的努力？”如果回答为“是”的话，那么“这个项目就不应该觉得是失败的”。Vieau 也认为是承诺而不是目标会产生成就：“如果我设置了更多的目标的话，我认为我们就不可能获得如此多的成功。在 1983 年实现 2 000 万美元的销售额这一目标，看起来好像是不现实的，但是实际上我们通过承诺和遵循决策程序实现了 1.11 亿美元的销售额。”Canion 认为保持成功的感觉是很重要的；他倾向于设立比较现实的目标，而不是过度冒进的目标。White 说康柏通过简单地让各部门“拿出你们的数字”和每月一次的预测修订来限制“堆沙袋”（设立太容易实现的预测目标）的情况。他的态度是很强硬的：“如果有人‘堆沙袋’，这是不能容忍的。”这也会破坏信息共享和团队合作，而这二者是康柏经营的核心。显然，这种考核机制是建立在对员工充分信任基础上的，对预算更看重的是员工在预算实现过程中的主观状态，而不是客观的结果，同时，在预算中不能容忍预算松弛（“堆沙袋”）现象。这样，预算对员工的作用更倾向于正向的激励，而非压力机制。

6.2 预算管理的外部转型：供应链基础的预算管理体系

6.2.1 供应链管理与预算管理的拓展

1）供应链管理的基本概念

对于供应链管理（supply chain management，SCM）这一概念，存在多种不同的定义方式。供应链协会（Supply Chain Council）将SCM定义为："Encompasses every effort involved in producing and delivering a final product，from the supplier's supplier to customer's customer（SCM是为了生产和提供最终产品，包括从供应商的供应商，到顾客的顾客的一切努力）"。该定义描述了SCM的4个基本流程：计划，采购，制造和配送，即"managing supply and demand，sourcing raw materials and parts，manufacturing and assembly warehousing and inventory tracking order entry and order management，distribution across all channels，and delivery to the customer"，该定义强调了SCM的范围，表明SCM是一种跨企业且跨企业的多种职能、多个部门的管理活动。

马士华（2002）认为，供应链是围绕核心企业，通过对信息流、物流、资金流的控制，从采购原材料开始，到制造中间产品以及产出最终产品，最后由销售网络把产品送到消费者手中，并将供应商、制造商、分销商、零售商、最终用户连成一个整体的功能网络结构模式。根据中国国家标准《物流术语》，供应链的定义为：在生产及流通过程中，涉及将产品或服务提供给最终用户的上游与下游企业所形成的网链结构。美国生产与库存控制协会（American Production and Inventory Control Society，APICS）将供应链定义为：

自原材料供应直至最终成品消费，联系跨越供应商与用户的整个过程，它涵盖了企业内部和外部的各项功能，这些功能形成了向消费者提供产品或服务的价值链（孙元欣，2002）。供应链主要涉及四个领域：供应（supply）、生产计划（schedule plan）、物流（logistic）、需求（demand）。

伊文斯（Evens）认为，供应链管理是通过前馈的信息流和反馈的物料流及信息流，将供应商、分销商、零售商，直到最终用户连成一个整体的管理模式。美国生产和库存控制协会第九版字典中，对供应链管理的定义是：供应链管理（SCM）是计划、组织和控制从最初原材料到最终产品及其消费的整个业务流程，这些流程连接了从供应商到顾客的所有企业。因此，目前一般认为供应链是围绕核心企业，通过对物流、信息流、资金流的控制，从采购原材料开始，制成中间产品以及最终产品，最后由销售网络把产品送到消费者手中的将供应商、制造商、分销商、零售商、最终用户连成一个整体的功能网链结构模式。通俗地讲，供应链就是由进行物料获取，加工物料成中间件或成品，再将成品送到用户手中的一些企业或企业部门构成的供需网络。供应链的基本模式如图6—10所示。

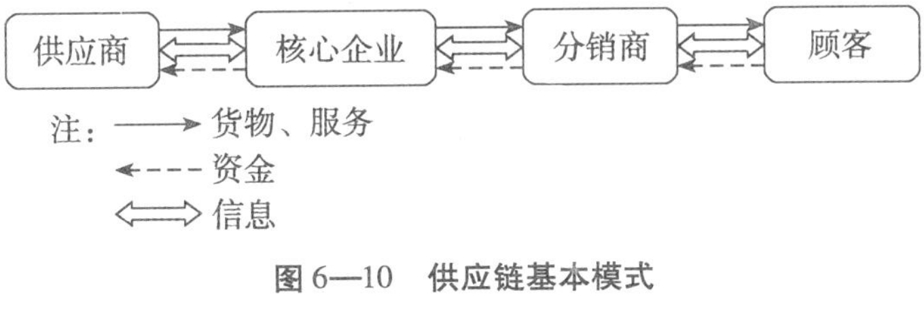

图6—10 供应链基本模式

2）供应链管理涉及的主要领域

供应链管理研究的内容主要涉及四个领域：供应、生产计划、物流和需求（如图6—11所示）。供应链管理是以同步化、集成化生产计划为指导，以各种技术为支持，尤其是以Internet/Intranet

为依托，围绕供应、生产作业、物流、满足需求来实施的。供应链管理主要包括计划和合作控制从供应商到顾客的物料和信息。

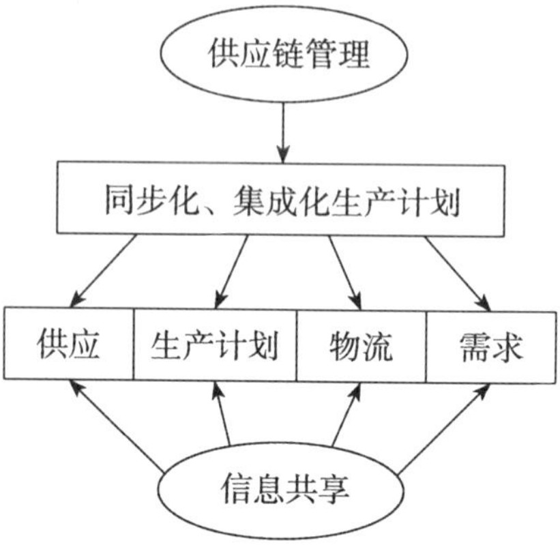

图 6—11　供应链管理涉及的领域

3）供应链管理与预算管理范畴拓展

罗伯特·B. 罕菲尔德和小埃尔尼斯特·L. 尼科斯（1999）认为，供应链可分为内部供应链和外部供应链，内部供应链存在于企业内部，以流程为基础，包含物料流、资金流、信息流等，“团队成员一旦完成他们所在部分的流程图，所有的跨职能工作组就可以汇集在一起组成一张综合的内部供应链流程图”。集成的供应链管理是通过信息技术把所有供应链成员的采购、生产、销售、财务等业务进行整合，并看做一个整体的功能过程而开发的供应链管理功能（张新安、田澎，2002；姜方桃，2003）。

供应链管理的兴起可以看做是组织的外部转型，著名管理学家迈克尔·哈默将组织转型形象地比喻为“拆墙”，内部转型是拆除内部管理的“墙”，外部转型则是拆除公司之间的“墙”，即公司与自己的供应商和客户分隔开来的“墙”，而且是未来 10 年将要支配商业进程的“下一件大事”。

查尔斯·C. 波里尔和迈克尔·J. 鲍尔（2002）将供应链的优化分为四个阶段，其中第一、二阶段是内部供应链的优化。在第一阶段，公司主要致力于改进自身的资源搜索和物流供应能力，主要的方式是减少供应商数目和提高与每个供应商的交易数量。随着公司开始将供应链管理技巧应用到自己的实际工作当中，它将可以实现更低的价格、更少的库存、更低的运输成本和人力成本。在这一阶段，优化的单位是部门，组织内部跨部门合作的情况很少。第二阶段是内部改进。在这一阶段，公司将指派一名主管来负责公司内部的流程改进工作。该主管和首席信息官将共同发起跨部门的合作，并建立一个能够被扩展到整个组织范围之内的具有潜在改进性的部门排序名单。公司将建立一些由不同部门的工作人员组成的小组来研究进一步的改进措施，这就使得公司内部部门之间的界限逐渐消失。同时由于公司开始建立一些简单的解决方案及内部信息支持系统（如内部网），这就为未来电子商务的发展打下了良好的基础。第三阶段是网络构建，即通过电子商务打破企业间界限，形成企业间的部分联盟。第四阶段是行业领袖。通过内部网、因特网和虚拟信息系统，为响应全球市场需求，供应链上的企业逐步形成“联合企业”。第一阶段和第二阶段是电子供应链的基础，而现代企业所关注的是第三阶段和第四阶段的供应链管理模式。

预算管理是可行的供应链整合系统。全面预算管理的内容和结构与供应链管理一致，是集资金流、信息流、物流为一体的管理系统。只不过传统预算按照职能部门人为地割断流程，如果按照前文的基于流程的预算管理的模式再造，预算管理可以看成是供应链管理的重要工具。因为供应链管理中最重要的是数据交换和信息共享的问题，预算管理可以很好地承担信息沟通的问题。外部供应链是对内部供应链的延伸，将关键的供货商和客户加入供应链，扩展了业务流程链的长度，从系统论的角度看，是由一个企业系统转为企业间的系统，管理的内容和结构是一致的，只是管理的边界扩大

表 6—3　　供应链最优化的几个层次

	资源搜索与物流供应	内部改进	网络构建	行业领袖
驱动因素	副总裁（资源搜索）	CIO 供应链领袖	商业单位领袖	管理团队
收益	增加，成本节约	全网络范围内的改进	最佳伙伴绩效	网络优势；可盈利收入
焦点	库存项目物流供应；订单执行	流程重新设计、系统改进	预测；规划；成本；服务；企业间	消费者；网络
工具	部门内追求卓越	标准：最佳实践 基于活动的成本计算	标准：数据库 挖掘：电子商务	内部网；因特网；虚拟信息系统
行动领域	中级组织	扩展后的水平	总的组织	全企业
指导	成本数据；资金支持	流程规划	高级成本模式；流程细分化	需求/供应连接
范围	主要成本（本地）分类	商业单位	企业	全球界面
模式	无	供应链——企业内部	企业之间	全球市场
联盟	供应商联合	最佳搭档	部分联盟	联合企业
培训	团队	领导权	伙伴关系	全盘流程处理

了。供应链的管理从表象上看是企业之间的合作，但从实际运作上

看是不同企业团队之间的合作，供应链预算管理的结构仍然是团队预算，不过是由企业内团队转为企业间团队预算管理的过程。因此，基于供应链的预算和企业基于流程的预算尽管运作特征不一样，但是，其本质是相同的。

4）供应链管理对企业预算管理的改进

（1）预算编制的准确性

现行预算管理模式通用的编制起点是销售预测，销售预测的准确性与预算的执行关系密切，很多预算最终不被执行而仅作为计划功能的情况是由实际销售与当初预测差距较大引起的，预算的事前计划和事中资源配置、事后激励的角色冲突也缘于预算编制时的预测与后来的实际情况之间的差异。供应链预算借助信息技术，使得企业与客户、供应商之间实现信息共享和交换，预算编制可以适时调整，能够及时刷新预算，预算管理逐步实现动态化，提高预算执行的有效性。

（2）预算执行的有效性

组织内预算的执行机制是激励与惩罚，其理论基础是内部契约，普通员工对自身工作的外部契约约束并无意识，而基于供应链的预算管理将内部团队工作与外部团队对接，使得内部团队认识到完成预算的动力或压力不仅来源于内部，还来源于外部供应商或客户的监督，其理论基础是外部契约。因此，供应链预算的执行机制不仅包含通常的内部奖惩机制，还包括外部的契约执行的监督机制，从而提高预算的执行水平。

（3）预算反馈的多面性

传统预算的执行反馈仅是下对上的内部反馈，而供应链预算不仅包括内部反馈，还包括外部供应商、客户的反馈，这种反馈对于预算的改进是有重要作用的。

6.2.2 供应链类型与预算战略选择

1）供应链的类型

根据不同的划分标准，可以将供应链分为以下几种类型：

（1）稳定的供应链和动态的供应链

根据供应链存在的稳定性，可以将供应链分为稳定的和动态的供应链。基于相对稳定、单一的市场需求而组成的供应链稳定性较高，而基于相对频繁变化、复杂的需求而组成的供应链动态性较高。在实际管理运作中，需要根据不断变化的需求，相应地改变供应链的组成。

（2）效率型供应链和响应型供应链

根据供应链的功能模式，可以把供应链分为效率型供应链和响应型供应链。效率型供应链主要体现供应链的物理功能，即以最低的成本将原材料转化成零部件、半成品、产品，以及在供应链中的运输等；响应型供应链主要体现供应链的市场中介的功能，即把产品分配到满足顾客需求的市场，对未预知的需求作出快速反应等。

2）稳定型、效率型供应链的预算一体化战略

稳定型供应链和效率型供应链之间的关系比较密切，稳定型和效率型供应链都是面对比较稳定的市场需求，其目标不在对市场机遇的响应，而是对低成本的追求，因此，追求效率的供应链往往倾向于努力构建稳定、持久的合作关系，所形成的供应链是稳定的。基于稳定型和效率型的供应链企业之间的关系是紧密型的，有逐步走向一体化的趋势。随着竞争压力的增大和顾客需求的多样化，供

应链内部的一体化程度将不断加大（Monczka，Morgan. 2000）。[①]供应链一体化的发展、成熟和巩固有赖于：信息的无缝（Seamless）联接与共享；共同的绩效评价指标和评价基准；降低和消除供应链中的约束和限制（Brunell，T，1999）。内部一体化实质是将整个供应链上的企业整合为虚拟企业，供应链各节点企业的运作和单一企业的运作方式相同，不同的是单一企业的运作依赖的是组织内的命令和控制，而供应链企业间的运作依赖的是长期稳定的契约。

稳定型和效率型的供应链可以探索建立预算一体化的战略，从整个供应链的角度编制和执行预算。稳定型和效率型的供应链一般都是围绕核心企业构建的，因此，预算一体化的战略以核心企业为主体，供应链上的各节点企业都是一个责任中心。预算一体化战略是对供应链节点企业合作的进一步深化，首先表现为信息共享的范围扩大，预算是企业信息流的集中，分享预算信息意味着节点企业之间完全是透明的，完全不同于节点企业之间一般的个别数据交换。其次，一体化的预算为供应链企业之间的整合提供了有效的机制。预算是集信息流、资金流、物流于一体的综合管理系统，建立一体化的预算体系有力地促进了供应链企业合作的加深，预算编制和执行信息的共享可以强化供应链成员之间的实时监督，提高供应链企业的合作效率和管理绩效。最后，一体化的预算战略是供应链管理的制度保障。预算指标是规则的一部分，具有权威性质，可以将预算作为供应链绩效评价和利益分配的依据，预算成为供应链企业合作的制度保证。

预算一体化战略操作的基本要求如下：（1）成立预算管理委员会作为负责预算管理的组织机构。一体化的预算战略必须由相应

① Monczka & Morgan. 2000. Competitive Supply Strategies for the 21st Century, Purchasing, Jan 13, pp. 48-59. 转引自徐章一：《基于供应链一体化的物流敏捷化实现机制研究》，华中科技大学博士学位论文。

的组织保障，由核心企业牵头，各节点企业的预算负责人参与供应链预算的编制和执行，协调预算管理中的各种问题和矛盾。（2）采用相同或相近的预算编制方法。既然作为一体化预算模式，则要求每个节点企业运用相同或相近的预算编制方法，以增强预算的可比性。在预算调整时保证快速、联动的变更预算，比如，如果统一使用弹性预算，则弹性的比例选择必须要求一致。（3）预算一体化战略还需要对预算的编制时间做统一的规定。基于供应链的一体化预算的编制需要依赖各节点企业提供的数据，在数据和信息方面是相互依赖的，一个企业的预算编制的延迟，可能导致整个供应链预算的延误。因此，供应链预算对各节点企业预算的编制时间有统一的要求，使得各节点企业的预算工作保持同步。（4）一体化预算是供应链企业共同的绩效评价指标。将预算完成情况作为供应链节点企业的贡献指标，引进优胜劣汰的机制，对预算指标的完成情况建立预警制度，淘汰经常不能完成预算的成员企业，这种动态管理机制也是优化供应链必须具备的。

3）动态型和响应型供应链的联动预算战略

动态型供应链和响应型供应链面向的都是“动荡”的市场环境，为抓住瞬息万变的市场机遇，各节点企业迅速响应，构建从原材料到客户的供应链，这种供应链是不固定、动态的，当新的机遇出现后，各节点企业重新组合，形成新的供应链。各节点企业始终处于动态组合之中，是松散型的供应链。所以，在动态型和响应型的供应链中，不可能采用一体化的预算战略。

与动态型和响应型供应链相适应的预算战略是基于数据交换的联动预算模式。供应链企业之间共享的信息包括需求信息和企业信息，企业信息又可细分为成本信息、补货期信息和生产能力信息等（王子萍、黄培清、葛静燕，2006）。在预算一体化战略中，各节点企业共享的是包括需求信息和企业信息在内的所有信息，而在供应链联动预算中共享的仅仅是需求信息。联动预算战略是松散型的合作关系，各企业的预算仍然是独立的，无须设立专门的预算管理委员会制定相关的预算制度和办法，对供应链预算进行规范和约束；同时，合作的深度和信息共享的广度都不及一体化预算战略。也正由于此特征，所以联动预算的成本较低。此外，联动预算是基于动态型和响应型供应链的，不同于稳定型、效率型供应链的重复博弈，合作的风险比较高。

联动预算较之单个企业预算的优势在于：第一，联动预算共享的是需求信息，提高了预测的准确性；第二，联动预算的需求信息共享可以促进供应链各节点企业实时调整预算，构建动态预算管理模式，强化预算的柔性。

查尔斯·C. 波里尔和迈克尔·J. 鲍尔（2002）的电子商务的开发框架也从侧面证明了两种预算战略的合理性（见表6—4）。与联动预算机制对应的是第四阶段的价值链星群模式，技术基础是基于因特网的外部网，其目的在于通过基于网络的搜索，寻求企业间的资源合作，满足某个消费者群体的需求，具有动态性的特征。而与一体化预算战略相对应的是第四阶段以上的完全网络连接层次，其技术基础是完全网络通讯系统，供应链上的企业整合为一个“联合企业”，运作方式与单一企业类似：在产品开发/服务推广方面，采用联合设计和开发模式；在营销、销售和客户方面，将供应链定位为整个价值链的消费者的响应系统，具有稳定的合作伙伴关系，企业之间是全网络的联合。

6.2.3 供应链预算管理的实现机制

1）信息共享机制

信息流是供应链管理的重要内容，信息共享是实现供应链管理的基础，基于供应链的预算管理就是将预算的“内部”控制功能向“外部”控制拓展，其目的在于通过信息共享提高本企业预算的准确性和有效性。因此，信息共享是供应链预算管理实现的机

表 6—4 **电子商务开发框架**

演变 商业应用程序	第一/第二阶段 内部供应链优化 0 层次	第三阶段 网络形成 1 层次	第四层次 价值链星群 2 层次	第四阶段以上 完全网络连接 3 层次
信息技术	单个点解决方案：告知	相互连接的内部网：互动	基于因特网的外部网：交易	完全网络通信系统：配送
设计、开发产品/服务推广	只有内部	被选择的外部支持	协同设计——企业整合和 PIM	商业部门观点——联合设计和开发
采购和资源搜索	提高单位业务	通过累积对整个网络进行改进	主要供应商协助基于网络的资源搜索	通过最好的企业伙伴来进行网络化的资源搜索
营销、销售、客户服务	内部开发的项目，促销	以客户为焦点、基于数据的动议	针对某个消费者群体而进行的协同开发	整个价值链的消费者响应系统
设计、规划、日程安排和制造*	MRP，MRPⅡ，DRP	ERP——内部连接	协同网络规划——最好的资源利用	完全网络的双重渠道最优化
物流供应**	生产推动——库存最大	通过内部/外部供应商的拉动系统	最佳伙伴供应商——双重渠道	整个网络的双重渠道最优化
客户关怀*	客户服务反映	集中化服务——呼叫中心	细分化的响应系统，客户关系管理	配对化的关怀——客户关怀自动化
人力资源	内部供应链培训	提供网络资源，培训	企业间资源利用	全网络联合

注：“*”包括订单管理；“**”包括库存管理。

制，具有基础性的地位。同时，预算管理的会计属性也是基于信息流的控制，基于供应链的预算的实现反过来也会扩大供应链各节点企业的信息共享的范围，提高信息共享的层次。

基于信息技术的供应链信息共享如图6—12所示。在供应链管理中，“牛鞭效应”的存在是引致预算管理效率低下甚至无效的重要原因。所谓“牛鞭效应”，是指在一个系统的某一端若发生了小幅变动，透过整个系统的加乘作用，很有可能会对另一端产生极大的影响。在一个产业中经常也会有这样的现象：顾客端的需求有微小的变异时，分销商会有较大的变异产生，而制造商则面临更大的需求变异。就像抖动牛鞭子一样，在最前端微小的抖动都会引起后端的大幅度的抖动，故称此现象为“牛鞭效应”，也被称为“长鞭效应”。预算管理一般是以基于市场的需求预测为基础的销售预测作为预算编制的起点，在进行供应链的需求预测时，“牛鞭效应”会放大需求的波动性，预算的准确性随着供应链的逆向移动而呈递减趋势。信息的个别占有是信息扭曲的一个重要原因，因此，解决“牛鞭效应”问题是信息共享机制的价值之一。在预算管理中，运用信息技术将原来的信息传递的线性结构变为网状结构，即供应链中的每个成员不仅接收其直接下游传来的订单信息，同时还接收来自最终顾客的需求信息，每个成员利用流向自己的各种信息来预测实际需求和向上游企业的订货量，能够有效地避免需求预测的信息失真，提高预算的准确性和有效性。

2） 伙伴合作机制

供应链伙伴关系是指供应链成员之间为完成特定的目标而相互支持，并同意在一定时期内分享信息和共担风险的一种意愿关系（马士华，2000）。伙伴合作关系的动机是获取较高的合作绩效，对于合作绩效的来源有两种解释：一是伙伴合作关系带来的相互信任降低了交易成本；另一种解释是基于资源观的，供应链合作实质是各成员企业通过优势能力的互补而产生的协同效应。伙伴合作机

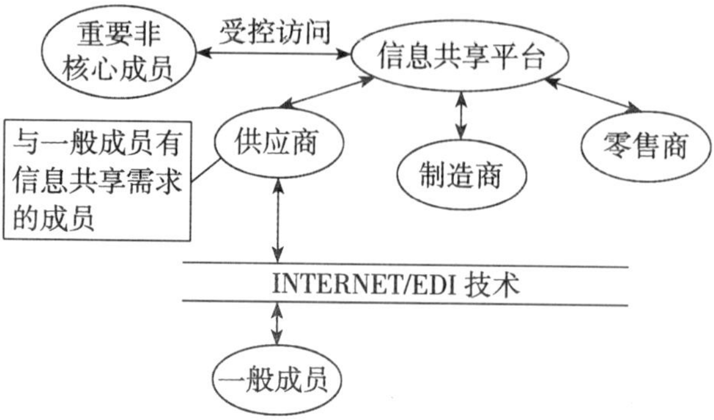

图 6—12　基于信息技术的供应链信息共享

制是供应链预算的保障机制，具体而言，信任机制、协同效应、互惠机制等都是影响供应链和供应链预算能否长期稳定存在的关键因素。其中，信任机制是核心，合作产生的协同效应以及分配中的互惠机制能够进一步强化信任机制。

3）风险控制机制

供应链预算在改进传统预算的基础上，也存在一些不可避免的风险，主要表现为：第一，信息风险导致的预算编制风险。供应链中的每个成员都是理性人，为了保证自己的利益最大化，就会隐瞒一些敏感的信息，如涉及商业秘密的信息；为了满足顾客的需求，就会夸大一些公有的信息（如顾客的订货量），使信息失真，再经过“牛鞭效应”的作用，信息的失真风险被放大，预算编制风险加大。第二，供应链成员的能力风险导致的预算执行风险。能力风险是指合作伙伴在技术上的不匹配或能力上的欠缺而难以完成相应的功能，并影响到供应链的正常运营。供应链某个成员的能力风险往往波及整个供应链成员的预算完成，为避免预算执行风险的影响，应该慎重选择合作企业，在运营过程中实时监控合作伙伴，建立及时反馈、调节机制。

供应链合作的层次是组织间的，但是供应链企业之间的信息共享、伙伴合作和风险控制的实施主体还是从属于供应链上各组织的团队，比如与上游供应商销售团队和下游客户的采购团队的合作。供应链组织在某种程度上可视为团队松散集合，它是多个（或一个）团队构成的稳定或动态集合，是无边界组织。一体化预算战略对应的是组建专门的跨组织的预算工作团队，专门负责供应链预算管理的协调和运作；联动预算战略的实施可以依赖于来自供应链上各企业团队的数据交换或定期协商制度。

6.3　小结：新型组织"五位一体"的预算组织体系

新型组织的预算管理组织体系区别于传统预算管理组织的基本特征如下：

新型组织预算管理组织由纵向体系发展为横向体系。在这一转型过程中，相互关联的三个要素会发生联动变化：第一，团队拥有预算的自主权。新型组织预算管理的组织基础是横向团队组织，而非传统的层级组织，团队是新型组织的基本单元，因此，新型组织的核心是团队预算，团队具有制定预算的自主权。第二，既然团队拥有预算自主权，则组织的领导角色由指挥和控制变革为咨询和领导。第三，团队领导角色的变化，必然导致预算角色中心的调整，团队预算的定位由传统的偏重控制、考核等刚性角色发展为预测、计划、资源配置等柔性角色，更倾向于预算的松散控制模式。第四，团队按流程组建，流程由作业构建。因此，作业基础的预算是新型组织的基本预算方法。第五，组织间的合作是竞争环境对企业管理要求的必然趋势。新型组织预算也相应地由内部模式拓展为供应链基础的外部模式，拓宽了预算管理的范围，为预算管理的改进提供了机遇，同时预算管理也必将成为整合供应链管理的有效工具。

7 新型组织的预算行为研究

7.1 预算管理中行为研究的兴起

7.1.1 管理会计的行为研究

1）管理学行为科学理论的兴起和演化

行为科学的兴起缘于对古典管理理论中“理性经济人”假设的批评。早期的古典管理理论学家泰罗、法约尔、韦伯等人都把人看成是“理性经济人”，因此，认为应该用严格的科学办法来进行管理。“科学管理之父”泰罗用“科学管理”的方法，使工人严格执行由工程技术人员设计科学的操作方法即可提高生产率；法约尔则从企业整体的角度，推行了一套科学的管理原则；韦伯的科层组织体系同时也是一种科学的管理组织体系。他们的共同特点是强调组织和管理的科学性、精密性，忽视了人的因素，把工人看成只是组织中的一个零件。因而，古典管理理论虽然在提高劳动生产率方面取得了显著的成绩，却激起了工人特别是工会的反抗，使得欧美等国的企业感到单纯用科学管理等传统管理理论和方法已不能有效地控制工人，不能达到提高生产率和利润的目的，必须有新的企业管理理论来缓和矛盾，促进生产率的提高。在这种情况下，行为科学理论应运而生。

行为科学的含义有广义和狭义两种。广义的行为科学是指包括类似运用自然科学的实验和观察方法，研究在自然和社会环境中人的行为的科学。已经公认的行为科学学科有心理学、社会学、社会人类学等。狭义的行为科学是指对工作环境中的个人和群体的行为进行研究的一门综合性学科。20 世纪 60 年代，为了避免与广义的行为科学相混淆，出现了组织行为学这一名称，专指管理学中的行为科学。目前组织行为学从它研究的对象和涉及的范围来看，可分成三个层次，即个体行为、团体行为和组织行为。

（1）个体行为理论。这一类型的理论主要包括两大方面的内容：第一，有关人的需要、动机和激励方面的理论，即内容型激励理论（包括需要层次论、双因素理论、成就激励理论等），过程型激励理论（包括期望理论、公平理论等），行为改造型激励理论（包括强化理论、归因理论等）。第二，有关企业中的人性理论，主要包括 X—Y 理论、不成熟—成熟理论等。

（2）团体行为理论。主要是研究团体发展动向的各种因素以及这些因素的相互作用和相互依存的关系，如团体的目标、团体的结构、团体的规模、团体的规范、信息沟通和团体意见冲突理论等。

（3）组织行为理论。主要包括领导理论和组织变革、组织发展理论。领导理论又包括三大类，即领导性格理论、领导行为理论和领导权变理论等。

2）行为科学在管理会计研究中的运用

管理会计兼有管理和会计的属性，其发展也逐步由侧重数量决策方法转向关注决策制定和执行过程中的行为因素。1981 年，美国管理会计师协会（IMA）为管理会计下的定义为：管理会计是一个对财务信息进行确认、计量、汇总、分析、编制、解释和传递的过程，这些加工过的信息在管理中被用于内部的计划、评价和控制，并保证合理地、负责地利用企业的各种资源。而 1997 年，美国管理会计师协会为管理会计下的新定义为：管理会计是提供价值增值，为企业规划、设计、计量和管理财务与非财务信息系统的持续改进过程，通过此过程指导管理行动、激励行为，支持和创造达到组织战略、战术和经营目标所必需的文化价值。从管理会计师协会的定义的发展就不难看出：管理会计已经从管理决策的信息系统发展为管理行为优化系统，定义的发展也反映了管理会计实务的变革方向。1981 年定义采用的是职能—结果的思维模式，1987 年定义采用的是职能—行为的思维模式。之所以由结果导向转变为行为导向，是因为人们通过管理会计的实践认识到理性经济人假设与现实格格不入，受行为科学在管理中应用的启示，人们越来越认识到行为的丰富性，以及行为在决策—行为—绩效链中的重要作用。定义的另一发展就是将管理会计从战术决策层面发展到战略决策层面。

行为基础的会计研究经过一段时期的发展，逐步成为一门学科——行为会计学。行为会计研究已成为会计理论研究的三大流派（古典会计学派、规范会计学派、经验会计学派）之一的经验会计学派的一个分支，并成为西方会计中的最新学科和最有希望的研究领域（彭韶兵，1993）。行为会计研究的重要领域就是管理会计，20 世纪 50 年代，美国学者首先将行为科学的思想引入管理会计研究，开辟了会计研究的一个全新领域。经过半个世纪的拓展、深化，行为管理会计研究已成为目前会计学中最新的，也是最有前途的研究领域。安丰福（2004）认为，国内管理会计的研究无主线可循，主要是追踪西方管理会计的走向，并提出行为科学应是管理会计研究和发展的主线。

行为科学在管理会计中的应用领域包括决策行为观、预算的行为观、成本控制的行为观等（刘运国、梁德荣、黄婷辉，2003）。这三个观念均与预算管理密切相关，预算目标决策的传统观和行为观就存在很大的区别：第一，传统观念的预算目标应该是最优化的，如利润预算的最大化和费用预算的最小化，而行为观的预算目标决策则以西蒙的决策理论为依据，强调预算目标的满意原则。第二，传统预算目标确立的唯一依据是组织价值的最大化，而行为观的预算目标必须考虑融合个体目标和部门目标，通过目标之间的相互平衡，形成各方均能接受的满意目标。成本控制的方法一般使用的是标准成本或预算成本，或者说预算管理是成本控制的一个重要组成部分，传统的预算成本（标准成本）是管理者根据一定的标杆来制定的，行为观的预算成本（标准成本）则在一定程度信任的基础上运用参与的方法，让员工参与目标成本的制定，并负责成本的持续优化，充分发挥员工在成本控制方面的主观能动性。

7.1.2 预算管理行为研究的现状

行为科学的会计研究方法的重点领域是管理会计，管理会计的重点研究领域则是预算管理，行为会计的发展可分为三个阶段：第一，行为会计的萌芽时期，这一时期主要研究预算对人们的影响，是行为会计的觉醒时期（20 世纪 60 年代，表现在研究人数增多、研究课题丰富，但尚未形成完整的理论体系）。第二，行为会计的发展时期（20 世纪 70 年代，表现在行为会计学术刊物增多，研究成果层出不穷，行为会计教育得到长足发展）。第三，行为会计的成熟时期。1981 年国会计学会“会计、行为与组织兴趣小组”的成立，和 1989 年美国《行为会计研究》年刊的创刊，标志着行为会计的研究逐步成熟（王开田，1993）。时至今日，预算管理的行为研究依然是管理会计的研究重点。因此，可以推论将行为科学运用于预算管理领域的研究是主流趋势，行为视角研究将会使预算管理研究呈现出更为深入、更为贴近现实的状况。

1）我国预算管理行为研究现状

（1）预算管理传统观与行为观的比较

刘运国等（2003）比较了传统观预算与行为观预算的不同之

处，认为传统观预算以古典管理理论为指导，以 U 型组织为依托，而行为观预算则以行为科学为指导，以 M 型组织为依托。传统观预算和行为观预算的不同点见表 7—1。

表 7—1 **传统观预算与行为观预算的比较**

	传统观预算	行为观预算
预算编制与预算责任划分	利润最大化	目标多样化，满意准则
	“强加性”分预算指标	“参与性”预算
	从严的“硬性”指标体系	“人性化”预算指标
预算执行的计量、评价与控制	自上而下执行	分工协作，力求“目标一致性”
	经济奖惩	自行控制

（2）预算控制和个人行为的协调

预算作为一种管理制度，不仅是简单的管理方法，而且是更深层次的行为管理工具，其最直观的行为因素是正面的激励和负面的压力。目前预算行为的研究仅限于个体行为层面，主要是研究个体的动机、需求、目标与作为组织管理工具的预算目标的对照，并由两者之间的契合程度所产生的激励或压力。卢侠巍（2002）研究了预算控制过程中组织与个人行为关系，提出了人的行为激励过程模式与预算管理的关系，认为有效预算必须体现人与组织的互惠、预算目标内在化。

林宗纯（2005）认为预算的编制与控制要依靠人来实施，通过对人的行为激励模式与预算管理、个人工作绩效内在关系的剖析，将公司目标吸收、融化到个人行为中，促进预算管理过程中预算目标的内在化程度。同时，预算管理作为一种行为规范，应当使其成为企业日常经营管理活动的准绳，保持预算的严格约束力，提高经济管理效率。而西方的预算管理的行为研究则集中在预算编制的参与行为和预算差异产生的压力上，两者之间是存在关联的，参与可以缓解预算差异及由其产生的压力。

我国行为观的预算管理研究，无论是数量还是质量均与西方国家存在较大的差异。为数甚少的研究只涉及一些概念和观念的提出，而且这些观念本身并无新意，对预算管理的也无甚指导意义，研究尚未形成系统和规模。具体表现为：一是从规范研究角度看，未能根据系统的行为科学理论研究预算管理，我国零星的研究是从个体层面结合激励理论研究预算，而将团体行为理论、组织行为理论运用于预算管理的研究尚处于空白状态；二是从实证的角度看，作为行为研究主要方法的实验研究、问卷调查研究和案例研究在我国为数极少。当然，这两者是有联系的，没有理论假说作为基础，自然就不会出现实证检验的研究。因此，在我国现阶段加强预算行为的理论构建尤为必要，应当形成一些理论假说，为进一步的实证研究提供基础。

2）西方预算管理行为研究理论基础

预算行为研究一直是西方管理会计学术研究的重点，借助实验研究和问卷调查研究的方法，运用行为学、社会心理学等理论，设置多种变量，在权变框架下进行研究，研究成果颇丰。研究的主要内容包括：（1）参与预算行为的绩效；（2）预算松弛研究；（3）预算压力及其功能后果。前两项的研究占据管理会计研究的主导领域，研究成果丰富。有关这方面的实证研究结论，我们已在第二章的相关文献回顾中作了较为详细的综述。在这里我们主要梳理国外预算行为实证研究中常用的理论基础。西方因素行为研究的理论基础非常丰富，按学科可以分为心理学理论、组织理论、社会学理论、经济学理论。

（1）基于心理学的研究

研究者认识到个性心理特征对参与预算和组织绩效之间的关系、参与预算和预算松弛之间的关系有很大的影响。所谓个性心理特征是指，一个人在心理过程的发展和进程中，经常表现出来的那些比较稳定的心理倾向和心理特点。

①控制点（locus of control）。控制点是指个体相信事件结果是源于他们的（内在的）或他人的（外在的）控制程度。控制点的概念最早是由罗特（Julian B. Rotter）于1954年率先提出的，它源自于社会学习理论（social learning theory）。在这个理论中，他认为行为是期望（expectancies）、强化（reinforcements）、价值（value）的函数，内、外控制点受个人期望影响，即对某行为将会导致某特别的强化之期望，每个人对行为导致强化的期望不同：有人将事件的原因和控制归于自己的力量，有人则将事件的原因和控制归于外部的力量。罗特（1966）所下的定义为："内外控意味着一个人关于是他们或是环境控制事情的信念"。将事件的原因和控制归于自己的力量的人，被称为内控者（internal locus of control 或 internals）；而认为事件的原因和控制是归于外部的环境的人，被称为外控者（external locus of control 或 externals）。

根据加拿大心理学家莱夫库特（Herbert M. Lefcourt，1966）的观点，内控者相信无论是正向或是负向的增强现象或事件，都是他自己行为的结果。而相反的，外控者相信行为后果的增强或发生在他身上的事件，是由运气、机会、命运所造成的，个人不能预测也无能为力。莱夫库特（1972）的研究发现，属于内控倾向的个人比较关心成就感，而且在遭遇挫折时倾向于采取积极、具有建设性的方式来应变突如其来的事件，对挫折的焦虑感也较少；相对的，属于外控倾向的个人，则比较容易感到焦虑，并且在面对挫折时较倾向于非建设性的行为，多关心失败后的恐惧而少关心成功后的成就。影响个人控制点的因素很多，他综合各家研究结果，将其影响因素分为家庭因素及社会因素。所谓家庭因素包括父母态度与期望、父母行为及性别差异；社会因素包括社会地位、种族、文化差异等。[①]

参与式预算的效果与参与个体的控制点有直接的关系，内控型的人倾向于自我控制和自我激励，让其参与预算管理的目标设定则有利于预算的完成，而外控型的人则倾向于外部归因，习惯于外部为其提供目标，并受该目标控制，参与预算对其无激励作用，因此，参与式预算对于外控型的人而言，不能提高管理的绩效。

②组织承诺（organizational commitment）。组织承诺研究始于美国社会学家 Becker（1960），他把组织承诺看做是员工随着对组织投入的增加而不得不继续留在该组织的一种心理现象。它反映了雇员和组织之间的一种心理契约（乐国安，2006）。不同的研究者往往从不同的角度来理解承诺，但基本上都把组织承诺定义为员工对组织的归属、认同、忠诚和投入的程度。高组织承诺意味着一名员工：愿意继续作为组织的一员；认可组织的价值观和目标；愿意付出高水平的努力用于工作。

个体的组织承诺感和参与预算是相互作用的，对于具有较强组织承诺的个体，预算参与对绩效有正向作用，但预算参与和预算松弛是反向的，即高参与产生低松弛。相反，对于具有较弱组织承诺的个体而言，预算参与和预算松弛是正向关系，即高参与导致高松弛。

③风险行为（risk-taking）。早期的风险行为研究是从风险偏好（risk preference）入手的，所谓风险偏好，是指决策者的一种相对稳定的个性特征，并根据对风险的态度将决策者分为风险偏好型、风险中性和风险回避型，不同风险偏好决定不同的风险行为。这类研究属于特质论，研究的方法一般采用个性测验模式。后来的风险理论研究发现人们的风险行为并不是简单地由个体风险特质所决定的，而是受到各种情景因素的影响，是不稳定的。现在的研究基本

① 心理学名人辞典，http：//www. whpsy. com/person/l/Lefcourt. H. M. htm。

上认为风险是任务、问题情景（如决策框架）和信息加工策略的函数。Schoemaker（1993）认为，如果把风险偏好作为一种稳定的个体差异结构，是不可能通过人们的选择而测量得到的，因为行为要受到许多情景因素的影响。这是一种“情景依赖型风险行为”的观点。

现在参与预算研究中，采用的还是特质型的风险理论，其原因在于特质型的风险可以通过问卷获取数据，而“情景依赖性的风险行为”则较难以把握，也难以获取相关的数据。风险厌恶型的员工较之风险偏好型的员工，会更多地建立预算松弛，以降低达不到预算水平的风险。参与预算的实证研究表明，预算松弛可部分归因于他们的风险偏好，风险厌恶型的下属比非风险厌恶型的下属倾向于建立更多的预算松弛。通过加入报酬计划变量研究发现，在松弛导向的报酬计划条件下，风险中性的和风险厌恶型的员工创造了相似的松弛水平，但在真实导向的报酬计划下，风险中性的员工显著降低了松弛水平，而风险厌恶型的员工没有改变。

④伦理道德（ethic）。对预算松弛影响因素的研究正逐步扩展到伦理道德、价值观等精神层面，对好声誉的追求会导致较低的预算松弛。进一步研究了声誉、伦理对预算松弛的影响后发现，声誉和伦理对自利行为的控制是有作用的，在松弛导向型报酬计划条件下，对声誉、伦理的关注程度和预算松弛是反向关系。当有关生产能力信息的不对称程度提高并因此降低上级对预算松弛的监控能力时，下属降低了对声誉的关注程度；但是，对伦理的关注程度并未因信息不对称程度提高而降低。这说明声誉是一种社会调控机制，而伦理则是发自内心的对机会主义和自利行为的控制。

（2）基于组织理论的研究

①集权与分权。集权和分权是企业经营管理权限的分配方式。集权是将企业的经营管理权限较多集中在企业上层的一种组织形式，其特点是：第一，经营决策权大多数集中在高层领导手中；第

二，对下级的控制较多；第三，统一经营；第四，统一核算。集权的优点在于有利于集中领导、协调各部门的活动，有利于管理工作的专业化、提高管理活动的效率。

分权是将企业的经营管理权适当地分散在企业中下层中的一种组织形式。特点是：第一，中下层有较多的决策权；第二，上级的控制较少；第三，在统一规划下可以自主经营；第四，实行独立核算。分权的优点是能够充分调动下属员工的积极性和创造性；强化组织对环境的适应能力，增强组织柔性。

参与预算管理是组织分权的一种具体举措，是企业民主管理的一种形式。因此，参与预算管理是与分权组织相适应的，只有在分权组织结构的基础上，参与预算才有意义；在集权的组织结构中，员工认识到参与仅仅是形式，因此参与预算不能起到应有的激励作用。实证研究结果表明，在高度分权的条件下，参与预算与绩效正相关，而在低度分权情形下，参与预算与绩效负相关。

②组织文化。对文化变量进行测量的理论基础是 Hofstde 的文化差异理论。1980 年，美国管理学会管理心理学家 G·Hofstde 根据他在 40 个国家长达 7 年的调查问卷研究，出版了《文化的结局——工作的国际差异》一书，其中提出了对组织管理产生影响的民族文化差异的四个维度：权力距离、不确定性避免、个人主义—集体主义、男性度—女性度。在参与预算中使用的主要是权力距离（power distance），这是指社会承认的权力在组织结构中不平等分配的范围。权力距离也可以理解为员工与管理者之间的社会距离。

权力距离的大小对管理方式有重要的影响。Hofstde 研究发现，在权力距离大的国家，如法国和比利时，员工通常没有参与预算的要求；在权力距离小的国家，如德国和丹麦，组织管理中注重员工的参与。在参与预算中的研究结论与此类似，在经理人员觉察到权力距离较低时，高参与会降低角色的模糊性，并能改善上下级之间的关系。而在权力距离较高的等级文化前提下，参与预算只是形式，不会产生实质性的后果。

③绩效评价。绩效评价的起始模式是财务模式，预算指标作为重要的财务目标指标，是组织绩效评价体系中重要指标。但是，自从卡普兰和诺顿创立的平衡计分卡模式问世以来，绩效评价的重心逐渐从财务模式向平衡模式发展。其后，又出现了诸多超越平衡计分卡的绩效评价模式，如基于利益相关者的绩效棱柱、基于流程的六西格玛计分卡和基于活动的盈利能力分析模式（李志斌，2007）。绩效评价模式已经趋于多元化，预算在不同组织绩效评价中的地位是不相同的。因此，在参与预算研究中出现了“预算重要性（budget emphasis）”的因素。

预算重要性是指预算指标在组织绩效评价系统中的地位。预算重要性越高，预算指标的完成情况与个人报酬的联系越紧密。人们有积极性参与到预算管理中，设置对自己有利的预算指标，就可能导致预算松弛的产生。实证研究的结论也证明了这一结论：当预算重要性很高时，提高预算参与程度对绩效有相对较强烈的正向影响。进一步考虑预算重要性对预算松弛的影响：当信息不对称程度较低时，无论预算重要性程度如何，参与程度越高，创造松弛的倾向越低；反之，参与程度越低，创造松弛的倾向越高。当信息不对称程度较高时，在高预算重要性条件下，参与程度与松弛倾向成反向关系，在低预算重要性条件下，参与程度和松弛倾向成正向关系。其原因在于下属参与预算时，可以争取对自己有利的预算目标，在高预算重要性条件下，即实现预算目标非常重要时，下属创造预算松弛的倾向较低，因为他们害怕失去参与预算的特权。

（3）基于环境层面的研究

对组织而言，环境所包括的内容是宽泛的，可定义为存在于组织边界之外的并对组织具有潜在的或部分影响的所有因素。组织研究中将各种环境因素抽象为“不确定性”作为研究的变量，不确定性由两个维度的变量组合决定，即稳定—非稳定和简单—复杂。简单和稳定组合的是低不确定性；复杂和稳定组合的是中低不确定性；简单和不稳定组合的是中高不确定性；复杂和不稳定组合的是高度不确定性。

环境的不确定性对组织行为、组织结构和组织文化均有广泛的影响，环境的不确定性越高，分权的要求也越高，参与管理的需求越高。实证研究证明，外部市场竞争越激烈，预算参与程度与业绩、工作满意度就越正向相关。环境的不确定程度越大，参与预算就越有必要，参与的绩效也越好。在高不确定环境条件下，参与预算对减少预算松弛具有较大的作用，而当环境不确定性较低时，参与预算对减少预算松弛的作用相对较小。

对西方预算管理行为管理的批评主要有以下几点：一是西方预算管理行为的研究成果很丰富，根据理论基础选取的研究变量也很多，但是变量的选取具有一定的随机性，未能形成一个理论分析框架，因此，国外的预算管理研究也存在为研究而研究的现象；二是预算行为的研究侧重于预算编制的参与过程，行为因素对预算执行影响的研究则较为缺乏；三是预算行为的研究还是局限在传统组织结构的框架下的，新型组织理论、管理理论、行为理论对传统预算管理的冲击尚未引起研究者的研究兴趣，行为研究的对象集中于员工个体和组织层面，对于组织中重要的单元——团队行为研究则是空白。

7.1.3　预算管理中的基本行为因素

纵观预算管理的行为方面，可以归纳为两个基本因素：激励和压力。激励源于预算作为业绩评价的指标，并与报酬计划相联系。同时，参与预算也是一种行为激励方式。预算中的激励程度及激励的有效性是影响预算编制和执行的重要因素；另一个行为因素是压力。压力来源于预算作为控制的一种手段，预算压力也是引申出其他预算行为的根源，如预算松弛、预算博弈等。

7.2 新型组织预算管理行为的研究框架

我们已经对西方预算行为的研究作了较为系统的综述和梳理，内容以参与预算和预算松弛为主，研究方法是实证研究，数据获得方式是问卷调查和实验，研究结论有的是一致的，有的是存在差异的，也有截然相反的。为解决这一问题，研究者从各种理论出发，人为地设置变量进行研究解释，出现“仁者见仁，智者见智”的状况，研究结论不一而足。中国的预算管理研究，乃至管理会计研究一旦能够获得数据，势必要走模仿西方的研究之路。结合中国特有的文化背景和制度特征提出假设，对西方的模型进行修正，再用中国的数据验证，我们认为这种研究方法无论是对理论，还是对实务均无大的贡献。中国的管理会计研究如何走出不同于西方的研究模式？我们认为，一是搭建理论框架，先从理论上把现象解释透，再做实证的检验；二是脚踏实地地做一些案例研究，管理会计（包括预算管理）是实用性很强的学科，目前的理论的供给和需求是严重不均衡的，应当通过案例分析将实务提升到理论层面加以普及。唯有这样，中国的管理会计才能走出一条不同于西方研究的创新之路。

对于预算行为的研究框架，我们可以借鉴产业经济学中的结构—行为—绩效模型，建立预算管理行为的研究框架，新型组织的科层制结构的本质区别决定了其行为的区别，不同的行为模式又会产生不同的绩效。对于该框架的解释如图 7—1 所示：

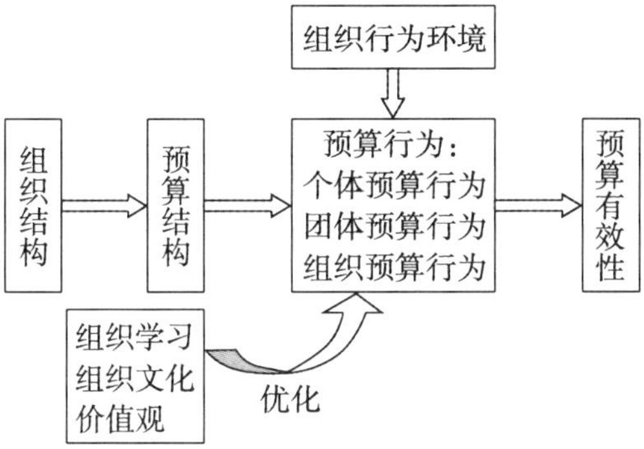

图 7—1 预算管理行为研究框架

7.2.1 预算行为的决定因素

1）预算结构与预算行为

组织结构决定预算结构，新型组织是以团队为基础的组织，团队是组织的核心单元，这就决定了新型组织构建的是横向预算体系。新型组织的预算结构对预算行为的作用主要表现在以下两个方面：第一，预算结构决定预算权力的配置，不同的权力结构模式会形成不同的管理方式和管理行为。如传统的预算管理模式就与分权组织的管理要求不相适应，才产生了超越预算的管理模式。权力与责任相对应，不同的权力结构对应不同的责任关系（如单向责任和双向责任），责任关系对行为也有决定性的影响。第二，预算结构决定预算行为的层次。传统的纵向预算结构体系决定了预算行为的层次主要是管理者和员工，员工是预算的被动接受者，受预算控制；而新型组织的横向结构，将预算行为分为组织层面的预算行为、团队预算行为和个体预算行为，其中，团队预算行为是核心。

2）组织行为环境与预算行为

斯坦福大学的教授班杜拉（A. Bandura）分析了环境、人和行为三者的交互决定论。他认为，人的社会行为是人的内部因素（认知）与环境相互作用的信息加工活动的结果；人的认知不仅会影响行为，而且行为的反馈又会使人产生对结果的认知并提高调节能力；人的行为不仅改变着环境，环境也制约着人的行为。但人又不是完全被动的反应者，因为他通过与社会的相互作用形成了以认知为中介的自我调节系统。它们是交互决定的。企业的内外部环境、人和预算行为也应该是交互作用的，我们这里所说的环境是指直接作用于预算行为的组织行为环境，组织行为环境构成了组织的氛围。预算管理行为本身是组织行为系统的一个子系统，组织行为模式决定了整个组织的行为特征，当然也包括预算行为。

7.2.2 预算行为的优化

预算需要持续改进，预算行为需要优化，如何持续不断地优化预算行为？本书主要从两个方面研究预算行为的优化：第一，组织学习对预算行为的优化。学习的层次已经由个体学习向团队学习、组织学习发展。组织学习是预算改进的重要工具，它可分为单环学习和双环学习，单环学习是在原行为范式中改进，而双环学习则是对整个行为范式的思考，可能导致整个行为范式的变迁。第二，组织文化、组织价值观对预算行为的优化作用。组织文化是组织在长期的管理和经营活动中形成的共同持有的理想、信念、价值观、行为准则和道德规范的总合，由此可见，组织文化对行为具有无形的约束和优化作用。

7.2.3 预算行为管理的目标

预算行为管理的目标是预算的有效性，包括两层含义：一是预算管理系统本体的有效性，这主要是指预算能够实现其自身的功能，避免和化解预算管理过程中的冲突，提高预算管理自身的效率；二是预算管理系统对整个管理系统的有效性，预算管理系统能够对整个管理系统和组织绩效产生提升作用。

7.3 新型组织个体预算行为

7.3.1 新型组织的人性定位

美国管理学家道格拉斯·麦格雷戈认为，在每一个管理决策或每一项管理措施的背后，都必然有某些关于人性本质及人性行为的假设。也就是说，有关人性和人的行为的假设，在决定管理人员的工作方式、管理措施等方面都是极为重要的。人性研究是很多学科研究的对象或研究的假设前提，人性本身不是一成不变的，是随时代发展逐步演变的，人们对人性的认识也是逐步发展的。由于人性假设在学科中的基础性地位，每一次人性假设的演进都会给学科带来质的飞跃。经济学界和管理学界的人性假设如下所示：

1）经济学世界的人性假设

“理性经济人”（rational-economic man），也称“唯利人”或“实利人”，这种假设起源于享乐主义哲学和亚当·斯密的关于劳动交换的理论，它认为人的行为动机在于经济诱因，即都是为了追求自身的最大的经济利益。

“理性经济人”的人性假设是最早，也是流传最广的人性假设，但是由于它是对经济现实的高度抽象，导致其不能解释一些经济现象，各种争论由此而产生。首先是利己与利他的争论，批评者认为，经济人假设实际是在讨论人性的最低级本能，却把人的最高尚利益看做纯属干扰其理论体系的东西，对人性中“利他”的道德性一面视而不见，因此，斯密的理论体系是“没有感情的利己主义的理论体系”。其次是理性与非理性之争，经济人的“理性”特征与现实生活中的“非理性”并存，一些经济学家以心理学的实验为依据，对经济人的理性提出质疑，形成行为经济学和实验经济学体系，并逐步融入主流经济学，经济学实现了从“理性”假设向重视人的“非理性”心理和行为的回归，即经济学研究的对象可以是人的理性行为，也可以是人的“非理性”行为。

2）管理学世界的人性假设

（1）“经济人”假设与X理论

管理学研究中的人性假设最初引用了类似于“经济人”的假设，认为“员工”是受雇人，好逸恶劳，只受经济利益驱使，毫无责任心，因此，需要严加监管和惩罚，麦戈雷格将其归纳为“X”理论。

（2）“社会人”假设

在人际关系的研究及其后继的行为科学研究中，人们逐步重视人的“社会属性”，提出“社会人”的人性假设。

（3）“管理人”假设

西蒙提出以有限理性的“管理人”替代完全理性的“经济人”，强调人的有限理性和决策的满意原则。

（4）“自我实现人”假设

雪恩在总结了马斯洛、阿吉里斯、麦戈雷格等人的理论后，提出了“自我实现人”的假设，这种假设与麦戈雷格的Y理论相一致。该假设认为：人在基本需求满足后，有自我实现的需要，即力求最大限度地利用自己的才能与资源；人通过在工作中行使一定的自主权，用长远的眼光看问题，培养能力，增强对环境的适应性，使自己成熟起来；人以自我激励和自我控制为主，外部施加的刺激物和控制可能是一种威胁，并把人降低到一个较不成熟的状态。自我实现使得组织绩效更丰富。

（5）“复杂人”假设

雪恩进一步提出“复杂人”的假设，认为上述各种人性假设皆有其合理性一面，人是因时、因地、因各种情况采取适当反应关注高层次需要和个人发展的复杂人。它既有“经济人”的财富欲、

“社会人”的权利欲，又有“自我实现人”的发展欲望。这种不拘泥于一处的假设，引申出了权变管理理论。

以上五种人性假设是较为传统的，其相互关系如图7—2所示（苏东，1999），不同的人性假设是建立在不同需求层次基础上的，同时，不同的人性假设对应不同的管理理论。

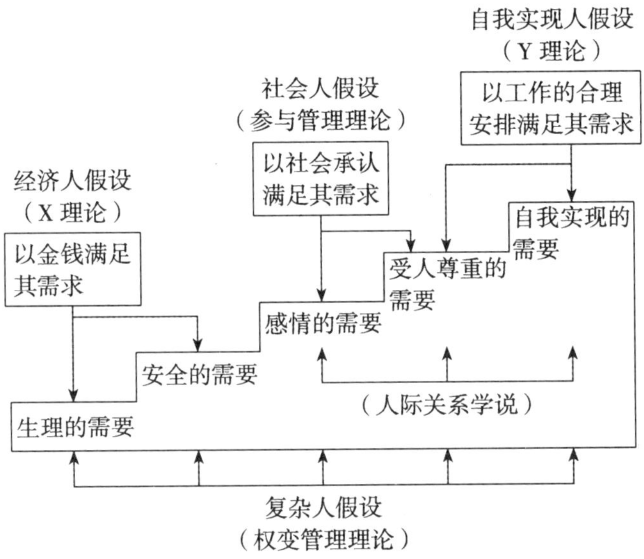

图7—2　管理人性假设相互关系

（6）人本主义的“全面发展人”假设

该假设认为人是有价值的重要资源，是有感情、有文化、有自觉意识的主体，同时人又是世间的最终价值，人充当手段是由这一终极价值派生出来的。人有追求个体欲求的本性，人只有在创造中才能超越本能、超越自我，走向真正的完善；人又先验性地具有联合在一起的社会性，人既不能在创造性活动中脱离群体，又不能失去自我的独立性。因而人本管理强调在实现组织目标的同时实现个人的全面发展。

（7）"文化人"假设

20 世纪 80 年代，美国加州大学的日裔美籍学者威廉·大内在他的《Z 理论——美国怎样迎接日本的挑战》一书中，提出了 Z 理论的文化价值观：①信任、亲密的人际关系；②职工属于企业整体的信念（即团队精神）；③人道化的工作条件；④职工心情舒畅愉快会使工作更有绩效。其理论的内核在于文化价值观决定人的行为，因此，人被视为"文化人"的范畴。

（8）"知识人"假设

知识型员工具有以下特点：在素质方面，他们拥有知识资本，具有学习能力，拥有创新能力；在心理方面，他们具有高层次的心理需要和价值追求，蔑视权威，拥有强烈的社会责任感；在劳动方面，他们从事的是复杂性脑力劳动、创新性自主劳动、协作性团队劳动，其劳动过程难以监控，劳动成果难以衡量；在职业方面，他们供不应求，而且流动率很高。知识型员工的这些特点对传统管理理论提出了许多挑战。

3）新型组织的人性定位

通过对人性假设的发展历史的梳理，可以发现其发展规律：第一，人性认识的逐步丰富，每种假设并非非此即彼的关系，而是凸显了人性的某一方面，表现了人的自然属性（如利己）、社会属性（如利他）和精神属性（如文化）等，这就决定了管理的科学和艺术的双重属性。第二，人从应该"被控制"发展为应该"被信任"，X、Y、Z 理论就显示了这一发展过程。第三，人性假设的演绎过程实际上是人性解放的过程，人从受雇的"经济人"发展为"社会人"，再到"全面发展人"，"人"从实现组织目标的资源发展成为管理的终极目标。第四，人性认识的推进是由"抽象"到"具体"的过程，在这一过程中，越发贴近现实中的"人"，相应地增加了管理理论对管理实践的概括的难度，管理理论和方法的复杂性增强。

伴随着人性假设的演绎是管理思想和管理方法的变革，是管理理论创新的起点。根据新型组织的特征，我们认为新型组织的基本人性假设是“复杂的团队人”。所谓“复杂的团队人”包含以下两层含义：一是“复杂”，即认同人性的复杂性中的利己与利他、理性与非理性并存，承认“人”的社会属性和精神属性。二是所谓“团队人”，新型组织的基本结构是团队，客观上员工是从属于团队的，团队结构是“自组织范式”，而非传统的“他组织”范式。“自组织”以“人”为焦点，注重人的自我实现，包含了自主性、授权、知识型员工、自我管理和自我控制等个性特征。同时团队成员之间的基本要求是互相信任和合作，即人际关系上更多地表现为信任与合作，而不是命令与控制。

7.3.2　新型组织人性假设、激励机制与预算行为模式

1）现有人性假设与预算管理的局限性

由于“理性经济人”是理性的，所以无需对其行为进行过程控制，激励内容也非常简单，满足其第一层次的经济需求即可。科层制是建立在“理性经济人”假设基础上的，其预算模式属于“强加”型模式，其结果是“功能紊乱”的行为，成为批评预算，乃至抛弃预算管理的“导火线”。因此，简单的人性假设的后果是只注意预算管理的方法属性，而对预算的行为因素视而不见，不仅降低了预算作为管理方法的有效性，而且使预算管理有被葬送的可能。

“社会人”人性假设下对应的是参与制预算结构模式，参与本身就是管理哲学的转变，是对员工自尊需求的满足，是一种激励方式。同时在参与过程中，组织成员有机会将自己的态度、价值观、信息与组织成员分享，也将自己的利益诉求融入到预算目标的博弈中，但是，虽然参与博弈，但博弈双方的力量并不对等，组织最终拥有预算的最后决定权，参与制预算的行为过程可以视为“民主

集中制”精神的体现。而且，实证研究表明，在组织集权、权力距离较大的组织文化情境下，“参与”会流于形式，是伪参与，我国很多企业的预算编制过程都强调“上下结合”，但仔细研究其预算过程，“上下”过程只是信息沟通的过程，并非权力的重新配置。

参与预算编制过程导致的预算松弛问题，说明了参与预算的内在缺陷。西方的研究者论证了影响预算松弛的多种因素，但对于这种预算行为的优化，并不是从行为科学的角度提出优化措施，而是从委托代理的角度提出真实导向的报酬计划，试图降低预算松弛的水平。

真实导向的报酬计划实际上就是一种控制机制，其作用在于保证下属部门或员工编制的预算与真实最接近，该报酬计划由两个部分组成：一是对超额完成预算指标的奖励；二是对低报预算的惩罚。我们姑且不论该机制的可行性，仅从该机制的设计的经济激励原理就不难看出“经济人”假设的痕迹。冯巧根（2002）举了一个真实报酬计划的计算案例，给出了报酬最佳的预算完成数方案。我们进一步分析会发现真实报酬计划的自相矛盾之处：一方面认为经济人的理性使其能够准确地做出财务预算数，如果虚报则会被惩罚，全然不顾环境变化对执行的影响；另一方面又假设“经济人”不会操纵预算的执行情况，实现自身利益的最大化。实际上，如果是“经济人”，完全可以通过操纵预算的完成情况来实现报酬的最大化，因此，建立在“经济人”假设基础上的真实导向报酬计划对预算松弛的抑制作用有限。

从上述分析中可以得出的简单结论是：基于简单人性假设、依赖经济手段的预算管理是存在内在缺陷的，不可能真正优化预算管理；任何忽视行为因素的管理方法（包括预算管理）是不可能取得良好效果的。因此，从行为视角研究预算管理是一种本质研究，行为改造是预算管理优化的根本途径。

2）新型组织人性假设与组织激励

人性假设是管理的哲学基础，是管理理论研究和管理方法应用的逻辑起点。人性决定人的需求，需求又决定动机，而动机是行为发生的根源之一。如果从组织的角度则需要“逆向”思考，组织首先确定期望的行为模式，为促进该行为模式的发生应该运用何种激励或约束方式满足员工的需要和激发员工的动机。预算是行为激励和约束的重要机制，因此，预算行为的形成和优化必须与必要的激励相一致。

传统的激励理论可以归纳为三类：一是内容激励理论，主要包括马斯洛的需求层次理论、奥尔德佛的ERG理论、赫兹伯格的双因素理论等；二是过程激励型理论（process theories），研究的是人从动机产生到采取行动的心理过程，主要包括弗鲁姆（V. H. Vroom）的期望理论（expectancy theory）、洛克（E. A. Locke）的目标设置理论（goal setting theory）、亚当斯（J. S. Adams）的公平理论（equity theory）等；三是强化理论（reinforcement theory），研究的重点在于行为结果对人行为的反作用，认为行为是后果的函数，其代表人物是新行为主义心理学家斯金纳。这三种理论人为地从不同侧面提炼了组织激励的途径，企业实际上会将这三种理论相结合，应用于实践中，如一般企业均会运用到目标设置理论、需求层次理论、强化理论等。

随着知识员工阶层的出现，“知识人”的行为特征越发明显：个人行为动机不再是纯粹单一的心理需要，包括利他动机在内、对不同目标和奖赏有反应的扩充的自我概念，将取代仅仅受自利动机驱使的狭隘的自我概念；人们行为的价值标准也将由狭义的经济利益最大化向经济利益、社会利益以及生态利益的综合价值合理化转变；人们的行为目的不仅仅要考虑当前的实际需要，而且要充分考虑未来经济和社会的可持续发展要求；人们在高度关注“人力资本”在经济和社会发展中的重要作用时，也要积极运用“创新知识”及“创新技能”，大力加强对“自然物”与“人造物”的改良和改进，以便使其能更有效地发挥服务功能；最后，人类在寻求自身“全面、自由发展”的同时，还应努力实现人与周边环境的和谐发展。这些都可视为“知识人”假设的主要内容（张军、朱方明、陈健生，2004）。

知识员工独有的行为特征要求激励模式也作相应的变革。在坦姆仆的研究中，“金钱财富”是排在末位的激励因素。除经济利益因素之外，个人成长因素（“个人的成长与发展”、“个人发展”）和工作因素（“业务成长”、“工作自主”、“工作性质”、“有挑战性的工作”、“业务成就”）也是知识型员工十分重要的激励因素（见表7—2）。

表7—2　**知识工作者的激励因素**

激励因素	百分比	偏好选择
个体成长	33.74%	显著增长
工作自主	30.51%	在一定制度下自由工作
业务成就	26.69%	非常高
金钱财富	7.07%	以工资和津贴作为个人努力的回报

3）新型组织激励与预算行为特征

传统预算对员工行为影响是通过激励和控制实现的，而且以控制为主导。传统预算作为标准的控制是“通过控制影响成员的潜在经验、思维和感情来指引成员所需努力的尝试，简言之，在标准控制下员工自觉维护企业的利益”。组织与员工的地位是不平等的，员工从属于组织，服从于组织利益。这种思维显然已经不能适应新型组织的要求了。

（1）新型组织预算行为基本特征之一：自主权

由于信息不对称的始终存在，强制预算和参与预算均未能解决预算目标和员工实际能力之间存在差异的问题，也未能消除预算松弛等预算功能紊乱的现象。新型组织的员工与科层制组织员工的“被动雇用”是不同的。彼得·圣吉在《第五项修炼》中提出创建学习型组织的五项修炼：共同愿景、系统思考、改善心智模式、团队学习、自我超越。他强调在组织中，每个人都应当将个人的愿景与组织的愿景统一起来，由原来的“工具”工作观，变为“目的”工作观，要活出生命的意义。所以，作为一个组织的“就业者”，应当强调自我管理。“知识人”具有较强的工作自主和业务成就需要，偏好挑战性工作，个性特征决定了其具备预算行为自主的动机，而且这样的自主预算是重要的激励途径；同时，作为“知识人”，其自身有足够的业务能力和必要的信息进行自主预算。因此，“知识人”有动机，也有能力实现自主预算。

新型组织预算的自主性包括两个层次：一是团队层次上的预算自主，自我管理团队的预算目标的自主设定；二是团队个体预算目标的自我设定。既然员工目标设定是自主的，员工有权根据环境变化对预算作及时的调整，实时修正预算目标，优化组织的资源配置。因此，与自主性相对应的是目标设定的动态性。当然，预算设定和调整的自主性并不等于没有任何约束，团队的构建是以完成团队任务为宗旨的，所以，团队任务是预算自主性的约束条件。

自主性预算的激励功能可以通过“目标设置理论”来解释。美国马里兰大学管理学兼心理学教授洛克（E. A. Locke）在研究中发现，外来的刺激（如奖励、工作反馈、监督的压力）都是通过目标来影响动机的。目标能引导活动指向与目标有关的行为，使人们根据难度的大小来调整努力的程度，并影响行为的持久性。于是，在一系列科学研究的基础上，他于1967年最先提出“目标设置理论”（goal setting theory）。他在研究中最初认识到的影响目标激励功能的两个因素是目标的明确度和难度，发现人们对于明确的、有挑战性的目标完成得最好；而对于模糊的、有挑战性的目标，例如告诉被试“请尽力做得最好”，被试完成的成绩呈中等水平；模糊的、没有挑战性的目标会导致最低水平的成绩。在目标设置的扩展模式中，对目标和绩效关系影响因素作了进一步拓展，这些因素包括对目标的承诺、反馈、自我效能感、任务策略、满意感等。

预算目标的自主设定能够产生较强的激励功能，实现良好的绩效。其原因在于：第一，团队目标是以任务为导向的，非常明确，“知识人”的人性特点一般倾向于设立具有挑战性的目标；第二，预算目标的自主设定带来的高承诺，目标承诺是指个体认同目标，被目标所吸引，认为目标重要，持之以恒地为达到目标而努力的程度。预算目标的设定包括组织设定、参与设定和自主设定方式，不言而喻，自主设定的目标承诺感最强。另一个与承诺相互作用的因素是自我效能感，自我效能感就是个体在处理某种问题时能做得多好的一种自我判断，它是以对个体全部资源的评估为基础的，包括能力、经验、训练、过去的绩效、关于任务的信息等。当对某个任务的自我效能感强的时候，对这个目标的承诺就会提高。这是因为高的自我效能感有助于个体长期坚持在某一个活动上，尤其是当这种活动需要克服困难、战胜阻碍时。团队及其成员的自主预算是建立在自我评估的基础上的，将组织目标和自我能力的评估相协调，对自主设定目标的自我效能感强，目标承诺也就强，有利于预算目标的实现。

（2）新型组织预算行为基本特征之二：正强化

强化理论是美国现代行为主义心理学派的主要代表人物之一B·F. 斯金纳首先提出的，该理论对于预算行为有较强的解释功能。斯金纳是典型的决定论者，认为人的行为是其所获得的刺激的函数，强化是行为改造的必要条件，引起强化作用的物体或手段被称为强化物，斯金纳根据强化物的性质，把强化分为积极强化（正强化）和消极强化（负强化）。积极强化是指由于某刺激物在个体作出某种反应（行为）后出现从而增强了该行为（反应）发生的概率，该刺激物被称为积极强化物；消极强化是指由于某刺激物在个体作出某种反应（行为）后而予以排除从而增强了该行为发生的概率，该刺激物被称为消极强化物。无论是正强化还是负强化，其后果都是行为发生概率的增加。与正强化和负强化对应的另一组概念是惩罚和惩戒，两者的后果则是行为发生概率的降低。奥伯利·C. 丹尼尔斯（2002）对这四种手段对行为的影响作了归纳（如图7—3所示）。

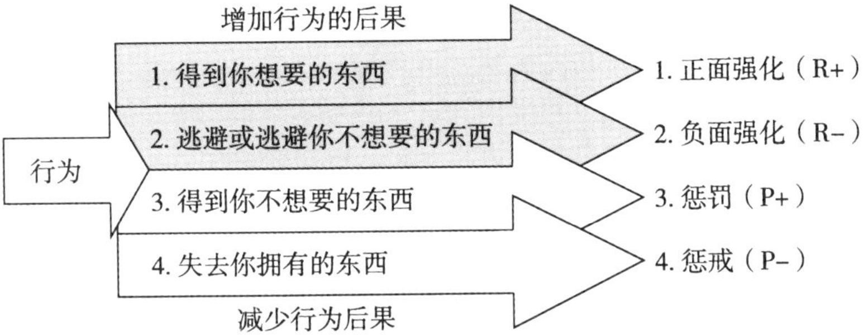

图7—3 四种行为后果及其影响图

传统预算对行为影响的路径是通过负强化和惩戒而实现控制的，但是丹尼尔斯（2002）认为负强化带来的仅仅是“控制的错觉”，采用负强化会出现以下几种失控情况：时间失控、预算失控、表现失控、情感和健康失控。其中，“预算失控”指的是在负强化控制的情况下，由于不存在对节约预算产生激励的正强化因素，尤其是费用预算，节约的后果是下一年度更低的预算额度，形成“鞭打快牛”的现象，表现者自然会产生全部花光的念头；“表现失控”指的是表现者在实现目标后止步不前的状况，表现者通过对自己能力的保留争取下一年度较低的目标，如销售预算中的“存入银行”的说法，即指销售预算一旦达到销售预算额度时，销售人员可能将额外的销售打入下一期销售量。因此，戴明告诫管理人员不要为下属订立“目标和标准”，就是因为“目标和标准”限制了员工的表现。由于负强化是以一定程度的恐吓为前提的，因此工作环境中往往会充满压力，损害员工的健康，导致“情感和健康失控”。一度被我国企业界和学术界称道的“模拟市场核算、成本否决”的邯钢模式采用的就是典型的负强化手段。

“模拟市场核算”的具体做法是：第一，确定目标成本，由过去以“计划价格”为标准的“正算法”改为以市场价格为依据的“倒算法”，即将过去从产品的原材料进价开始，按厂内工序逐步结转的方法，改变为从产品的市场售价减去目标利润开始，按厂内工序反向逐步推算的倒推方法，使目标成本等项指标真实地反映市场的需求变化。其次，以国内先进水平和本单位历史最好水平为依据，对成本构成的各项指标进行比较，找出潜在的效益，以原材料和出厂产品的市场价格为参数，进而对每一个产品都定出科学、先进、合理的目标成本和目标利润等项指标。再次，针对产品的不同情况，确定相应的目标利润，原来亏损但有市场的产品要做到不亏或微利，原来盈利的产品要做到增加盈利。对成本降不下来的产品，坚决停止生产。最后，明确目标成本的各项指标是刚性的，执行起来不迁就、不照顾、不讲客观原因。

“成本否决”的具体做法是：首先，将产品目标成本中的各项指标层层分解到分厂、车间、班组、岗位和个人，使厂内每一个环节都承担降低成本的责任，把市场压力及涨价因素消化于各个环节。全厂 28 个分厂、18 个行政处室分解承包指标 1 022 个，分解到班组、岗位、个人的达 10 万多个。全厂 2.8 万名职工人人身上有指标，生产每吨钢材多到负担上千元，少到几分钱，个个当家理财，真正成为企业的主人。其次，通过层层签订承包协议，联利计酬，把分厂、车间、班组、岗位和个人的责、权、利与企业的经济效益紧密结合起来。再次，将个人的全部奖金与目标成本指标完成情况直接挂钩，凡完不成目标成本的单位或个人，即使其他指标完成得再好，也一律扣发有关单位和个人的当月全部奖金；连续 3 个月完不成目标成本指标的，延缓单位内部工资升级。最后，为确保成本的真实可靠，防止不实成本和出现不合理的挂账及待摊，总厂每月进行一次全厂性的物料平衡，对每个单位的原材料、燃料进行盘点。以每月最后一天的零点为截止时间，次月2日由分厂自己校对，3日分厂之间进行核对，在此基础上总厂召开物料平衡会，由计划、总调、计量、质量、原料、供应、财务等部门抽调人员深入到分厂查账。账实不符的，重新核算内部成本和内部利润；成本超支、完不成目标利润的，否决全部奖金。从行为科学的角度看，高强度的“负强化”虽然在短时间内使得企业成本控制在标准成本之内，但从长远看，均有可能导致上述的“预算失控”、“表现失控”、“情感和健康失控”等现象的出现。

基于“知识人”的基本特征，预算中运用正强化的效果要优于负强化，新型组织的预算应该以正强化为主，负强化为辅。“四一法则”认为，强化与惩罚之间的合适比例是4：1（奥伯利·C. 丹尼尔斯，2002），当然这一比例仅仅是个参考指标，企业应根据实际运转状态进行调整。在预算标准设定和预算执行过程中，充分运用正强化机制，由于新型组织预算角色的转变，预算由刚性考核奖惩角色向柔性资源配置、沟通角色转化，预算的负强化作用也相应地向正强化作用发展，努力挖掘预算中的正强化的角色，将预算演变为激励的“神奇力量”，而不是“控制的错觉”。正强化源于工作本身、团队成员之间的相互强化和管理者的强化（奥伯利·C. 丹尼尔斯，2002），实现挑战性的预算目标是最好的正强化物，团队领导和团队成员都应该为完成预算目标提供帮助和支持，团队预算实现过程中的合作和协调是正强化物之一，成员之间的近距离使得他们处于正强化和即刻强化（PIC）的最佳位置。行为强化理论认为计划强化和实施强化是管理者的重要职能，作为团队的领导或教练，其行为特征会发生变化（见表7—3）。具体到预算管理，管理者的任务是为预算目标的实现提供良好的环境，良好的上下级关系是管理中的重要强化物，在预算管理过程中充分放权，无障碍沟通，以及对员工完成预算目标和取得的进步进行正强化。对于没能完成预算目标的员工，不能简单地处罚完事，应具体分析原因，给予员工必要的行为指导，只有在多次正强化后，仍然未能实现预算目标的才予以惩罚。

表7—3　**团队领导新旧行为比较**

旧行为	新行为
安排工作的时间进度	提供初步指导
分配任务	制订正强化方案
告知员工如何工作	提供表现反馈
监督员工在工作中不偷懒	员工完成任务后进行正强化
找出和惩罚表现差劲的员工	调节小组成员之间的相互强化
对公司的信息保密	在以下方面进行正强化：决策；创造性解决方案；合作；工作积极性

对知识员工的激励，不应仅限于经济激励，还应有精神激励；同样，正强化物不仅包括经济强化物，还应该包括社会强化物。在预算管理过程中，管理层不应简单地以经济奖惩强化预算行为，还应该在预算管理全过程中，重视社会强化（如挑战性预算目标、超额完成预算的公开表扬、鼓励、支持等），合理使用经济和社会正强化，这样才能激发积极的预算行为，完成预算目标。

（3）新型组织预算行为基本特征之三：自我控制

传统预算是基于“经济人”假设开展的，认为人都是X型的，人是非道德的，需要严格监控。企业逐步建立了一套管理控制模式，其目的在于规范和约束组织行为，预算作为管理控制的核心要素，是通过具体的数据反馈的方式对部门和个人行为进行控制的，这对部门和员工而言，属于“他律”的范畴。新型组织所要求的控制模式是自我控制模式，即员工行为由“他律”走向“自律”。

所谓自我控制，是指在意图的方向上产生影响的能力（Rodin，1986；Rothbaum & Weisz，1989），这不仅指服从权威及接受他人施加的行为标准，而且指根据自我选择的信念和目标行事（Savage，1991）等。[①] 于国庆（2004）经过文献综述和概括，将自我控制定义为：以自我为主体，在由生命圈、社会圈和宇宙圈组成的立体三维时空中，以个人身心和行为、外在环境和事件为对象，以实现个人、社会和宇宙内外和谐发展为原则目标的，自我觉醒、自我规划、自我执行、自我评估、自我激励、自我校正的动态变化自组织系统。最早在管理学中提出自我控制概念的是管理学大师彼得·德鲁克，自我控制的依据是目标，管理人员和工人依靠“目标管理”，以所要达到的目标为依据，进行自我指挥、自我控制，而不是由他的上级来指挥和控制。

从心理学的角度看，人性的发展方向是从“外部组织控制”走向“内部自我控制”，控制模式的转变必然要求预算管理的变革，预算的自主管理过程就是一个完整的自我控制过程，包括预算目标的自我规划、预算的自我执行与调整、预算的自我评估、预算过程的自我激励、预算行为的反馈与自我校正等。自我控制是人的一种心理活动过程，预算管理则提供了一种将“自我控制”的思想变成现实的管理工具。

（4）新型组织预算行为基本特征之四：自学习

个体成长需要是知识员工的激励因素之一，个体成长需要通过学习实现。斯坦福大学教授班杜拉（A. Bandura）等人提出了社会学习理论。班杜拉的理论认为人的一切社会行为都是在社会环境影响下，通过观察、模仿他人而学习到的。在预算过程中，员工可以

① 转引自于国庆：《大学生自我控制研究》，华东师范大学博士学位论文，中国期刊网，2004。

通过各种途径学习与预算工作相关的知识，理解预算差异的症结之所在，找出解决的办法，进一步优化自身的预算行为。

综上，我们通过表7—4列出人性假设、组织模式、员工与组织关系定位、预算模式、预算激励和预算行为的特征。

表7—4 **人性假设、组织模式与预算行为**

人性假设	组织模式	员工与组织关系定位	预算模式	预算的激励	预算行为特征
理性经济人	科层制	劳动合理化，雇员首先是被动的工具，主要适合执行任务和接受命令而表现不出创造性	强制预算	内容激励（管制、财务指标）	以个体为单元 关注财务指标 控制人的情感因素 经济激励
社会人	改进的科层制（层级扁平化）	组织成员引入了自己的态度和价值体系，不一定与组织所追寻的目标一致	参与预算	过程激励	关注财务的同时，正视预算的情感因素、经济激励、尊重激励
复杂团队人	新型组织	组织成员的共同任务是进行决策和解决问题	团队预算	自我激励	以团队为单元 自我激励、自我控制、信任

7.3.3 新型组织的预算行为过程的心理机制分析：基于人格特征

人格是心理学中的一个重要概念，奥尔波特（Gordon Allport）认为人格是“个体内部身心系统的动力组织，它决定了个体对环境独特的调节方式”。人格理论经过逐步发展，形成了四个最主要也是影响最大的人格理论：特质论、精神分析人格理论、人本主义人格理论和学习理论。罗宾斯（1997）从管理学角度认为，人格（personality）是个体所有的反应方式和与他人交往方式的总和。它常常被称为一个人所拥有的可测量的人格特质。在管理学的研究中，也常常强调人格特质对行为的作用。

劳伦斯·R. 詹姆斯和米歇尔·D. 马兹勒（2005）将组织中员工的特质分为“成就动机”和“畏惧失败”两种特质。具有成就动机特质的行为特征包括：不断寻求更加具有挑战性的目标与任务的循环模式，并为实现目标而付出深入持久的努力，在面临矛盾和冲突时，表现出积极的态度。特质决定了一致性的行为倾向，或者说一致性的行为意向。“畏惧失败”的员工在承接成就导向的任务时，持续表现出害怕失败和被人认为能力不济的倾向，个体的担忧、焦虑或者是畏惧失败的直接后果是拒绝参与成就导向的任务。“畏惧失败”在工作中的行为表现被称为“抑制性的行为”，即避免接受成就导向的任务从而减轻对失败的焦虑，消极回避冲突和矛盾。成就动机的员工倾向于自我监控和自我激励，其心理过程如图7—4所示。

预算行为研究必须建立在在对员工心理探微的基础上，而不是建立在简单、整齐划一的心理假设上的，否则得出的研究结论无法解释现实，更不用说预测未来。人格特质对预算管理的影响包括：第一，两种截然不同的人格特质所要求的管理模式是有区别的；第二，在同一预算管理模式下，两种不同人格特质的行为反应是不一样的。成就动机特质的员工在预算中表现出来的行为是设定挑战性的预算目标，投入积极的情感和持续努力，并在整个预算过程中保持自我监控，最后以完成高难预算而得到暂时的满足，并投入到下一轮更有挑战性的预算中。图7—4显示了成就动机人格特质的员工在预算中的自我控制和自我激励的心理活动过程，整个过程中没有涉及任务完成后所取得的经济报酬的激励作用，而任务完成后的自豪感构成了重要的精神激励。因此，成就动机特质的员工需要的是以成就需要为起点，以任务完成为终点的激励循环模式。

“畏惧失败”动机特质的个体回避成就导向的任务，并不断强化对失败的恐惧，当不能回避高难任务时，压力和焦虑就产生了，

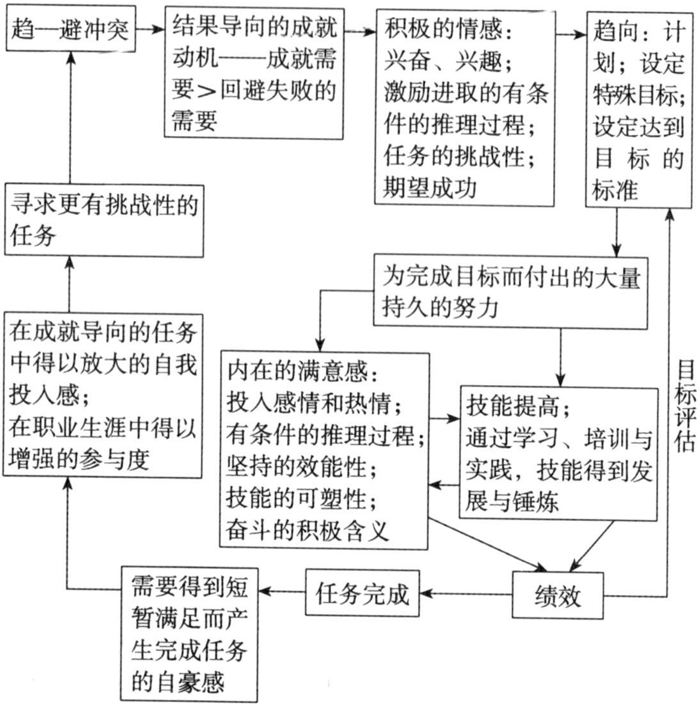

图 7—4　成就动机的发展与自我监控过程

在完成任务中就会出现一些抑制性行为。从预算管理的角度看，不能完成预算目标的事后惩罚强化了畏惧失败员工对预算的恐惧，除会导致一些功能紊乱的行为后果（如预算博弈、信息造假等）外，还会产生一些抑制性行为，如放弃对完成预算的任何努力。预算在“畏惧失败”特质员工面前，不但未能发挥其应有的正面功能，而且成为员工的恐惧感的来源。

奥尔波特（Gordon Allport）的人格理论认为特质决定了或造成了行为。它们的产生并不只是对特定刺激作出反应。它们赋予我们去寻求合适刺激的动机，并且它们与环境交互作用而产生行为。

不同特质的人对相同预算会有不同的反应，原因就在于不同特质的人有不同的心理机制，心理机制决定了其对同一问题的不同解释。特质仅为我们解释或预测员工行为提供了参考，我们不能简单地以特质决定行为，行为的产生还受到行为情景的强烈影响，而且特质本身也会随环境而改变，奥尔波特认为，有两个范畴：个人特质（individual trait）和共同特质（common trait）；个人特质对一个人而言是独特的，代表个人的行为倾向。共同特质是同一文化形态下的群体具有的特质，是一群具有相同职业或相同兴趣、爱好的人所共有的，例如各企业中的经理人的特质。共同特质可能会随着时间而改变，就像是社会标准及价值观的改变一样。个人特质本身会随着情境改变。例如，一个人可能在一个情境中表现出整洁的特质，在其他情境中则是不整洁的特质。

新型组织的预算行为特征决定了其管理模式是建立在成就动机特质基础上的，因此新型组织必须通过员工招聘环节的人格测试、员工培训、价值观、组织文化的影响以及组织学习等方式引导员工的人格特质的转变，使得员工趋于成就需要的人格特质。只有这样，新型组织的预算模式才能取得成功。

7.4 团队预算行为研究

7.4.1 团队预算行为基础

1）信任与控制

弗兰西斯·福山（Francis Fukuyama）认为，一个社会之所以需要官僚体制，原因是社会缺乏“信任”。社会无法信任其任何成员在任何时候都会遵守内化的伦理规范，所以社会必须通过外加的法规惩罚手段迫使其就范。组织内部也是社会，在达到一定规模时，就会“信任”缺乏，需要建立层级制的制度体系，来控制员工行为。单纯依赖控制规范行为，需要付出较高的成本和承担较大的风险，如重复性检查和防护性控制在很多情况下都是无效行为，外在的控制制度和规范需要一定的稳定性，滞后于环境变化。同时，考虑到控制的成本效益原则，控制制度也不可能完善到对所有行为都予以规范的程度。因此，信任治理理论应运而生，该理论认为在一定关系中的每个人都是可信任的，信任可以成为管理与控制的替代物。信任作为一个社会经济交往过程中的决策因子，不论在设计行业、网络社区、商业领域，还是政治舞台，都是个热门话题（Enda，2000）。

信任是团队管理的基础。陈春花、马明峰（2006）认为，信任和控制是此消彼长的线性关系，是可以相互替代的。我们可以用简单的公式来表示组织内部信任和控制的关系，即信任+控制=100。科层制组织中，以“经济人”假设为基础，层级控制的比重较大，信任是有限的；而在新型组织中，团队结构取代层级控制，缩小了管理的规模，使得将信任作为团队管理的基础成为可能。另一种观点认为，信任和控制呈现非线性关系，在控制制度强化的初期，信任随控制强化而增强，但当控制强化到一定程度，信任与控制表现为替代关系，如图 7—5 所示。

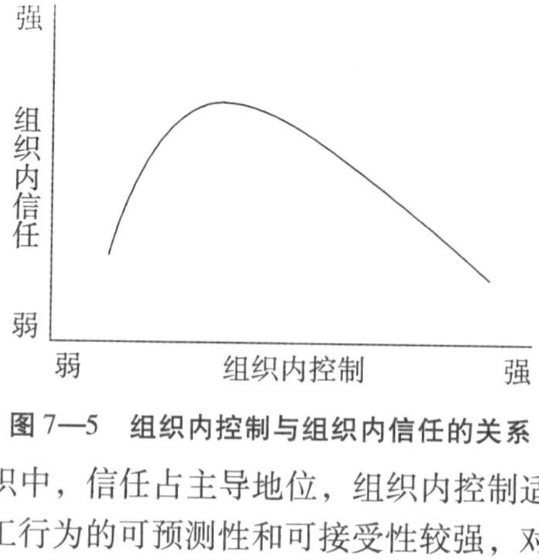

图 7—5　组织内控制与组织内信任的关系

在新型组织中，信任占主导地位，组织内控制适度，员工自我控制较强，员工行为的可预测性和可接受性较强，对信任有促进作用。信任是团队必不可少的社会资本。Judith A. Ross 认为，信任是团队和业务离不开的关键因素，是团队长盛不衰的基础之所在。

Lau，Chong M. 和 Buckland，Christen（2001）研究了组织中信任对预算行为后果的影响，他们运用路径分析的方法研究认为，参与预算能够提高信任程度，而信任又能够降低与工作相关的压力；预算在组织业绩评价的重要性越高，考核的压力越大，就越需要预算的高参与度和预算中的高信任度，并通过高信任度有效地降低工作压力（如图 7—6 所示）。

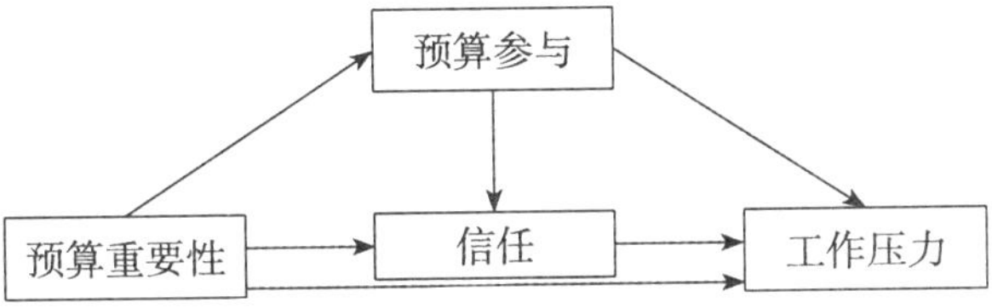

图 7—6　信任对预算的作用

2）利他性与团队合作

我们认为人性是复杂的，既表现为自利性的一面，又表现为利他性的一面，尤其在团队中，更多地体现为利他的合作精神，因为这关系到团队的生存与发展。萨缪·鲍尔斯和赫伯特·金迪斯（2005）运用计算机仿真技术进行了一个有趣的研究，他们根据族群成员对待合作劳动的态度，将他们行为分为三种类型：第一种，自私者（selfish），他们总是企图分享合作的成果，而竭力逃避合作责任；第二种，合作者（cooperator），他们无条件地提供合作劳动，但不会惩罚背叛者；第三种，强互惠者（reciprocator），他们与别人合作，并不惜花费个人成本惩罚违反合作规范的人。计算机仿真的结果是：第一种类型是完全自私的群体，最终会灭绝；第二种只有合作者的群体，是不稳定的；第三种类型的加入，使得群体内的合作行为与适应性维持在一个较高的水平。强互惠性是人类个体行为的关键特征，可以用来解释人类的合作。因此，利他性、合作与互惠是团队的另一行为基础。

7.4.2 团队预算的行为过程

1）团队预算目标的决策过程

团队预算的决策过程不同于个体的独立决策，团队预算决策属于群体决策的范畴，群体决策研究主要集中于群体成员构成、群体决策任务和目标、决策程序与群体过程以及其群体决策绩效等四个领域（Steiner，1972），如图7—7所示。[①] 团队预算的决策从属于群体决策的范畴。首先，团队预算目标在于分配团队可用资源，平衡任务所需资源和可用资源；其次，团队预算目标的决策不同于“强加”或“参与”两种方式，信任和责任是决策的基础，通过决策过程中的充分沟通，充分利用团队成员的知识，发挥团队成员的智慧，共同制定预算目标，员工对预算目标具有高承诺性。

团队是新型组织的基本预算单位，由于团队规模比较小，可以实现充分沟通，保证信息完全交换，使得团队的所有成员知晓团队任务以及任务可用的资源，这两者是团队预算的约束条件。在此前提下，让团队成员自主提出自己的预算目标，并使团队内部进行了充分的沟通和协调。由于看问题的局限性，因此个人能找到的解决方案也是有限的，而建立团队后，解决问题的视野将大大拓展，能够找到解决问题的捷径，也就会形成优化的预算。在沟通中，团队成员反复修改自己的预算，最后形成团队预算决策。团队成员不仅知道自己的预算，还知道团队预算和其他成员的预算，一方面，由于自主决定的目标具有高承诺性的特征，对预算执行影响有较大的正面影响；另一方面，由于对整个预算和其他成员预算的知晓，为预算执行中的合作提供了信息基础。

---

① 转引自何贵兵：《群体动态决策的适应性分析及其内隐学习机制》，浙江大学博士学位论文，2002。

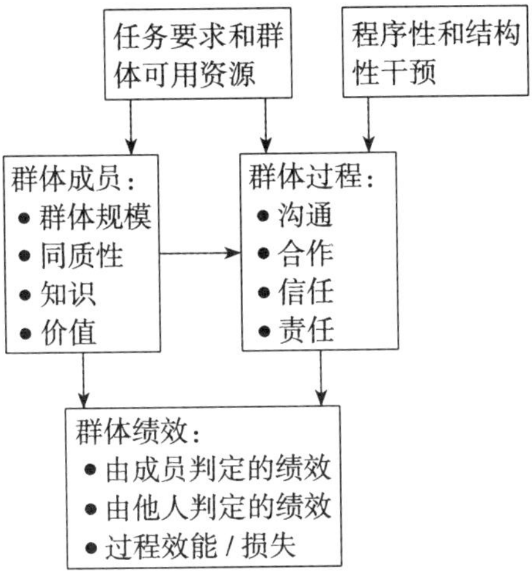

图 7—7 群体决策研究的基本框架（Steiner，1972）

团体预算过程的充分沟通，增强了群体的认同感。群体认同感指群体中的成员在认知和评价上保持一致的情感。由于群体中各个成员有着共同的目的、兴趣和利益，因而在一些重大事件的判断上，会自觉保持一致的看法和情绪，使群体成员的意见统一起来。

2）团队预算管理过程中的员工参与水平

奥斯本和默兰（2004）讨论了员工参与的 6 种水平及其优势和劣势（见表 7—5），6 种参与水平依次提高。参与水平在预算管理方面表现为：与强加预算对应的是第 1 层次的参与水平，即管理者自我决策，应对员工的各种问题；与参与式预算对应的是第 2 层次的参与水平，即管理者在征求员工意见后作出决策。这两种参与水平不要求组织结构发生变化，均是在原有组织基础上的参与，后 4 个层次的参与水平是建立在基于团队的组织结构之上的。由于新型组织结构是以跨部门的自我管理团队为基础的，所以与新型组织预算对应的是第 5、6 层次的参与水平，员工更深层次地参与预算的制订和执行，是预算管理的主体，享有高度的自主权，跨部门的团队构成使得团队成员对预算的整体目标有充分的了解，奠定了团队预算合作的基础。

表7—5　　**员工参与的6种水平**

水平	优势	劣势
①管理者自我决策，应对员工各种问题	• 提高决策效率	• 导致员工之间的生疏 • 需要管理者独立完成所有决策
②管理者在征求员工意见之后作出决策	• 职工参与 • 有助于员工拥有更多参与感 • 提高决策速度	• 浪费时间，混淆视听 • 员工产生不满情绪
③管理者成立临时员工工作小组以解决特殊问题	• 有助于避免外部干扰 • 联合各方力量来解决问题	• 与员工的“常规”工作相冲突 • 成为行动的替代物
④管理者定期与员工团队会面，以解决问题	• 激发员工的创造性 • 对现有管理体制没有冲击	• 缺乏一定的行动的目标
⑤管理者建立并参与跨部门自我管理型团队	• 帮助管理者/员工获得对其他部门及整个组织的理解	• 引发部门之间的冲突
⑥自我管理型团队的进一步发展对某些问题承担更大责任，例如降低成本	• 更深层的员工参与及行动	• 威胁管理者的地位

3）预算执行过程的合作

新型组织与传统组织最大的区别在于：科层制遵循的是严格的机械还原论，通过制度规定各职位的对应职能，制度理性超越个体理性，个体履行各自相应的职能，从而保证组织目标的实现，科层制中强调分工，很少讲合作。而团队管理中，既要求目标（包括团队和个体目标）明确，更要求团队成员之间的合作。预算执行的合作不仅包括团队内部的合作，还包括组织内部团队之间的合作，团队在内部作为平等的交易主体，以自身的“交易”价值赢得交易伙伴，获得需要补足的其他能力。这一过程的实质在于，团队在其群集内的行为是协调性的，而非从属性的、互斥性的，团队正是靠它在协作中为其他团队提供价值，来实现自身行为的实际价值。

预算中的合作能够促进个体行为向着有利于团队预算实现的方向努力，群体心理学认为，群体对个体行为的影响之一就是对个体行为的促进作用。个体在群体中的心理和行为，受到群体及其他群体成员的影响，常常表现出许多个体单独不敢表现的行为，这种现象就是群体得到个体认同后，对个体产生的心理支持和鼓励，促进了个体的行为表现。群体对个体成员的行为有一定的促进作用，即当个体表现出符合群体规范和群体期待的行为时，群体就给予赞许与鼓励，以支持其行为，从而进一步强化他的行为。

4）团队预算管理的双向责任

传统等级制组织的最大弊端在于单向责任，塞缪尔·卡尔伯特和约翰·厄尔曼在其著作《双向负责》中对单向责任的五种陷阱作了分析，并认为建立双向责任机制是解决等级组织中所存在问题的根本之所在，并比较了两种责任机制（见表7—6）。

这种单向、双向负责的后果同样表现在预算管理中。传统预算是将每个预算指标具体分解到每一位员工，并作为考核的标准，管

表7—6 **双向责任**

	单向负责等级关系后果	双向负责关系后果
团队协作	虚假的团队协作： 上司和下属将团队工作分解，每人负责一部分，互不干涉； 上司不能为双向平等交流、冒险或是使人们积极参与分配给别人的任务创造条件； 下属努力表现得合作，但认为自己努力奋斗是为了薪水、美差和升职	真正的团队协作： 上司和下属都认为照顾队友和公司的利益也对自己有益。他们认为团队成员的相互协作是成功的基础； 上司负责保证相关的“声音”能够被倾听，不同的观点能够被讨论。他们采取措施帮助别人表达观点并实现团队目标； 下属努力谋求团队的进步，并感到有责任积极工作以及在队友需要时暗中提供帮助
沟通交流	不坦率的沟通： 上司和下属都容易编造和修改交换的信息，以符合自我利益的方式捏造和隐瞒事实； 上司用命令和控制的逻辑实施管理，但努力树立一个公平、公正、始终接受新观点的印象； 下属隐瞒自己与上司的观点和想法的冲突，努力塑造忠诚、能干和积极贡献的形象	开诚布公的沟通： 上司和下属都愿意如实陈述事实，并且希望别人也如实相告
内部政治	内部政治腐败： 上司和下属都容易采取双赢的政治观点：第一是赢得自己的利益、第二是赢得公司的利益。实际上，前者占据主导地位但却隐蔽	透明的政治： 上司和下属都倾向于三赢的政治观点——赢得自己的利益，公司的利益和其他相关各方的利益。他们认为由于别人全力以赴、积极贡献，公司才获得发展

续表

	单向负责等级关系后果	双向负责关系后果
负责机制	推诿责任： 上司和下属都容易推托责任，避免自己因采取或隐瞒的行为而受到谴责； 上司通过指令和工作考核迫使下属按自己的意愿行事； 下属感到容易受到责难，因而努力按照上司的规定和指示做事以保护自己，他们以上司所谓“意见”为标准，评判自己是否按照指示恰当行事	切实的负责机制： 上司和下属都愿意为共同努力及自己的工作和职能负责
员工士气	员工意志消沉： 上司和下属都容易忽视自己和别人相同的想法，常常互相视为对手或敌人； 上司认为下属缺少动力，必须督促他们沟通信息或采取主动； 下属花时间计划如何表达意见才能使上司接受，他们因被迫做自己认为方向错误、浪费时间和公司缺乏资源的工作，但又因无法开诚布公地讨论自己的实际想法而感到沮丧	团队精神： 上司和下属都将全力以赴，明白各自发挥的作用相互有益，他们能够积极面对挫折，并相信他们仍具备表现不凡的条件； 上司在管理中假定下属想把事情做好。他们为下属的成功发挥积极的作用； 下属因自己的观点得以表达并被倾听而受到鼓舞。他们设法了解不同的观点，并知道最终的考核是以真实成果和工作表现为基础的

理者的角色是命令和指挥，员工的关注领域仅限于自己承担的预算，对组织和他人的预算及完成情况漠不关心，单向责任的五个陷阱都出现在传统预算管理中。而新型组织预算的最终责任主体是团队，团队作为整体对预算绩效负责，团队的预算行为特征是双向责

任的，在预算管理过程中有着真正的合作、无障碍的沟通、“三赢”的政治、切实的负责机制和良好的团队精神。这些预算行为的结果正是新型组织预算优于传统预算的地方。

5）团队预算的群体反馈

预算行为优化与反馈、学习是密不可分的，团队预算的反馈与传统预算的个人反馈不一样，团队预算的反馈形式是群体反馈，群体反馈比个体反馈更复杂，预算的群体反馈包括：一是预算结果对团队的反馈（outcome feedback）；二是团队内部成员之间对反馈结果的讨论，团队成员可以从其他成员那里得到有关预算编制、执行的知识、方案、优化的内部反馈（inter feedback）。西方有关研究认为，从反馈效果的角度来看，群体反馈要优于个体反馈。Laughlin 和 Shippy（1983）的研究表明，在规则学习中，群体只需较少的信息就可以达到相当高的学习水平，群体能够比个体更好地利用反馈信息。Dawes 等（1988）则发现，群体讨论会导致群体在社会两难任务中体现出更高的合作性。Harmon 和 Rohrbaugh（1990）的研究发现，对小组成员决策认知过程的反馈会比仅反馈决策结果更有利于消除成员间的分歧，会导致更多的学习行为和满意感。[①] 预算的群体反馈有利于预算知识的共享，有利于促进预算管理中的更好合作，有利于降低反馈对个体的压力，提高对预算绩效的满意感。

7.4.3 团队预算行为优化

1）团队预算冲突与行为优化

由于团队成员的异质性（人格、价值观、个体能力）、团队因素（沟通、团队行为、团队结构）、团队环境（组织文化、组织价

① 转引自何贵兵：《群体动态决策的适应性分析及其内隐学习机制》，浙江大学博士学位论文，2002。

值观）等因素的存在，团队在预算中的冲突是不可避免的，预算合作是个结果，但在实现合作过程中存在冲突是必然的。

Jehn 在分析了主流理论将冲突分为与任务相关的冲突（task related conflict）和关系冲突（relationship conflict）的基础上，进一步把与任务相关的冲突分为任务冲突和过程冲突。任务冲突，是指团队成员对任务内容看法的不一致而导致的冲突；过程冲突，是指团队成员对完成任务的程序、方法不一致而产生的冲突；关系冲突，是指团队成员由于价值观、个性等的不同而导致的针对他人的情绪宣泄、对他人的否定等行为。Jehn 认为，信息差异增加了任务冲突和过程冲突发生的概率，社会类型（性别、年龄、种族）差异增加了关系冲突的可能性，而价值观差异既会增加与任务相关的冲突，也会增加关系冲突。

在预算编制中会存在任务冲突，表现为对团队预算目标高低、实现难易程度的看法不一致。传统预算是将指标分解给个人，预算执行的单位是个人，而在团队预算执行过程中，强调以团队预算目标完成为最大利益，必然要求合作，需要团队协调一致的行动，团队成员必然会为实现预算目标的程序和方法产生不同的看法，这就是预算的过程冲突。

关系型冲突是指团队成员发生的与预算工作无关的一些矛盾和不协调，这些冲突与预算本身无关联，但是构成预算执行的直接环境。在一些功能团队、虚拟团队中，由于团队成员来自不同的部门甚至不同的企业，有着不同的价值观和行为方式，因此很容易发生冲突，并将冲突的情绪带入到预算管理中，影响团队预算执行的效果。关系型冲突和任务型冲突是可以相互转化的，其实质是预算和情境是相互作用的，例如，如果团队成员对任务问题无法达成一致，他们可能就开始不喜欢对方，并把这归结为人格问题，因此任务冲突常常被看做是人身攻击，任务型冲突转化为关系型冲突。

我们必须正视团队预算冲突的存在及其对预算管理的影响，从冲突的负面影响看，如果冲突得不到及时协调、缓解，轻则影响预算目标的实现，重则对团队的存在构成威胁；如果从冲突的正面效应看，预算中的冲突又是预算改进的不竭动力。如何协调冲突？或更进一步，如何将冲突引导为团队预算改进的推动力？Thomas 在 1976 年提出的对冲突处理的五种行为，如今为多数研究者所接受，它包括竞争、协作、回避、迁就和折中。其中，竞争指一个人以其他人为代价来追求自己的利益；协作是指冲突双方寻求特定的解决方法以满足双方的利益；回避指一个人不立即追求自己的利益或满足他人的利益；迁就是指为了维护他人利益而牺牲自己的利益；折中是寻求一种双方都能接受的解决方法，它能部分满足双方的利益。

显然，从组建团队的动因和团队的本质优势来选择，较好的解决预算冲突行为的方式应该是协作和折中。竞争、回避和迁就也是解决团队冲突的方法，但是其结果是消极的，都是零和，甚至是负和博弈，长此以往的结果只能是团队的解体。而协作和折中则是一种正和博弈方式，有利于维护团队的长期生存和整体利益，因此，协作和折中是一个团队处理预算冲突时可采取的行为。

如果一个团队在预算管理中无任何冲突，也不是一件正常的事。如长期运用回避、迁就、折中的行为方式协调冲突，团队的冲突会逐渐减少，但这种冲突的减少对团队而言是负面的，这会使团队一潭死水、毫无生气。表现在预算管理过程中，团队成员对预算目标漠不关心，预算执行中各行其是，出现问题后相互推诿。因此，当团队处于低冲突水平状态时，团队很容易陷入群体思维陷阱（黄玉清，2002），这对预算行为的优化是不利的。罗宾斯（1997）建议采用“运用沟通”、“引进外人”、“重新构建团队组织”、和“任命一名吹毛求疵者”等四种方法来解决这个问题。

团队价值观、团队文化对团队冲突的缓解有重要影响。Karen A. Jehn（2001）的研究表明，团队的价值观和氛围对团队的绩效非常关键。团队存在自己的工作价值观和文化。他们提出了“价值观一致”的概念：团队成员在价值创新、关心、自主性、适应能力等方面的相似、价值观的一致，有利于促进和谐、减少关系冲突和过程冲突，有利于成员间相互信任、相互了解、相互尊敬。同时由于价值观一致，任务冲突也易于表达。Arrow 等人（1993）的实证研究表明：稳定团队中的任务冲突比经常变化表示该冲突对团队绩效影响不确定或表现不明显的团队更激烈。Greenfield 等人（1999）研究认为，朋友式的团队比陌生的团队能更好地分享和综合不同的任务冲突信息，解决复杂的问题。若团队成员具备“价值的一致性”，团队的工作氛围将更加积极与和谐，使团队冲突向有效的方面转移和发展，从而极大地改善团队的绩效，并为有效控制和管理冲突提供坚实的基础（如图 7—8 所示）。因此，建立自主、信任、规范以及有凝聚力的团队价值观，对于优化团队行为有着重要意义。

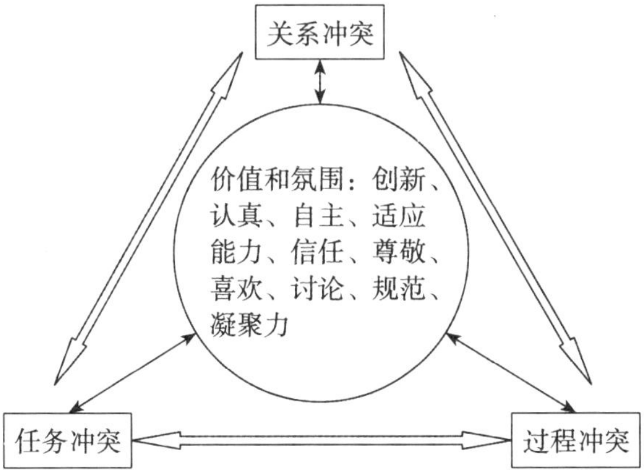

图 7—8　团队价值与氛围对冲突的影响

综上所述，预算行为的优化离不开冲突，但是又不能放任冲突升级，必须及时协调冲突。预算冲突和预算行为优化表现为对立统一的关系，只有将预算冲突—协调—新的冲突的循环重复下去，预算行为才能得到持续优化。

2）团队学习与团队预算行为优化

（1）团队学习与学习型团队

团队学习的概念来源于组织学习，组织学习可在个人、团队和组织三个层次上发生，还可以发生在三个层次之间。团队学习是介于个人和组织之间的一个学习主体，在组织学习中起到承上启下的功能。彼得·圣吉在《第五项修炼》中也指出，组织在今日尤其迫切需要团队学习，无论是管理团队、产品开发团队，还是跨职能的工作小组。与个人学习相比，团队学习的优势在于团体智慧高于个人智慧；与组织学习相比，团队学习的优势在于规模适中，可以采取灵活的学习方式，学习效果好。如果是团队在学习，团队变成整个组织的一个单位，可以将所得到的共识转化为行动，甚至可以向别的团队推广这种团队学习的技巧，进而建立起整个组织一起学习的风气和标准（彼得·圣吉，2004）。因此，彼得·圣吉认为“团队是学习的最佳单位”。

团队学习与个体学习存在较大差异：首先，在学习目标上，团队学习的目标在于如何更有效和更有效率地完成团队任务，提高工作绩效，而个人学习则是为了个体的发展；其次，在学习方式上，团队学习方式有传统的培训、会议、讨论等，也有现代的深度会谈、行动学习等，而个人学习主要是通过上课、自学、书籍等方式；最后，在学习的效果上，团队学习的效果在于团队工作的能力提升，而个人学习则会使得个人某方面能力的提高（众行管理咨询研发中心，2004）。

杨明海等（2006）根据 Crossan 和 Hullan 的战略学习系统构建项目团队学习模型，学习系统的构建应包括三个学习存量（个体学习、团队学习和组织学习）和两个学习流量（前馈学习和反馈学习），学习流量即为组织之间的学习。在学习的三个层次上，个体学习是基础，团队学习是关键，组织学习是最终目的。而前馈学习和反馈学习则是连接三个层次的纽带。前馈学习包括两个层次的学习流量：个体学习到团队学习的流量和团队学习到组织学习的流量，前馈学习揭示的是个体学习如何影响团队的学习以及团队学习如何影响组织层面的学习。反馈学习也包括两个层次的学习流量：组织学习到团队学习的流量和团队学习到个体学习的流量，反馈学习揭示的是组织层次的学习怎样影响团队学习以及团队层次的学习怎样影响个体的学习。前馈学习和反馈学习把个体学习、团队学习和组织学习有机地联系到一起，提高了团队学习的效率和效果。

学习型团队的概念是由团队学习逐渐演化出来的，学习型团队是介于组织和个人之间的人数较少、有共同目标和责任、有一定程度授权、成员角色多元化并不断学习的特殊群体（肖余春，2003）。自我管理型团队由不同技能和知识的成员构成团队学习的基础；团队对流程和结果负责，每个团队成员管理他们自己的业绩并对其进行改进，这就是学习的动机。

（2）知识管理与预算行为优化

组织学习视角的预算管理就是知识管理的过程，是预算持续改进的基本手段，也是传统预算管理所忽略的方面。团队学习是知识共享、知识转化、知识进化的知识管理过程，其最终目标是优化行为，提高效率。表现在预算管理中，团队学习就是对预算管理过程中的相关知识进行梳理、交流，及时解决预算过程中的各种问题，优化预算行为，持续改进预算管理，实现预算目标。团队学习是优化预算行为、持续改进预算管理的重要手段。预算中学习的具体作用可以体现以下几个方面：第一，提高团队对预算管理环境变化的适应性，团队学习的方法之一就是预估环境的变化，并据此预设解决方案（实际环境发生了什么变化，对方案作何调整），事后通过讨论、反思、学习，提高对环境的预判能力，并通过方案调整提高预算对环境变化的适应能力。第二，通过团队学习，积累预算管理知识，提升预算执行能力。新型组织的预算结构为组织学习提供了很大的空间，从存量角度看，学习的层次包括个体预算、团队预算、组织预算和基于供应链的组织间预算等四个层次；从流量的角度看，各层次相互之间的前馈和反馈学习更为复杂；站在团队的角度，必须利用这一学习体系建立预算知识仓库，并不断储备、更新、利用、积累、传播预算管理知识（知识创造、分享和积累的过程如图7—9所示）。团队学习以及在学习过程中所进行的知识管理的最终目标是提高预算编制的质量和预算执行的效果。

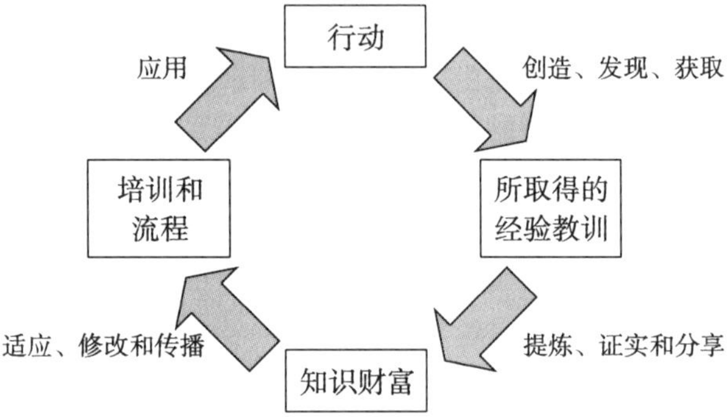

图7—9　知识管理过程

（3）团队学习模型与预算行为优化

卡普兰和库珀（2006）认为利用标准成本系统或灵活预算系统来控制成本和监督效率时，由于标准和预算程序是在工程师和经理的控制下执行的，是自上而下的精英管理哲学的表现，因此阻碍了员工的学习，应该运用学习和改进的系统作为标准成本的辅助系统。

科里逊、帕塞尔（2003）给出了团队学习的模型，团队学习的技术包括做前学、做中学和做后学（如图7—10所示）。“做前学”是向同行学习，在组织内部表现为团队之间学习，如BP公司存在同行协助会议制度，通过座谈、会议等形式共享观念、知识、经验等，取得了很好的效益。团队在预算管理过程中可以就某个具体的问题请另一个具有标杆意义的团队进行座谈学习，了解可能出现的问题及解决方法，团队间学习的意义还在于在组织内部提倡学习的风气，建立员工之间的网络，为预算过程中的协调建立沟通渠道。

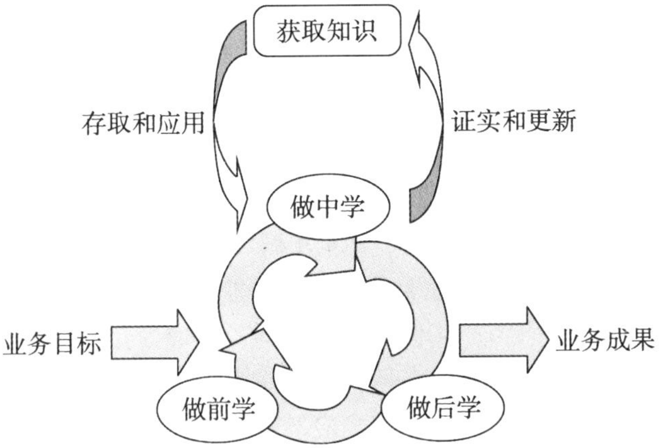

图 7—10　团队学习模型

“做中学”指的是在业务过程尚未完成时，对已经完成的部分及时进行“事后回顾”，“事后回顾”是单环学习的过程，而不是批评的过程，回顾是建立在成员地位平等的基础上，需要上下级之间的坦诚沟通。通过“事后回顾会”及时总结，关键是找出问题及问题的根源，避免类似问题的出现，或出现后能及时解决。在预算过程中，应当及时查看预算的完成情况、预算与实际的差异，分析差异形成原因及补救措施，这一过程的目的在于证实和更新知识，为下一阶段的预算执行提供知识支撑。

“做后学”指的是在整个业务完成后，团队成员对业务全过程的反思和检讨。BP 在自己的许多业务部门中，一直使用称为“回想（retrospect）”的过程作为“事后学习”的工具。“回想”比

“事后回顾”更有深度，属于双环学习的范畴，当月度、季度、年度预算或某一项目预算完成后，团队必须及时从预算管理的环境假设、方法假设中反思预算的得失，从预算编制和执行的过程总结预算过程中的经验、教训。在这一过程中，应该伴随详细的记录，以便及时更新预算的知识库。

（4）上海东方明珠（集团）的预算行为优化：PDCA 循环①

PDCA 循环是由质量管理大师戴明最先提出的。P、D、C、A 四个字母所代表的意义如下：P（plan）为计划，D（do）为执行，C（check）为检查，A（action）为行动。它不仅是提高质量的法宝，更是提升组织和个人执行力的重要方法。作为推动工作、发现问题和解决问题的有效工具，PDCA 循环由 8 个步骤构成：①分析现状，发现问题；②分析质量问题中的各种影响因素；③分析影响质量问题的主要原因；④针对主要原因，考虑为什么要制订这个措施、应该达到什么目标、在何处执行、由谁负责完成、什么时间完成、怎样执行的问题，并制定相应的措施；⑤实施，按计划措施的要求去做；⑥检查，将执行结果与要求达到的目标进行对比；⑦对成功经验加以肯定，予以标准化或制成作业指导书，便于今后工作；⑧对于失败的教训也要总结，以免重现。对于没有解决的问题，应提到下一个 PDCA 循环中解决。从学习理论的角度来看，PDCA 就是一种学习的方法，是通过学习反馈的过程，从成功经验和失败教训中学习，并将成功经验予以标准化或制成作业指导书，便于知识共享。

东方明珠（集团）将 PDCA 应用于预算管理，主要从两个方面优化预算行为：一方面是细化预算，及时反馈。东方明珠（集团）股份公司属下的电视塔公司，通过几年的实践，总结出了适

---

① 韩建国：《论现代企业的全面预算管理——上海东方明珠（集团）实践经验谈》，载《中国总会计师》，2006（1）。

合公司实际情况的管理体系，包括预算目标的细化、职责的分工、员工考核等。例如目前电视塔在黄金周的七天内，甚至细化到小时都有预算，已被每位员工都深深地记在心里。当因为天气等原因，实际营业收入与原预算有差异（通过即时电脑系统对比）时，相关责任人、相关人员便及时采取相应的措施，来弥补差异。另一方面是促进个人目标与企业目标的融合。员工目标和企业目标是存在差异的，只有应用激励、约束、评价等方法才能不断促进其融合。上海东方明珠（集团）通过 PDCA 循环往复的“建立、实行、评估、再调整、再评估”的方式，使得个体行为不断地向组织的战略目标、行为规范趋近。

7.5 新型组织预算行为研究

7.5.1 组织行为模型下的预算行为特征

纽斯特罗姆（2004）认为不同的组织类型有不同的组织行为模式或组织行为的理论范式（见表 7—7），按照组织转型的次序依次演化，可分别作为科层制、改进的科层制和新型组织的行为模式。

表 7—7 组织行为模式

	独裁模型	看护模型	支持模型	社团模型
模型的基础	权力	经济资源	领导	伙伴关系
管理定位	权威	金钱	支持	团队工作
员工定位	服从	安全感和收益	工作绩效	有责任感的行为
员工的精神状态	依赖老板	依赖组织	参与	自律
被满足的员工需要	生存需要	安全需要	地位和被认可的需要	自我实现的需要
效果	最低	消极合作	驱力被唤醒	一定的工作热情

传统组织预算的行为基础是独裁模型和看护模型，参与式预算

的行为基础是支持模型，而新型组织预算模式所对应的则是社团模型。社团模型是对支持模型的一种有效拓展，纽斯特罗姆（2004）认为采用支持模型和社团模型的趋势还将会持续下去。虽然计算机技术和管理信息系统迅猛发展，但是，一些巨型、复杂组织的高层管理者不可能再享有传统意义上的权威，也不可能十分有效。由于他们不可能迅速了解组织中发生的所有情况，他们必须学会依靠其他更接近实际经营问题的权力中心。他们经常被迫重新定义原有的心理契约，采纳新的更具参与性的心理契约。

新型组织的行为模型是社团模型，人与组织的关系是伙伴模式，组织中的个体作为投资者的主体，与组织的关系是“成年人与成年人的关系”（琳达·格拉顿，2005），个体拥有较大的自主权。格拉顿的基本观点与企业发展理论是不谋而合的，即认为企业是人力资本和财务资本的契约联结。这种理论可以解释在预算过程中员工为什么可以获得预算的自主权——就是因为员工拥有人力资本，也需要根据组织预算的激励和约束水平来配置自身的人力资本，因此也就决定了在预算管理中人和组织地位的对等，即相互之间是一种合作的伙伴关系。

社团模型的管理定位是团队工作，管理层和员工的关系是团队合作关系，管理者的角色不是权威的领导者，而是教练者；员工的定位则是自我实现的人，有责任感、能够实现自我管理（自律）。因此，按照该假设推演，预算既是组织的资源规划的组织行为，也是员工自我规划、自我激励的行为，预算从组织控制员工的工具转化为员工自我控制、自我实现的行为需要。

7.5.2 心理契约转型视角的预算行为研究

传统预算的性质可以理解为员工和组织的经济契约，基于预算的经济奖惩是预算执行的重要机制，员工和组织的关系是建立在经济人的假设基础上的，它仅限于经济契约，而忽略了人的情感需求。与经济契约相比，心理契约虽然多以模糊性和隐含性为特点，但它同样会影响到员工的工作绩效、工作满意感、对组织的情感投入，以及对组织的忠诚。心理契约概念的提出拓展了经济契约的范畴，以社会交换取代经济交换，将员工和组织的关系放在更广阔的背景下研究。

Rousseau 和 Tijorimala（1996）的实证研究显示，心理契约由三个维度构成：交易维度、关系维度和团队成员维度。交易维度是指组织为员工提供经济和物质利益，员工承担基本的工作任务；关系维度是指员工与组织关注双方未来长期稳定的关系，促进双方的共同发展；团队成员维度指员工与组织注重人际支持和良好的关系。从心理契约的研究可知，心理契约不仅包含短期经济契约，还包括员工与组织的长期雇用契约和人际关系契约。因此，传统预算单纯从经济契约的角度（改进报酬契约的设计）优化预算行为的效果不佳，说明经济契约仅仅是影响预算行为的表面因素，经济契约背后的内隐契约（心理契约的关系维度和团队成员维度）虽然没有写明，却是组织中行为的强有力的决定因素（沙因 Schein，1980），对预算行为起着决定性作用。

在预算管理中经常出现对心理契约的破坏而导致预算的有效性降低的情况。譬如，当员工超额完成预算时，希望得到的是激励和对其能力的肯定，并希望这一有利的预算指标能保持不变，而组织往往认为预算超额完成是预算指标过低的原因导致的，会在下一预算期间提高预算指标。由此，员工与组织感知到的结果不一致，心理契约遭到破坏，对预算行为产生负强化效果。

科层制组织的预算管理人性假设是经济人假设，经济人世界的交换只有经济物质交换，因此，科层制的预算心理契约属于交易契约范畴，员工承担预算指标，组织提供完成预算所需资源，根据预算完成情况提供奖惩。而组织转型后，带来的不仅是组织结构和组织文化的转型，而且还是打破原有心理契约和建立新型心理契约的转型过程，即逐渐由交易型契约转化为关系型契约。

新型组织的心理契约是关系型的。关系型契约由广泛、长期、开放性的相互责任构成，它不仅基于经济成分的相互交换，还基于未来的事业发展、自身的学习进步以及社会情感方面的交换。其特征是雇佣双方相互支持，员工的信任度和忠诚度高。预算行为建立在关系型契约基础上，而非建立在狭义的交易型契约基础上，新型组织的预算行为比科层制组织的预算行为更加复杂。这将进一步拓展预算行为研究的空间，弥补基于交易契约研究的局限性。促使员工致力于完成预算的动力除经济激励之外，还包括预算目标设定的自主权、预算执行中组织的支持和团队的合作、连续完成预算后的长期雇佣契约等；组织对员工的心理契约包括团队、员工预算目标的设定与组织目标自觉保持一致，预算目标设定的高标准，团队与员工在预算执行中实现自我控制来保证预算的完成等。在预算管理过程中，员工与组织之间是双向负责的关系，新型组织的预算是建立在这些心理契约的基础上的，一旦心理契约被破坏，新型组织的预算管理就不可能维持下去。

7.5.3 组织文化、价值观对预算行为的影响

1）组织文化、控制与预算行为

（1）组织文化与行为影响

在西方，“文化”是从拉丁文的耕种（culture）一词引申出来的概念，其主要意思是指经过人类的耕作、培育、学习而发展起来的各种事物与方式。因此，文化对人的行为的形成与发展有着重要的指导、培育作用。美国著名的文化人类学家怀特认为，行为是文化的函数。依此思想，企业的行为是企业文化的函数，文化在某种程度上决定着企业的行为。文化对人类行为的作用方式是无形的，却如影随形，根深蒂固。卢梭在其名著《社会契约论》一书中认为：文化铭刻于人们的内心中；文化是慢慢地诞生的，但每天都能

获得新生力量并逐渐取代过去的权威力量；文化能够维系人们的法律意识。因此，文化对于人们行为具有方向性的指导作用。

沙因（Schein）在其关于组织文化的定义中，把基本假设作为文化的本质，把价值观与行为当做文化本质的表现形式。这样，他将组织文化分成三个层次：基本假设、价值观和人为形式（如图7—11所示）。也有的学者提出组织文化的四层次论：核心假设、基本价值观、行为规范和指标。可见，组织文化对行为的作用方式是由人的内在意识的固化而影响外在的行为模式，而制度对行为的由外而内的作用方式正好相反，因此，制度对行为的影响是直接的表面作用，而文化对行为的作用则是更为根本性的影响。两者相辅相成，缺一不可。

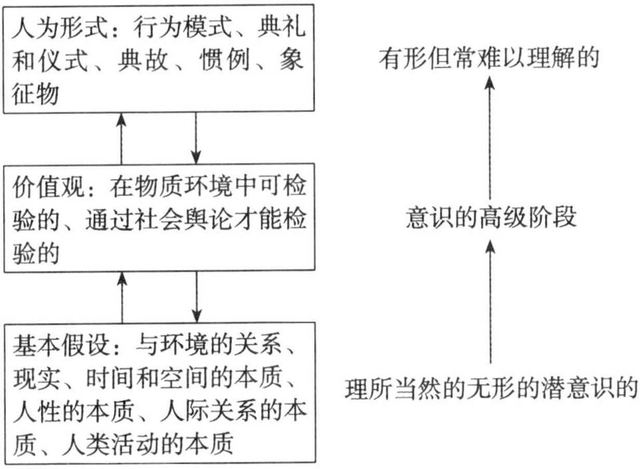

图7—11　组织的文化层次论

组织文化的基本功能包括强制作用、激励作用、规范作用和引导作用，对组织行为而言，组织文化是典型的非正式规范。从控制的角度来看，制度控制是刚性的“硬控制”。组织文化则是柔性的“软控制”，在企业内部控制中也越发强调包括组织文化的“软控制”功能。COSO 报告将“管理者的行为操守和价值观”、“管理哲学和经营风格”作为内部控制的基本环境，这两个环境要素与组织文化存在紧密的联系，组织文化是管理者的行为操守和价值观、管理哲学和经营风格长期积淀的产物，对控制制度的设计和执行效果有重要的影响。陈锦烽、苏淑美（2006）认为，控制环境受企业文化的全面影响，企业文化是企业成功或失败的关键，以企业文化为中心的控制环境如图 7—12 所示。

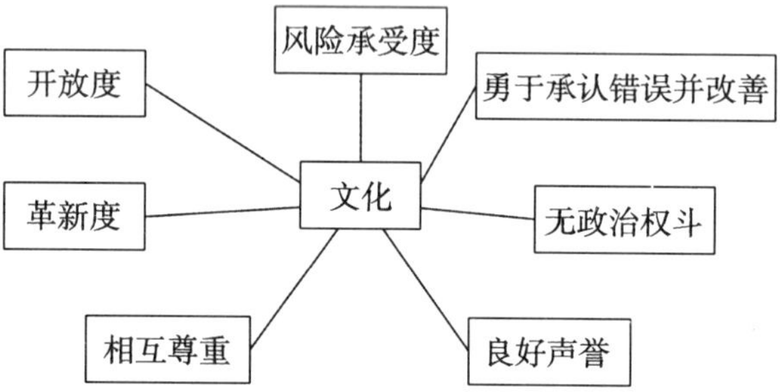

图 7—12　以文化为中心的控制环境

2）组织文化类型、控制与预算行为

新型组织的文化与科层制企业的文化类型有着本质的区别，即新型组织的文化由角色文化向以人为本的文化发展，由控制文化向信任文化发展，它对预算行为的优化提供了价值导向。组织文化对预算系统的作用路径有二：

第一，组织文化作为主文化（dominant culture）起到共同价值观的作用，对预算系统产生外在影响。查尔斯·汉迪提出了管理文化的四种类型：霸权管理文化、角色管理文化、任务管理文化和个性管理文化。不同组织形式需要与之相适应的不同组织文化，组织文化作为非正式的控制规范必须与正式的组织结构、组织控制相协调，才能不至于使员工无所适从、行为混乱。与科层制组织对应的是角色管理文化，此类文化的运作是定义在组织中的角色和职务之上的，而非定义在个性化的人的基础上，对应的控制方式是制度控制和科层控制，预算是正式控制系统中的唯一的数量控制方式，充分体现了科层组织结构和角色文化的理性特征。由于严密的制度和流程对人们行为的控制，组织文化的行为规范作用并不显著。

新型组织对应的是任务管理文化（雅典娜式管理文化），该文化的精髓是：团队是其组织结构的基石，每个团队都有共同的目标——解决问题，团队的每个成员都会积极热情地投入到工作中去，工作的使命感强。在这类团队中，领导权并不重要，重要的是团队中的相互合作、相互团结，完成任务。由于团队的自我控制和柔性控制特征，正式制度的刚性控制功能减弱，组织文化和价值观的柔性控制功能增强，管理文化在组织控制中的重要性随之增强。组织文化对于预算管理行为的优化有重要的价值导向作用，这一点是传统管理控制系统和预算系统所忽略的，新型组织的控制和预算系统必须强调正式的制度控制与文化价值观控制协调一致。

第二，预算文化作为组织的亚文化（subculture）对预算行为产生影响。主文化体现的是组织大部分成员认可的核心价值观，而亚文化则是由于部门分工和地理位置而形成的某一群体共享的核心价值观，预算作为组织经常性的管理系统，在长期运行过程中也形成了具备自身组织特征的预算文化，也就是是组织的亚文化。组织的亚文化是预算系统的有机构成部分，与预算制度、预算方法相互作用，对预算行为产生直接影响。传统预算体现的是以个人为基础的考核和控制文化，员工关注的是个体预算指标的完成，组织重视的是实际结果和预算指标的差异，关注的是预算结果；新型组织采用的是以团队为基础的预算管理模式，体现的是团队任务导向的预算文化。

按照沙因的文化结构的三层次论，新型组织的预算文化的结构包括：第一层次，预算文化的基本人性假设，即员工在工作态度上是Y型的，对本职工作有一定的积极性，在人际关系方面有良好的团队合作精神，同时又表现出学习人和知识人的特性，有精益求精和追求卓越的理想。第二个层次，预算工作的价值观，新型组织预算中体现的基本价值观是信任。信任表现为纵向的管理层对团队的信任，这是团队获取预算自主权的基础；信任还表现为横向的团队之间、团队成员之间的信任，这是预算中合作行为的基础。第三个层次，预算的人为形式，新型组织的预算与传统预算相比，更重视预算的过程管理，包括预算编制、执行、反馈等过程中的沟通、合作和学习，强调人在预算中的积极作用。新型组织的预算是学习型的，并可以通过学习不断改进预算过程，提高预算效率。

3）文化转型与预算行为优化——以3M中国公司的预算改革为例

3M公司首席执行官吉姆·麦克纳尼（Jim McNerney）决定学习通用电气的做法，将顽固的目标式的预算管理方式改造成充满开拓精神的运营规划方式。这个转型过程持续了2年，与通用电气的7年时间相比，显然是成功的，其原因就在于公司并未急于直接从预算变革开始，而是从营造负责任的文化氛围开始，经过一段时间努力，公司里充满了坦诚、信任、负责任的文化氛围，使得推动预算变革的时机趋于成熟。中国业务的总经理肯尼斯·尤，并没有像往常一样提交增长计划然后超额去完成，而是提交了一份充满开拓精神的运营计划，希望把中国业务的增长速度提高到40%，建议在2002年增加在中国的研发投资，以便对产品进行本土化的改进，并且建造新工厂来支持快速增长。3年后，3M公司在大中华地区的业务收入从5.2亿美元增长到了13亿美元。

这个案例一方面充分说明了文化对预算行为优化的重要作用，另一个方面也说明了预算亚文化的转变（由目标文化转变为开拓精神）对预算管理效果的影响。

8 新型组织的预算管理技术研究

8.1 信息技术：新型组织预算管理的技术基础

8.1.1 信息技术：组织转型的技术基础

1）信息技术与组织的相互建构关系

如果从系统理论的角度理解组织，组织既是一个社会系统，又是一个技术系统，巴纳德从行为科学的角度入手，将组织定义为人们相互协作的社会系统；而特里斯特的社会—技术系统学派则认为组织既是社会系统，又是技术系统，两者有密切的关系，且相互影响。社会—技术系统学派特别强调技术系统的重要性，认为企业的投入与产出不是简单的对应关系，而是依存于企业的技术系统；组织对外界环境的自我调节作用在很大程度上取决于其技术系统。钱平凡（1999）认为，活动、技术、制度、目标是组织的整体结构模式的基本要素，其中，技术要素是最为关键的要素，并将技术分为工具技术和知识技术，将知识的概念融合到组织要素内。

对于技术与组织的关系，有两种解释模型：一种是技术对组织的建构，认为技术引入组织后会重塑组织的结构或影响组织结构的变迁；另一种是社会对技术的建构，认为技术是否适用取决于技术是否适应组织的结构，因而组织既有的结构直接影响了技术的创新。邱泽奇（2005）认为，这两种模型均未能获得技术与组织关系的真正机制，进而提出技术与组织相互建构的关系。这就说明，技术与组织的关系并非单方面的影响，两者之间是相互作用、相互适应的，技术变革与组织转型是同时进行的。

信息技术与组织也是相互建构的，如果旧的管理组织、管理方法不加以改变，信息技术难有用武之地。现在的一些管理变革的思想与方式，如再造工程、学习型组织、管理控制一体化、虚拟企业等的实现，都提出了信息化的要求，应抓住机会，使信息技术与管理变革密切结合。因此，新一代企业信息系统不应再是以简单地模拟原有职能分工为基础建立的企业组织结构和运行机制，而应当彻底地改变传统观念，将现代信息技术的应用与企业流程的革新再造同步进行，充分实现信息技术的真正价值，从企业经济管理的整体性出发，基于事例和系统管理哲理，将企业以前分散的业务过程、管理功能和各种信息加以集成；不仅要管理企业本身，还要管理遍布全球的客户、供应商、合作伙伴等各个环节，实现供应链管理（SCM）和客户关系管理（CRM）功能。系统性和集成性是新一代企业信息系统最主要的特征。所谓集成是在系统集成即技术集成的基础上，增加信息处理的方式、效率、功能、产品的说明，即信息集成。新一代企业信息系统不应只包含数据管理，而应在原有的数据库基础上建立数据仓库，通过深层次分析，结合本系统收集、整理、搜索到的企业内外部的原始数据和信息，发挥决策支持作用。

2）信息技术对组织转型的促进作用

信息技术的出现和发展对组织的影响是革命性的，詹姆斯·昌佩和尼丁·诺利亚（1998）认为，技术（尤其是信息技术）、政府在商业中的角色转换以及全球化的进程是推动变化加速的三股力量。他们提出未来组织的特征应该包括：以信息为基础；在组织上分散而又被技术紧密联结；有快速敏捷的应变能力；既有创造性又有团队合作精神；员工中拥有各种类型的智慧人才；有自我控制能力。其中，信息技术是未来组织建立的基础，没有信息技术就不可能将新型组织付诸现实。现代管理思想大师彼得·德鲁克（1988）认为，新型组织是以信息为基础的组织，并认为最终导致组织转型的还是信息技术。因此，信息技术是传统组织转变为信息型组织的技术基础。

信息技术的发展对组织最为直接的影响就是组织沟通方式的改变。伴随传统的科层制组织的是由上至下或由下至上的垂直沟通，随着以计算机为代表的新型通讯工具的迅速普及和计算机网络的形成，人们收集、传递、处理信息的能力有了很大的变化，在全社会范围内形成了信息的生产、加工、流通和消费体系，信息已成为社会经济中的重要资源，信息成本随之降低。组织信息沟通不仅包括垂直沟通，更注重横向沟通，整个组织处于信息网络中。为突出信息在组织中的地位，有学者提出信息链组织（information chain organization）的概念，即通过建立规范的信息处理机制，用信息链（信息沟通渠道）将各层组织的节点连接起来，通过优化信息的流动过程来整合系统资源的一种组织形式。信息技术对组织的影响是全方位的，主要表现在以下几个方面：

（1）信息技术与组织结构

信息技术的运用直接导致沟通的网络化，信息成本降低，管理层级作为信息沟通的节点已无必要。Woodward（1965）发现，在技术与组织结构（如层级数、控制人数）之间存在线性关系。为充分利用组织信息，提高组织的管理效率，精简组织中的管理层级势在必行，组织应当由科层制的金字塔结构向扁平的环形网络结构发展。在“环型组织”这种组织结构中，一个经理和其直接的上下级、重要的同事和外部合作者共同构成一个团体（board of director)，这个团体负责制订计划并与其他团体进行协调，同时负责绩效评价。这种组织形式被认为是可以提高组织的民主性、适应性及工作生活质量的。这种组织结构表明，在现代组织中，民主与责任并不冲突。

（2）信息技术与组织权力配置

信息技术对组织权力配置的影响是集权效应还是分权效应是存在争议的。有学者认为，信息技术的运用使得高层管理者获取的信息更丰富、更准确、信息成本更低，因此，减少了高层管理者的决策成本，降低了决策的不确定性，使得组织的集权化倾向变得明显。另一种观点则完全相反，认为随着信息技术在各类组织的广泛运用，各组织所构成的组织群的竞争程度加强，时间成为决策的重要因素，这必然要求赋予直接接近环境和客户的员工更多的自主决策权，同时基层管理者可以分享超越其管理范围的信息，因此可以说，信息技术使得组织的分权化倾向增强。我们认为，在充分考虑信息技术对企业环境的影响以及其他环境因素的作用的情况下，信息技术促进了组织的分权。Snow 等的实证研究发现，运用信息技术后产生了大量扁平化、网络化甚至虚拟的分权化的组织结构。Nahm 通过对 104 个制造业企业的调查后得出结论，层次少且水平方向沟通多的组织，其决策一般在低层，即分权化。Anderson 和 Segars 对 50 个公共组织的调查表明，信息技术可通过增加内部交流的方式支持分权化的决策，并导致更高的财务绩效。①

（3）信息技术与组织学习

信息技术强化了组织内的信息共享关系，组织内的团队之间、各团队内部的信息流量增强、速度加快，信息流量是组织学习效果的决定因素。因此，信息技术提高了组织学习的质量。

① 有关国外实证研究的结论转引自涂伟、郑常虹：《信息技术对组织权力分配影响：在集权化基础上的分权》，载《武汉科技大学学报（社会科学版）》，2006（1）。

(4) 信息技术与组织间关系

泰普斯科特（1999）认为，信息技术不仅拆除了内部的“隔离墙”从而使企业成为集成组织，而且还拆除了企业与供应商、客户等相关者之间的“隔离墙”从而使企业成为“扩大化的企业”（如图8—1所示）。当企业在技术的支持下与它们的客户、供应商、合作单位甚至它们的竞争对手建立起联系的时候，原来的“价值链”（value chain）变成了“价值网”（value network）。

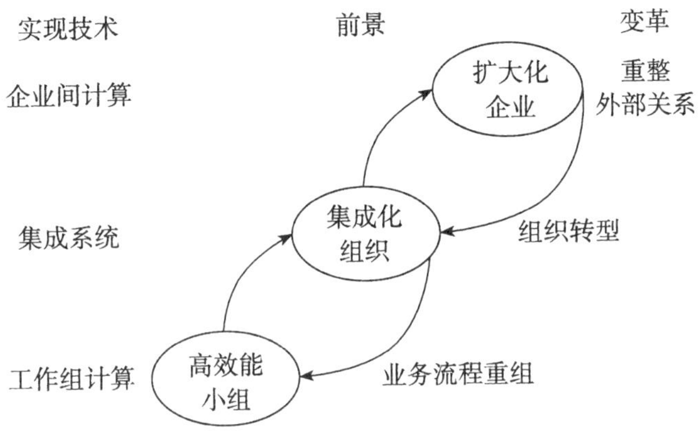

图8—1 信息技术与扩大化的企业

信息技术是构建虚拟企业、战略联盟的基础，企业就像整个自然界一样，是由相互依存的诸多要素构成的，从流程再造的角度看，“一个企业的业务流程也依赖于其他企业的业务流程而存活着”。在企业的许多关键性业务流程中，如营销、采购和新产品研发等，都需要合作才能完成。当今的优秀企业已将过去的合作关系发展成了一种联盟关系，这种联盟关系所决定的业务流程包括企业为生产和销售其产品和服务而从事的所有活动的总和。

8.1.2 信息技术与预算管理优化

鉴于传统预算存在的种种弊端，对预算优化的研究很多，将这些研究概括起来，基本有两种思路：

一是在原基础上改进（better budgeting）。CAM-I 的高级预算研究小组在对传统预算缺陷评论的基础上，把目标重心放在运营管理上，认为有效的计划和预算系统必须与此相适应，这些目标已成为著名的“关键目标”，为这一领域的工作提供了被公认是相关和重要的基础。更关键的是，“目标”引导企业从关注狭窄的预算转移到更宽广的先进管理系统，“关键目标”的含义和可能的利益见表 8—1。

表 8—1　**“关键目标”的含义和利益**

关键目标	含义和利益
战略导向	将预算与愿景、使命和战略相联系
	在竞争的需求间明确决策
资源的合理性	跨部门的管理流程
	关注工作产出和生产率
	确保投资收益的实现
	适应不同的时间周期
持续改进	驱动改进适应外部目标
	使浪费可见并指出浪费的问题
适当的行为	提高多数人就预算建设和决策达成一致
	使用平衡的业绩评价方法
价值增加	重点在计划，提高和预防
	整合预算和管理流程

Stephen C. Hansen et al.（2003）认为，作业预算（ABB）是改进预算的重要方法，其核心在于闭环模型，即运营环和财务环的平衡：运营环实现的是资源需求和可用资源（容量）的平衡，财务环实现的是财务平衡，即在运营计划的基础上建立财务计划，当

财务计划与预先设定的财务目标相适应时，就达到了财务平衡。ABB 方法强调预算是由战略首先驱动运营的，在保证运营资源平衡的基础上，实现财务结果与财务目标的平衡；与传统预算相比，ABB 方法由侧重财务转向重视以战略为基础的运营计划，强调运营与财务的整合。

二是超越预算（beyond budgeting）。超越预算方法的要义在于考虑现有的战略管理流程和预算程序，并将两者相联系创造一个独特的整合流程。通过削减财务计划流程来更有效地联系其他要素，如战略陈述、报告和报酬机制。超越预算并非认为提供财务项目不重要，而是强调与战略要素的结合。超越预算的优点在于拓宽了企业的视野，使企业开始关注一些非财务因素和无形资产对企业业绩的影响。

对传统预算的批评和反思应该说是中肯、切中要害的，也是理论界和实务界所公认的，传统预算的不足或缺陷可归纳为横向空间和纵向时间上的问题：第一，传统预算在空间范围上的局限性，传统预算的重心在财务预算而非运营预算，聚焦企业内部，对外部环境的变化不能作出实时反应；第二，传统预算在时间上的局限性，传统预算的时间适应性较弱，这导致预算角色之间存在内在矛盾，削弱了预算的有效性。

对于如何改进传统预算既有的缺陷，众多研究者是存在分歧的，改进预算和超越预算是两种迥异的思路，一种是渐进式的改良，另一种则是“休克疗法”。从改革力度上看，超越预算似乎更具矫枉过正的意义，但从可行性角度看，改进预算方式则更可取。西方的大部分企业仍将预算作为基本的控制方式，只有少数企业以新的战略管理工具取代传统预算。

除了预算改进和超越预算两种改革思路，技术也是改进预算效率和流程的重要角色，信息技术的飞速发展，为预算的改进提供了难得的契机。好的 IT 产品不仅可用来做年度预算，还可提高预测和报告的水平，如滚动预测（rolling forecast）、以季度为基础产生的预测等方法，能及时地对市场趋势和经济变化作出反应，许多企业已能够利用这些方法较为准确地预测收益。以网络为基础的预算（web-based budget）则提供了计划、预算和实时数据报告的一站式服务。

PerkinElmer 公司以下列手段作为改进传统预算的途径：将年度预算改为半年制预算，将激励报酬制度与预算过程相联系，以及网络预算。网络预算的运用使得预测和预算的编制更加动态化，预测和预算的调整也更加迅捷。系统支持在线信息的收集报告、分析以及滚动预测，系统还能生成预测报告，并通过例外警报提醒管理层注意那些需要关注的领域。德国的 VoiceStream 在实行网络预算后，财务部门从中得益，主要包括 10 个方面：①提高约 3% 的预算精确度；②节省约 40% 的时间；③减少约 50% 的循环次数；④37% 的使用者认为减少了大量的错误；⑤提升了士气；⑥实现更精准的分析；⑦节约邮寄、打印等成本；⑧实现了更严厉的控制；⑨实现了更频繁的预测；⑩实现了与战略相联系的目标。

随着企业信息化的建设，作为对传统手工编制预算的替代，网络预算得以在很多企业中运用。我国有关这方面的研究主要集中在网络预算系统的概念及其构建技术层面，冯巧根（2001）是较早提出网络时代的电子预算概念的学者，并比较了电子预算相对于手工预算的优势，通过电子方法编制预算提高了预算编制的效率，扩大了预算编制的范围，并使得预算编制变得快速简便。电子预算还拓展了传统预算的功能：电子信息技术被广泛运用于企业原料采购中；电子预算使得实时的现金管理成为可能。

网络预算技术的发展为预算的改进提供了技术支撑，提高了预算的有效性。主要表现在：第一，由于网络预算可实现在线编制，且可以持续优化、节约预算的编制成本，因此提高了预算编制的效益性和精确性；同时，充分的网络沟通和实时监控会降低预算松弛的水平，提高预算的有效性。第二，预算的动态调整、实时监控和网上考核消除了因时间不一致而导致的预算角色冲突现象，从而可以全面有效地发挥预算的计划、控制、激励和考核等功能，减少落实奖惩责任时的纠纷。第三，网络预算增强了预算的战略相关性。一方面，网络预算扩大了预算涉及的范围，使得预算逐步从财务中心扩展到战略、运营和财务等各个方面，将业务系统与财务系统完全融合，使预算真正成为“全面预算”。另一方面，在线考核功能时刻提醒下属服从战略目标。网络预算实质上缩小了改进预算和超越预算的差异，可以使两种改进思路逐渐走向融合。基于以上分析，网络预算对预算行为和预算有效性的作用机理如图 8—2 所示：

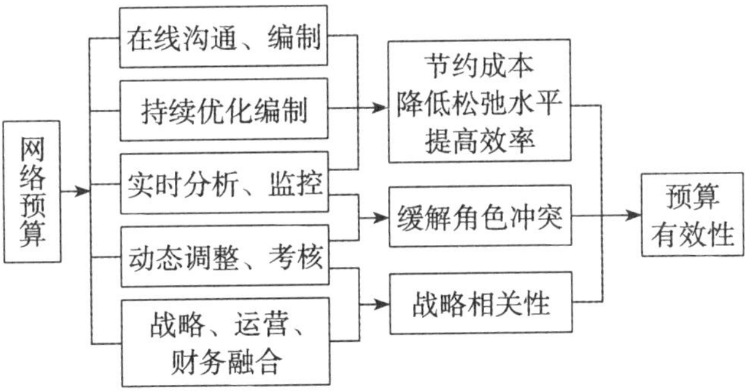

图 8—2　网络预算的作用机理

8.1.3　信息技术是新型组织预算的技术基础

信息技术之所以成为新型组织预算管理的技术基础，其原因就在于：第一，信息技术是组织转型的诱因，是新型组织运作的技术基础。基于供应链的网络组织、内部基于流程的团队组织，都是建立在信息技术的基础之上，因此建立在这些组织之上的预算管理的技术当然也是信息技术。第二，信息技术广泛运用于预算管理中，对预算管理的改进是革命性的。对于传统预算的优化是建立在改进传统预算基础上的还是建立在超越预算替代基础上的问题，学术界和实务界争论不休，到目前为止似乎还没有最终答案，因为在实务界中坚持原有预算模式的企业仍占多数，同时也不乏成功运用超越预算模式的个案。但是，两种改进模式均未考虑信息技术这一重要因素对预算管理的冲击，因此，信息技术对于这两种预算优化方式可起到调和作用。

8.2 网络预算：新型组织预算技术的选择

8.2.1 网络预算：预算管理信息化的高级阶段

尼尔斯·H·莱思缪森和克里斯托弗·J·艾可恩（2006）对预算管理软件技术的过去和未来作了一个趋势分析（如图8—3所示）：20世纪80年代到20世纪90年代中期，内部解决方案占主导地位，之后是单项优势软件呈急剧上升趋势，而电子表格方案一直呈平稳发展的趋势。在系统运用方面，从20世纪至今，依次从旧系统、Windows& 网络系统、Windows& 客户服务系统逐步发展到现在的基于网络的系统。也就是说，当今的预算管理系统已经步入了基于网络系统的单项优势软件时代。

具体而言，随着计算机技术和网络技术的发展，基于信息技术的预算管理的发展经历了以下几个阶段：

1）将电子表格运用于预算编制

自从微软公司的 Microsoft Excel 向世以来，凭借其操作简单、功能强大，表格处理、计算和修改能力强等优势而被广泛运用于财务管理领域，在企业的预算编制工作中得到广泛应用。英国作者斯科里克（Secrett，M）在其所著的《预算和预测——电子表格的应

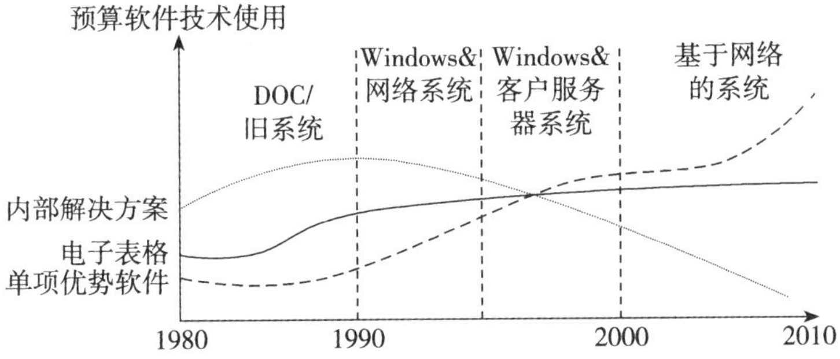

图 8—3 预算软件技术的过去和未来

用》一书中，对电子表格在预算和预测中的运用作了详细介绍，并认为现在计算机电子表格的使用变革了预算和预测，使得过去很难着手的数据变得很容易处理。所以，与以前的手工预算手段相比，电子表格在预算管理中的应用优势在于：一是简化了手工预算繁琐的计算，节约了预算时间，提高了预算效率。二是使得预算的调整变得方便快捷。由于预算数据之间存在勾稽关系，一个数据的调整往往会导致整个预算的变动。所以，传统预算很少做调整——这也导致了预算与环境变化的不适应性，由于电子表格的强大计算功能，使得预算的调整更为便捷。时至今日，电子表格仍然是许多企业编制预算的工具，是预算管理系统的组成部分。

作为预算管理信息化的开端，电子表格在预算中的应用在改进预算方面的作用是很有限的，仅仅作为手工的替代方式。编制完成后的执行、监控、数据共享等工作，都是作为单机办公软件的电子表格所无法完成的。

2）财务软件附带预算管理功能

财务软件的主要功能是会计核算，此外还附带了应收/应付账款管理、固定资产管理、存货管理、费用管理等功能，国内的用友、金蝶等通用的财务软件还具有预算编制、预算分析、弹性预算、预算控制等部分功能。其预算功能一般能够灵活地定义预算科目的口径，并为该科目制订预算额；在预算的执行控制方面，系统能够与核算系统紧密集成，从而在某个部门的某项费用超过预算额时，能够实现自动报警；在预算分析方面，系统能够自动将财务的实际发生数与本年预算数或其他年份预算数进行对比分析。

财务软件附带的预算管理软件的优势在于加强了预算管理的刚性控制作用，由事后反馈控制发展为事中的实时控制；但其实现的仅仅是财务预算的信息化，对于业务预算则无能为力，未能实现业务预算和财务预算整合的全面预算的信息化。

3）基于网络的专业预算管理软件

鉴于财务软件附带预算管理功能的不足，各公司开始购买和自行研究专业的预算管理软件。预算管理专业软件通常是内嵌于管理软件中的，是与其他管理模块集成的。预算软件是基于网络系统的，可以提供网络版本，通过标准的浏览器输入数据，运用一定的网络技术，如结构化查询业务语言（structure query language，SQL）的数据库系统、联机分析处理（online analytical processing，OLAP），建立基于网络技术的用户交互界面，进行预算分析和交流。尼尔斯·H·莱思缪森和克里斯托弗·J·艾可恩（2006）认为，现代预算软件应该具备以下功能：

①在系统中整合财务数据和统计数据；

②系统可以整合交易数据并导入其他应用软件包；

③多用户，个性化；

④按照主要报表进行整合；

⑤个性化的输入界面；

⑥自动数据输入；

⑦将数据输入项目和公司战略目标相联系；

⑧数据输入指南（帮助、警告）；

⑨在线连接远程站点；

⑩提供项目细节；

⑪用户定义计算；
⑫工作流程自动化；
⑬功能强大、用户界面友好的报告书写器；
⑭数据恢复功能；
⑮下钻功能。

4）山东航空公司基于网络的预算管理系统

（1）简要过程

被誉为“齐鲁之翼”的山东航空集团是2000年成立的国有大型一类航空运输企业集团。经过10年的发展，公司总资产已达45亿元，山航集团以山东航空集团有限公司为母公司，拥有山航股份、山东太古（飞机维修）、航空培训、广告公司等子公司和山航大厦、济南丹顶鹤大酒店（三星级）、烟台飞行员度假村等分支机构，形成了以运输业为龙头，上下游产业相配套发展的经营格局，逐渐发展成为一个具有多种产业结构布局的综合性企业集团。

山航集团全面预算的编制主体十分复杂，成员单位既涉及控股、非控股的子公司，又涉及非法人的独立核算单位；既涉及B股上市公司，又涉及内资企业；既涉及航空运输主业，又涉及与航空业有关的飞行员、乘务员、地面维修业务培训等多种行业。山航以现代企业制度为基础，实行董事会领导下的总裁负责制。

2005年初，山航在综合平衡了各软件的特点和其他集团取得的经验之后，结合自身情况，决定首先从全面预算管理入手，这也是整个山航推出战略管理的重要组成部分以及实现全面信息化的第一步。

虽从全面预算管理入手，但山航着眼于未来集团信息化统一平台的建设，这次选型主要考虑两个方面：第一，考虑企业现有特点及需求，将来开发出来的平台应当能够满足集团及下属企业全面预算管理的需要，能够建立全面预算管理体系，优化企业的资源配置，保证集团公司总体财务目标的实现，全方位地调动各个层面员工的积极性，促进企业建立、健全内部约束机制，规范企业财务管理行为，促使企业效益最大化。第二，能面向集中管理，实现集团信息化统一平台的建设，要求整个系统在战略上实行集中控制，整合所有资源，在战术上实行分布式经营，做到既能降低经营风险，又能发挥规模经济优势，协助集团实现战略性目标。另外，成熟的产品线、大型企业实施案例也同样是山航所关注的。

经过浪潮通软和山航财务部6个月的通力协作，全面预算管理系统于2006年8月成功验收，山航的2006年全面预算也已经编制完成。

（2）全面预算管理系统的主要特点

①支持多种预算体系，可以实现包含业务预算、财务预算、资本预算及筹资预算等多种体系的全面预算管理。

②能够体现预算编制过程的灵活性，支持在一个会计年度内分阶段进行编制，也支持跨年度编制预算。可定义预算表格式，适合多种预算编制方法。

③支持滚动预算、弹性预算、增量预算、零基预算等编制方法，支持自上而下的集中预算的编制、分解，自下而上的预算编制、汇总，以及上下结合的预算编制流程。

④支持多种细化预算数据方式，可以从编制期间上进行细化，也可以从部门、专项上进行细化处理。

⑤支持预算表之间的推演，可定义表间的勾稽关系。

⑥具备灵活的功能权限和数据权限控制，不同人具有不同层次、不同数据的操作、修改、查看等权限，保证系统和数据的安全性。

⑦预算执行数据被动地采集于其他业务系统，可直接与其他系统共享使用，实现事前预算和预警，事中控制；可同时在年、季、月、旬定义不同的控制方法，预算控制更灵活。

⑧预算分析灵活，可以进行预算对比分析、预算差异分析、预

算环比分析、预算定基分析、预算穿透分析等多种分析，满足预算管理的需要。

（3）成效

①遏制了预算松弛现象。山航集团在预算系统中加入了自动预警、报警，也就增加了相当多的控制点，使管理层能够更好地把握集团公司整个预算年度的经营命脉和发展趋势，保证预算与企业战略趋势一致，能够在一定程度上发现和遏制预算松弛。

②提高预算编制效率，减少“预算博弈”行为。整个集团预算体系包括近200张表，从企业人工和各种物料消耗定额开始填写数据，然后自动反映到后面的成本表中，越到后面的环节，系统需填写的数据就越少，最后所有数据都汇总到现金收支上来。最终形成的3张会计报表中有60%～70%的数据都是从前面的环节中自动获取的。这样一方面使得预算的工作量大为减少，提高预算编制的效率；另一方面，由于很多数据是自动生成的，且数据之间有勾稽关系，所以要人为“做假”就很难，减少了预算博弈行为。

③强化预算控制力，提升预算分析功能，优化资源分配。山航集团对各单位的生产经营活动获得了全面了解，实现了集团对下属二三级单位的全方位管理监控，把企业中的各种经济活动统一到了企业整体发展目标上来，在集团内部形成上下一致的合力，推动着集团的高效运转。全面预算真正起到了对山航集团战略管理的强有力支撑。通过及时获取企业资源配置信息、运用各种预算分析手段，实时发现资源配置问题，并对预算作动态调整，优化资源配置。这样，预算的柔性化程度提高。

8.2.2 网络预算过程与成效：基于中石化金陵分公司的案例分析

1）中石化金陵分公司的基本背景简介

中石化金陵分公司（以下简称金陵石化）直属于中国石油化

工股份有限公司，是国家特大型石油化工联合企业，主要从事石油炼制及石化产品的加工、生产和销售，拥有炼油、化肥、热电等40余套大型生产装置和科研、信息、经销、物装、消防等5个直属单位，原油加工手段比较齐全，生产技术力量较为雄厚。产品有多种牌号的汽油、煤油、柴油、润滑油、特种油品、有机化工原料、化肥等40余种，除供应国内市场外，还远销30多个国家和地区。

经不断发展，至2003年，金陵石化的原油一次加工能力达到了1 050万吨/年，综合配套加工能力为800万吨/年，其中含硫原油加工能力400万吨/年。主要生产装置有100万吨/年加氢裂化、120万吨/年重油催化裂化、100万吨/年重油催化裂化、170万吨/年延迟焦化、60万吨/年连续重整、200万吨/年柴油加氢、30万吨/年合成氨、52万吨/年尿素、20万千瓦/时发电机组等。2004年，金陵石化加工原油821万吨，实现销售收入221亿元，利润4.28亿元。

2）金陵石化网络预算的发展历程

金陵的预算管理发展历时6年，经历了从无到有，从手工编制到网络预算的过程，可分为3个阶段，每个阶段都在原有基础上前进一步，但也存在一些问题和不足，后一阶段都是在克服前一阶段问题基础上的持续改进。

（1）预算管理的初步形成阶段（1997—2000年）

金陵石化引进预算管理制度的原因主要有两个方面：一是国家为加大对国有特大型企业的监督，建立了稽查特派员制度，客观上要求企业加强内部控制的建立和完善；二是金陵石化的管理层从主观上逐步了解和意识到预算管理的重要性，并积极着手在公司推行预算管理。客观环境的必然要求和管理层主观上的充分认识为预算管理的施行提供了前提条件。这一阶段的预算主要依靠手工方式编制、下达，内容单一，主要包括收入和成本费用等大类项目，预算起到的作用仅仅是计划作用，其他如预算基础的控制、业绩考核等功能未能有效发挥。即使这样，在预算推行过程中还是遇到很大的障碍，二级管理体制是产生障碍的主因，下属的工厂、公司等都具备法人资格，体制不顺和抵触情绪使得预算难以深入开展。但3年坚持不懈的宣传、推行，已经为预算管理的进一步发展创造了良好的环境。

（2）信息技术提升预算管理水平阶段（2001—2003年）

2000年2月，以炼油、化肥、热电为主业的金陵石化成立，并于10月随中国石化股份公司在纽约、香港、伦敦三地上市。公司上市后需要逐步完善公司治理，加大内部管理力度，2001年年底实现管理体制“扁平化”改革后，组织结构发生重大变化，管理重心下移，缩短了管理流程，为深化全面预算管理提供了良好的组织环境。同时由于企业规模大、数据繁杂，因此手工编制预算过于耗时且监控数据难以抽取，从而使预算的功能难以有效发挥，不能满足管理的要求，为此金陵石化建立了全面预算网站作为预算管理的平台，并先后开发了各专业子系统，包括物资供应子系统、销售子系统和动力消耗日平衡系统。

信息技术在公司预算管理中的运用使得预算的计划、协调、控制等基本功能得到有效的发挥，但是，预算基础的考核和严格的控制也遇到了较大的阻力（这也是许多公司预算失败的主因）。然而，金陵石化领导层的信息化知识背景和对信息化工作的高度重视发挥了关键作用，使得信息技术在预算管理中获得了成功应用。

（3）网络预算管理阶段（2003年至今）

2003年起，中石化在内部推广ERP，使用的是德国的SAP软件，公司将原来开发的专业子系统的数据导入了ERP。金陵石化没有直接使用ERP中的预算模块，一方面因为SAP软件自身的一些问题，如不能解决联产品问题、用户界面不友好，面向的是操作层而非管理决策层等；另一方面是因为ERP中的预算模块相对简单，不能满足企业管理的实际需要。因此，金陵石化决定自主开发基于企业实际情况的全面预算管理系统，包括预算指标、预算监控、预算分析和预算考核等四个功能模块，预算指标通过网络上传，从 ERP 和 MES（制造执行系统）中抽取数据用于预算分析和监控（如图 8—4 所示）。

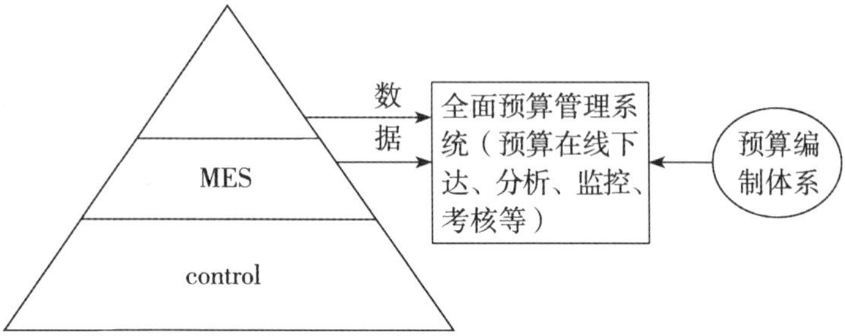

图 8—4　预算系统数据来源

在预算系统变革的同时，与之匹配的管理方式也在完善，即在严格预算考核、明确预算责任的同时，也伴随着分权，使得下属车间的责、权、利趋于对称，减少他们对预算的抵触情绪。与上一阶段相比，系统的集成度更高，分析监控数据更全面，可实现深度查询。全面预算管理运行以来，运行效果良好，中石化炼油事业部决定在金陵石化预算系统的基础上进行通用化，然后在系统内推广。

3）网络预算的运行体系

完整的预算运行体系包括预算的编制、执行、分析、监控和考核等环节。

（1）网络预算的编制程序和内容

与一般的网络预算的在线编制不同，金陵石化的预算编制是在线下进行的，使用的工具是 Excel 表格，编制过程中充分利用了 Excel 强大的计算功能。由于金陵石化的业务位于中石化产业链的中间部分，其生产加工所需的原油和加工后的成品销售大部分是由中石化计划控制的，因此金陵石化的预算编制有其特殊性。第一步先确定月生产计划，每月10日前由公司各生产部门向生产计划处上报下月的生产能力，生产计划处汇总后报中石化集团，集团平衡后下发下月的生产计划，公司再将该生产计划分解给各生产部门，经过由下至上再由上至下的过程，落实每月各部门的生产任务。第二步是预算的编制，各部门根据生产任务，根据事先设定的计算公式来编制预算并上报给各处室，各处室汇总后交由预算管理办公室统一汇总平衡，每月2日提交给预算管理委员会讨论，对一些有异议的预算可提请编制部门予以解释，通过讨论确定目标利润，由预算管理办公室在线下发（如图8—5所示）。

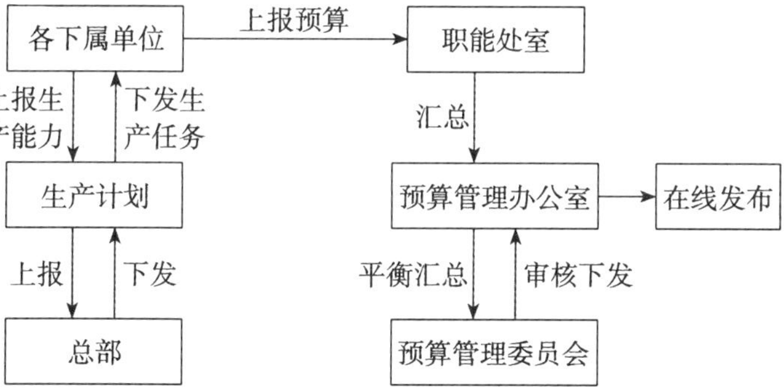

图8—5 金陵石化预算编制程序图

金陵石化根据自身业务特点，将预算管理的内容分为生产经营预算、资金收支预算和项目投资预算等三大板块。

①生产经营预算。这是整个公司预算的重心，预算指标包括收入及利润指标、技经指标和费用指标。公司以市场价格为基础设计内部价格体系，下达贴近市场的内部利润和费用指标，通过内部价格引导生产管理、优化工艺操作，从而有效地将市场压力传递到基层，提高员工的市场意识，努力实现分公司整体效益最大化。同

时，为了体现预算编制的准确性、公正性和透明性，在下达预算指标的同时，公布责任单位的预算上报数据，并进行数据对比，反映预算编制轨迹，不断提高预算编制质量。

②资金收支预算。分公司在总部资金预算管理的基础上，结合分公司的特点，按照重要性原则，对资金预算的内容进行充实和细化，分解资金收支的管理责任，建立“月预算，周平衡，日安排”的预算管理办法。为了对资金进行有效管理，接入了工行、建行以及财务公司的网上银行财务查询模块，实时监督每日本单位的收支及余额情况，加强了资金的收支管理及余额管理。

③项目投资预算。分公司根据股份公司下达的全年投资计划和分公司年度投资安排，由财务处提出指导意见，专业管理部门根据工程进度和生产经营具体情况对基建、技改及大修理等各项指标费用进行分解落实、统筹安排，编制年度、季度、月度预算，三种预算互相衔接，以便更好地控制各项费用，为企业增加效益。

（2）网络预算的在线分析和监控

为满足管理层的监管需要，金陵石化在系统开发时已按照决策层、职能处室和生产车间等不同层次设计了关键绩效指标（KPIs），使得各层次的管理层都能方便、快捷地查询其权限范围内的数据。预算系统的数据每 12 小时更新一次，预算系统提供深度查询，逐步细化，可查询到每一笔业务的具体状况。预算监控模块还提供预警信息，提示预算进度的完成状况，未按规定完成进度的，领导层责成职能处室调查原因，及时纠正。

金陵石化预算分析包括基础数据分析和文字分析两个部分。基础数据由系统自动采集，然后生成预算分析比较表，全部预算分析表格的结构按照三项对比展开：一是本月实际完成情况与预算对比，检查月度完成情况；二是累计完成情况与年度预算对比，检查预算进度完成情况；三是累计完成情况与上年同期进行对比，检查年度间增减情况。这些预算和实际执行情况分析比较表格为文字分析提供了数据支持，大大简化了工作流程，增加了分析信息量，提高了文字分析的效率。经过努力，目前在网上已形成车间预算分析、职能处室专业分析以及分公司全面分析三个层次分析体系。总的说来，预算分析包括两大部分：一是数据对比分析，以表格方式体现，为文字分析提供基础；二是文字分析，是对数字分析的深化。

预算分析还包括横向的比较分析，金陵石化将中石化提供的其他分公司的数据输入系统，比较分析本公司与兄弟公司在关键指标（如产量、吨油成本等）上的差异，分析产生差异的原因，提出改进的方案。

（3）网络预算的考核

金陵石化设立了预算考核专项奖，考核实行硬否决方案，在考核过程中采取了以下办法：一是引入累计考核系数，将月度指标与年度指标挂钩；二是实行难度系数分配制度，适当拉开奖金差距；三是采取弹性预算考核，体现考核的合理性；四是考核预算偏离度，提高责任部门预算编制质量；五是将预算考核结果在网上发布，以便于监督考核结果的公正性。

与手工预算相比，从流程角度来看，网络预算的特点在于预算在线发布、在线监控和分析，以及考核结果的网上公布（如图8—6所示）。

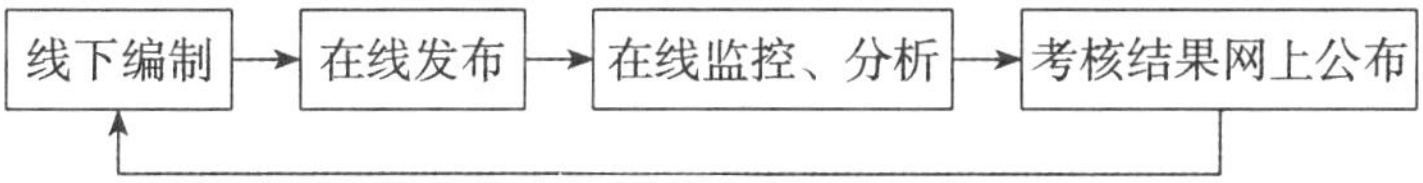

图8—6 网络预算流程图

4）金陵石化网络预算的实施成效

我们从分公司领导层、下属职能部门和车间、财务部门等三个层面调研金陵石化实施网络预算后的成效（这里的实施成效是指与前两阶段预算相比较而言的），具体调研效果见表8—2：

表 8—2　　　　**网络预算的实施成效**

分公司领导层	下属职能部门和车间负责人	财务部门预算工作的负责人
①网络预算与环境的动态变化更加适应； ②网络预算带动了企业的流程再造； ③网络预算更易获取信息； ④网络预算改进了与下属的沟通； ⑤预算的网络化使得监控更实时； ⑥预算的网络化提高了企业的竞争力； ⑦网络预算提高了企业层面的绩效	①网络预算提高了我们参与预算编制的程度； ②网络预算对费用控制更严格； ③网络预算增强了工作的压力； ④网络预算提高了本部门的管理效率	①网络预算节约了预算编制的时间； ②网络预算节约了预算编制的成本； ③网络预算提高了预算的精确程度； ④网络预算使得预算差异分析更精确； ⑤网络预算加强了预算的执行有效性

我们以吨油完全费用作为网络预算控制成效的财务指标（之所以没有采用收入和利润等作为衡量预算成效的指标是因为收入和利润受价格因素的影响较大，而价格是由国家发改委决定的，非企业所能控制），从表 8—3 中可以看出，金陵石化的吨油完全费用是持续降低的。

表 8—3　　　**金陵石化吨油费用预算与实际对比情况表**　　　单位：元/吨

日期	2003 年		2004 年		2005 年	
	预算	实际	预算	实际	预算	实际
1 月	187.81	187.32	179.42	179.48	163.28	162.97
2 月	187.90	187.82	179.97	179.83	177.00	176.70
3 月	186.34	179.56	177.55	174.95	154.68	158.98
4 月	184.99	184.98	167.28	167.08	145.19	139.08
5 月	184.93	183.26	177.26	170.69	—	—
6 月	184.66	184.62	175.98	175.88	—	—
7 月	182.62	182.66	173.71	169.45	—	—
8 月	184.84	184.90	166.73	165.33	—	—
9 月	184.85	184.84	162.71	162.90	—	—
10 月	184.94	184.41	165.63	164.94	—	—
11 月	184.58	184.94	168.00	184.64	—	—
12 月	184.03	183.46	171.74	174.45	—	—
年度	185.00	184.36	172.40	172.37	150.00	159.43

从表中不难看出，一方面网络预算的成本控制效应明显，吨油完全费用逐年下降，而且下降幅度较大，趋势明显；另一方面，预算数和实际数差异较小，说明预算松弛现象也得到了有效控制。

从金陵石化预算管理的过程和效果中可以看出，网络预算对传统预算的改进效果明显，这也证明了前述有关网络预算对预算行为的影响和效果的理论分析，改进集中表现在以下几个方面：第一，预算编制耗时少、成本低，效率高，通过有效沟通提高了预算的精确度。第二，预算的在线分析、实时监控和考核功能提高了预算执行的效率，在一定程度上减弱了角色之间的冲突，较好地实现了预算的计划、控制和激励的功能；第三，系统集成使财务和运营相融合，相互印证。深度查询和及时沟通使得领导层对运营的监控更实时有效，提高了企业的营运效率。

但是，金陵石化的网络预算缺乏动态调整，当产量发生变化时，只在预算中说明，并不更改预算，而是在事后考核时再作弹性调整。这样一来，虽然对环境变化的适应性有所加强，但是在增强战略相关性方面没有得到证实，这与前面的理论分析不完全一致。

5）金陵石化网络预算案例的示范意义及其限制

金陵石化网络预算的案例有一定的示范意义。首先，我们从金陵石化网络预算的过程中可以看出，网络预算与组织转型是相互影响的。金陵石化为实现包括网络管理在内的信息化管理，将组织转型为扁平化组织，实行二级管理体制，减少了管理层级。金陵石化是国有大型加工制造企业，业务流程复杂、数据繁杂、管理难度大，网络预算能在如此环境下成功实施，那么有理由相信在环境相对简单的企业中也一定能成功推行。其次，金陵石化成功实施网络预算的基本要素对其他企业也有着普遍的借鉴意义。这些基本要素如图 8—7 所示。

无论是传统预算还是网络预算，控制文化始终是预算成功推行的基础。所谓控制文化，简而言之就是员工接受控制存在的必要性

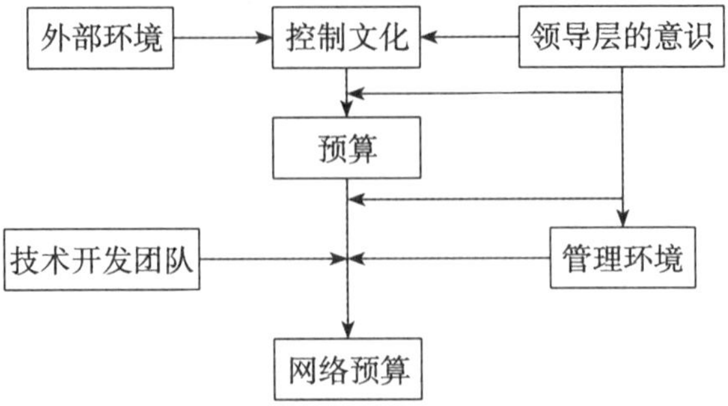

图 8—7　网络预算的影响因素

和合理性，对企业实施的必要控制能够理解和接受。如何建立企业的控制文化是改制中的国企和新兴的民企必须关注的问题，控制文化的形成首先依赖于企业对外部环境不确定性、竞争的激烈有所感知，认识到建立控制文化的必要性，其次，企业领导层的先发意识和率先倡导也是非常重要的，应当加强宣传。

要想从传统预算成功发展到网络预算，需要具备三个基本要素：第一，领导层对企业信息化管理的重视，认识到信息化管理是提升管理水平的必要手段。第二，拥有良好的技术开发团队，团队的组成不仅包括计算机方面的专家，还需由精通本企业业务和财务的专家参与，尤其注重吸纳复合型人才的加盟，做到知识互补、因地制宜地开发预算管理的系统。第三，具备与网络预算相适应的管理环境，包括扁平化的组织结构、适当的分权和配套的以预算为基础的考核、奖惩制度等。

当然，该案例在示范意义上也有一定的缺陷：①尽管金陵石化对组织结构作了扁平化的转型，但它并不是完全意义上的新型组织，准确地说，金陵石化实施的是组织转型过程中的网络预算。其主要问题在于：金陵石化的市场性不强，原料供应和产品销售基本由中石化决策，有一定的计划色彩，一般情况下预算无需调整，这与完全面向市场的企业有所不同。②金陵石化网络预算本身尚有一些需要完善的地方。首先，预算不能实时调整，金陵石化的预算编制下发后，如果中石化调整生产计划或价格，公司不会进行调整预算。这是由预算的线下编制决定的，就编制而言，与手工预算相同，在一定程度上影响监控的质量，虽在考核时作适当调整（即所谓的弹性预算考核），但这种调整带有一定的主观随意性，影响考核的客观公正性，不能完全解决预算角色之间的冲突。其次，预算不具备持续改进功能，虽然网络预算的目标是用线性规划技术在线评价生产经营最优化方向，但实践中预算编制所用的 Excel 计算公式相对固定，一般不作调整，缺乏持续优化的功能，只能次优化运行。再次，预算与战略的不相关性仍然存在：一方面是因为企业的部分计划经济的属性使得战略在企业中的重要性程度不高；另一方面与公司对预算的定位有关，金陵石化认为网络预算是在线的管理控制过程，是强化管理的工具，与公司战略不相关。

8.3 新型组织网络预算的优化

通过对金陵石化的网络预算案例研究我们认识到，预算的网络化是必然趋势，它能够提升预算在企业管理中的价值，充分发挥预算的作用，但同时也应看到现行的网络预算正处在发展和探索阶段，仍需要对未来理想的网络预算模式作进一步探究。我们可以从组织维度、信息维度、战略维度和持续改进维度的优化来分析新型组织中网络预算的完善方向。

8.3.1 组织维度优化

网络预算的构建应该以新型组织结构为基础。从内部的角度来看，网络预算系统的架构是建立在作业基础上的，以作业集合为流程，将同流程的预算集中，即成为团队预算；从外部的角度来看，应逐步建立与供应链企业联动的或一体化的网络预算体系，成为供应链企业之间相互合作的有效机制。

8.3.2 信息维度优化

1）基于协同商务的预算整合

协同商务其实是一种供应链管理思想，是供应链管理的深化，它意味着不仅要将企业内部的各个部门，而且要将企业的合作伙伴，如供应商、分销商和零售商甚至终端客户联系起来，统一计划、统一数据模式，形成动态联盟和协同。信息协同是协同商务的基础。现行网络预算的相关数据的范围局限在单一企业内，而未来网络预算的范围会逐步向外拓展。网络预算中，信息传递的第一类手段是通过企业内网（intranet），在企业内部创造自由信息流，打破部门界限，实现企业内部的“信息民主”，加强部门间的预算监督和信息共享，在一定程度上限制预算松弛和促进预算的有效执行。同时，数据管理应该是开放的系统，应当引进协同商务的概念以及现代化的信息协同技术来实现供应链伙伴之间的信息传递和交易的自动化。所以，第二类手段是通过外网（extranet）与客户、供应商和合作伙伴共享关键信息，实现“信息大使”的功能，把单个企业预算发展为向客户、供应商和合作伙伴三方延伸的以供应链为基础的预算，提高预算的精确性和有效性。

2）预算分析的智能化

理想的网络预算对数据的处理应该是基于商业智能技术的，商业智能是在 ERP 基础上发展起来的，商业智能的实质是将数据转化为信息，形成信息供应链。将商业智能的分析功能运用于预算管理，一方面可使管理者按其要求获得深度开发加工的动态分析数据，从时间、机构和具体科目等多个维度查询与预算执行相关的信息，以对预算的运行进行实时监控；另一方面可起到事先分析和预警的作用，预算系统可以集成外部环境的数据和企业内部的销售、财务、生产运作等信息，根据这些数据设置多种关键绩效指标（KPIs），设定指标底线，一旦实际情况超出底线，系统通过电子邮件等通讯方式提醒预算的管理者和执行者，及时识别数据背后反映的企业的外部和内部的现状，迅速作出应对策略。通过大量的数据模拟和发展曲线，企业可以及时发现市场和顾客的异常情况对预算的可能影响，快速采取调整措施，更新预算，降低企业风险，提高企业收益。

8.3.3　战略维度优化

对传统的预算批评之一就是传统预算过分关注财务方面的内容，而对战略不重视。据 1998 年 CFO Europe 杂志的调查，60% 的企业预算与战略不相关。ERP 系统预算的动态适应性比传统预算有所加强，实现了实时调整，但与战略变革的需求仍有距离。借助商业智能的数据挖掘方法，企业可通过客户细分、客户行为分析、重点客户和潜在客户发现等手段来了解客户，探寻在日常客户交易的数据中是否隐藏着一些有价值的信息，提高预测的准确性，在此基础上编制的预算与环境更加适应，因为它兼顾了预算的外部和内部适应性。商业智能可以将预算提升到战略层次，扩展至财务与非财务两个层面，借鉴平衡记分卡的指导思想，设置关键绩效指标，围绕这些多维指标并按照不同的业务群组分别建立预算、量化指标、分解和细化战略，并在战略运行中实时监控和纠偏。部门预算和员工预算必须符合企业的战略目标，应当对部门和员工的个人工作绩效进行衡量和评价，以保证其目标与企业战略目标的一致性。

8.3.4　持续改进维度优化

在预算管理中，预算的持续改进（kaizen budgeting）是经常被强调的，这要求预算以期望的未来经营状况为基础，而不是像传统预算那样以延续目前的活动为基础。传统预算的改进是基于人的学习能力的，集成的是单个企业的智慧，而理想网络预算的改进是基于机器学习的，预算软件集成的是若干成功企业的智慧结晶。

网络预算的学习功能是根据不断变化的外部环境和预算执行中的问题修正预算，连续不断地优化预算行为。基于商业智能的预算系统具备自学能力，这种学习能力不仅仅局限于知识的获取、组织和加强，而是包含建立理论、形成假说并进行归纳推理的高层次机器学习。所谓机器学习（machine learning），是一个有特定目的的知识获取过程，其内部表现为新知识结构的建立与修改，外部表现为机器工作能力的提高。如果预算系统具备机器学习能力，预算中的诸多问题就会迎刃而解。预算管理中诸多问题的起因在于预算起点的选择，大多数企业以销售预测作为预算的编制基础，上下级基于各自主观判断的预测是预算冲突和松弛的主因，解决这些问题的根本在于如何更准确、客观地进行市场预测。商业智能的数据挖掘方法和机器学习系统能够逐渐实现这一目标，如果预测执行环节使环境发生了变化，就形成了在线学习。学习的策略包括类比学习和归纳学习等，新的实例逐步进入学习环节，转化为预测和预算编制的知识，再次输入相关的客观背景知识，就能进行更好的预测，并在此基础上编制预算，而且这一过程是循环往复的，不断优化的。因此，商业智能的预算尽量减少预算制订者的主观判断，这就提高了预测的准确性、客观性和上下级预测的一致性，减少了冲突和预算松弛。

9 结 语

9.1 预算管理的研究视角选择

预算管理是企业常用的管理方式，尤其是对管理规范的大中型企业而言几乎是不可或缺的。也许正是预算管理应用的广泛性，针对它的批评也日益增多，随之而来的解决“药方”更是层出不穷，最简单且彻底的“药方”就是抛弃预算管理，但是，却难以找到合适的替代管理工具。即使是宣称抛弃预算的“超越预算”方法，本质上也未放弃预算管理的思想，摒弃的只是预算的固定绩效合同的角色。看来预算管理是一个“让企业欢喜让企业忧”的管理工具，预算管理成为研究热点就不足为奇了。

如何研究预算管理或者选择什么样的视角来研究预算管理是研究者必须首先面对的问题。现有的预算管理研究经常选用的视角包括：第一，管理会计的研究视角。由于会计的信息属性限制，管理会计有关预算管理的研究侧重的是“预算”，而非“管理”，或者更准确地讲，从这一视角出发的研究需要注重以下几点：预算编制是其研究的重点（如全面预算体系框架的构建）；作为全面预算编制起点的选择；预算编制的程序和方法；预算编制中的参与程度及其所带来的绩效、预算松弛等。第二，经济学的研究视角。预算管理的经济学研究方法是将预算管理置于委托代理理论和报酬激励理论等数理经济学模型基础上的，其特点是严密的数学推导，理论性和逻辑性都很强。但是，与其他经济学学科一样，这类研究都有严格的假设前提（如理性经济人假设等），正是这些假设成就了严格的数理推导，同样也正是这些假设削弱了研究的现实应用性，而且经济学的研究重点还是在于预算目标的形成。

本书选择的是组织视角，由于预算管理本来就是组织问题，离开组织的大背景抽象地研究预算管理无异于缘木求鱼。组织视角的研究由于组织理论的丰富性、分析层次的多样性而拓宽了预算管理的视野；也由于组织对于环境的敏感特点也处于转型之中，组织转型必然要求管理变革，预算管理只有适应组织转型和管理需求才有生命力，从这个角度研究预算管理问题及其改进才是贴近现实世界的。因此，本书研究的逻辑思路可概括为组织转型—管理变革—预算管理优化，与管理会计视角研究的区别在于侧重预算管理中的“组织与管理”层面。

9.2 组织视角预算管理研究的意义

组织视角的研究提供了多层次解析预算管理本质的可能性，可分别从理性组织、自然组织和开放组织的视角理解预算管理作为组织的控制系统、个体的行为规范系统和环境交换平衡系统这一三维本质特征，丰富了预算管理研究的层次，重视预算管理与组织形式的互动研究。一方面，预算管理会对员工行为产生一定的影响；另一方面，组织内部行为模式的变迁也需要预算管理作出相应的调整。组织间关系的变化也对预算管理的范围和预算管理的方式提出了变革的要求。

组织理论视角的预算管理本质上是静态意义上的研究，而组织转型视角的预算管理研究则是动态意义的研究。组织必须转型以适应外部环境的变化，组织转型包括组织结构、组织行为、组织文化、组织间关系的转型，必然导致管理和控制的变革，也相应地要求优化预算管理，以适应组织的转型。预算管理的优化也是从三维本质的角度着手的，分别从预算组织体系的变革、预算行为的持续改进和信息技术在预算管理中的运用等三个方面研究新型组织的预算管理。组织发展与转型是一个永续的过程，决定了预算管理的优化也是一个持续的过程，本书只是研究了从现实的科层制向新型组织变革过程中的预算管理的变革和优化，这种变革和优化会随着组织的发展和转型不断地延续下去。

9.3 本书研究的局限性与未来研究方向

由于篇幅、时间与能力的限制，本书对组织转型的预算管理研究可谓浅尝辄止，至少在以下几个方面尚可做进一步的研究：

第一，本书对传统预算管理中存在的问题，结合我国企业的案例进行了较为详细的分析，但是对于如何构建与新型组织相适应的预算管理框架只是作了一个较为理性化的框架设计，每个企业或许只运用了其中的一部分，如何将所有的设计系统地运用到企业实践中是个值得研究的主题。

第二，本书研究运用了较多的组织理论、管理理论、社会学理论和心理学理论，为预算管理的研究提供了可行的思路，但如何将这些理论更深层次地运用于预算管理研究是值得进一步思考的问题。

第三，在实证研究方面，由于本书以规范为主，同时受数据获取方式的限制，因此只对已有的案例进行了统计分析，以求分析传统预算管理在企业中的运用现状，对新型企业预算管理只做了个案研究，未做实证研究。如果条件成熟，通过问卷获取数据，从事相关的实证研究则是必然趋势。

主要参考文献

[1]Abernethy,Margaret A. and Brownell,P. ,The role of budgets in organizations facing strategic change: an exploratory study 【J】, Accounting, Organizations and Society, Vol. 24 (April 1999), pp. 189–204.

[2] Alam, Manzurul, Budgetary process in uncertain context : a study of state-owned enterprises in Bangladesh, Management Accounting Research, No. 8(1997), pp. 147–167.

[3] Barrett, M. Edgar and Fraser, LeRoy B. , Conflicting roles in budgeting for operations【J】, Harvard Business Review (July-August 1977), pp. 137–146.

[4]Bo-GoÈran Ekholm and Jan Wallin, Is the annual budget really dead? 【J】, The European Accounting Review, No. 9 (2000), pp. 519–539.

[5]Brownell, P. , Participation in Budgeting, Locus of Control and Organization Effectiveness【J】, The Accounting Review(October 1981), pp. 844–860.

[6] Brownell, P. , The Role of Accounting Data in Performance Evaluation, Budgetary Participation, and Organizational Effectiveness 【J】, Journal of Accounting Research, No. 20(1982), pp. 12–27.

[7] Brownell, P. , A Field Study Examination of Budgetary Participation and Locus of Control【J】, The Accounting Review(October 1982), pp. 766–777.

[8] Brownell, P. , Merchant, Kenneth A. , The Budgetary and Performance Influences of Product Standardization and Manufacturing Process Automation【J】, Journal of Accounting Research, Vol. 28, No. 2

(1990), pp. 388-397.

[9] Bunce, Peter, Fraser. Robin and Woodcock. Lionel, Advanced budgeting: a journey to advanced management systems【J】, Management Accounting Research, No. 6(1995), pp. 253-265.

[10] Burchell, S., Clubb, C., Hopwood, A. and Hughes, A., The roles of accounting in organizations and society【J】, Accounting Organizations and Society, No. 5(1980), pp. 5-27.

[11] Clinton, B. Douglas and Hunton, James E. Linking Participative Budgeting Congruence to Organization Performance【J】, Behavioral Research in Accounting, No. 13(2001), pp. 127-141.

[12] Chong, Vincent K., Eggleton, Ian R. C. and Leong, Michele K. C., The impact of market competition and budgetary participation on performance and job satisfaction: a research note【J】, British Accounting Review(March 2005), pp. 115-133.

[13] Chow, Chee W., Cooper, Jean C. and Waller William S., Participative Budgeting: Effects of Truth-Inducing Pay Scheme and Information Asymmetry on Slack and Performance【J】, The Accounting Review(January 1988), pp. 111-122.

[14] Dunk, Alan S., The Effect of Budget Emphasis and Information Asymmetry on the Relation Between Budgetary Participation and Slack【J】, The Accounting Review, Vol. 68 (April 1993), pp. 400-410.

[15] Dunk, Alan S and Nouri, Hossein. Antecedents of budgetary slack: A literature review and synthesis【J】, Journal of Accounting Literature, Vol. 17(1998), pp. 72-96.

[16] Fisher, Joseph G., Frederickson, James R. and Peffer, Sean A., Budgeting: An Experimental Investigation of the Effects of Negotiation【J】, The Accounting Review(January 2000), pp. 93-114.

[17] Frucot, Veronique and Shearon, Winston T. 1991. Budgetary Participation, Locus of Control, and Mexican Managerial Performance and Job Satisfaction【J】, The Accounting Review, January, pp. 80–99.

[18] Govindarajan, Vijay1. Impact of Participation in The Budgetary Process on Managerial Attitudes and Performance: Universalistic and Contingency Perspectives【J】, Decision Sciences, Vol. 17 (Fall 1986), pp. 496–516.

[19] Gul, Ferdinand A., Tsui, Judy S. L., Fong, Steve C. C. and Kwok, Helen Y. L., Decentralisation as a Moderating Factor in the Budgetary Participation-Performance Relationship: Some Hong Kong Evidence【J】, Accounting and Business Research, Vol. 25. No. 98 (1995), pp. 107–113.

[20] Hansena, Stephen C., Otley, David T. and Stede, Wim A. Van der, Practice Developments in Budgeting: An Overview and Research Perspective【J】, Journal of Management Accounting Research, Vol. 15 (2003), pp. 95–116.

[21] Hansen, Stephen C. and Stede, Wim A. Van der, Multiple facets of budgeting: an exploratory analysis【J】, Management Accounting Research, 15 (2004), pp. 415–439.

[22] Hirst, Mark K., Some Further Evidence on the Effect of Budget Participation on Managerial Performance【J】, Australian Journal of Management, 12 (1987), pp. 49–56.

[23] Hopwood, Anthony G., An Empirical Study of the Role of Accounting Data in Performance Evaluation【J】, Supplement to Journal of Accounting Research, 10 (1972), pp. 156–182.

[24] Jerry I. Porras, Robert C. Silvers Organization Development and Transformation【J】, Annual Review of Psychology 42 (1991), PP. 51–78.

[25] Kren, Leslie. Budgetary Participation and Managerial Performance: The Impact of Information and Environmental Volatility【J】, The Accounting Review(July 1992), pp. 511-526.

[26] Kenis, Izzettin, Effects of Budgetary Goal Characteristics on Managerial Attitudes and Performance【J】, The Accounting Review (October 1979), pp. 511-526.

[27] Langfield-Smith. K, Management Control Systems and Strategy: a Critical Review【J】, Accounting, Organizations and Society, 22 (1997), pp. 207-232.

[28] Lau, Chong M. and Eggleton, Ian R. C. The influence of information asymmetry and budget emphasis on the relationship between participation and slack【J】, Accounting and Business Research, 2003, Vol. 33. No. 2. pp. 91-104.

[29] Lau, Chong M., Buckland, Christen, Budget-The Role of Trust and Participation: A Research Note【J】, ABACUS, 2001, Vol, 37.

[30] Lukka, Kari, Budgetary Biasing in Organizations: Theoretical Framework and Empirical Evidence【J】, Accounting, Organizations and Society, Vol. 13, No3(1988), pp. 281-302.

[31] Lyne, Stephen R, The Role of the Budget in Medium and Large UK Companies and the Relationship with Budget Pressure and Participation【J】, Accounting and Business Research, 1988, Vol. 18, No. 71, pp: 195-212.

[32] Marginson, David and Ogden, Stuart, Coping with ambiguity through the budget: the positive effects of budgetary targets on managers' budgeting behaviours【J】, Accounting, Organizations and Society, 2005, Jul, Vol. 30 Issue 5: 435-456.

[33] Merchant, Kenneth A, Budgeting and the Propensity to Create Budgetary Slack【J】, Accounting, Organizations and Society, Vol. 10

(1985),pp. 201-209.

[34] Milani, Ken, The Relationship of Participation in Budget-Setting to Industrial Supervisor Performance and Attitudes: A Field Study【J】,Journal of Accounting Research(April 1975),pp. 274-284.

[35] Nouri, Hosseinand and Parker, Robert J. The Effect of Organizational Commitment on the Relation Between Budgetary Participation and Budgetary Slack【J】, Behavioral Research in Accounting,Vol 8(1996),pp. 74-90.

[36] O'Connor, Neale G. The Influence of Organizational Culture on the Usefulness of Budget Participation by Singaporean-Chinese Managers【J】,Accounting,Organizations and Society,Vol. 20(1995),pp. 383-403.

[37] Onsi, M, Factor analysis of behavioral variables affecting budgetary slack【J】,The Accounting Review(July 1973),pp. 535-548.

[38] Otley, D. T. Budget Use and Managerial Performance【J】, Journal of Accounting Research(Spring 1978),pp. 122-149.

[39] Shields,M. D. and Young,S. M. Antecedents and Consequences of Participative Budgeting: Evidence on the Effect of Asymmetrical Information【J】, Journal of Management Accounting Research, Volume Five(Fall 1993),pp. 265-280.

[40] Shields, J. F. and Shields, M. D. Antecedents of Participative Budgeting【J】, Accounting, Organizations and Society, Vol. 23 (1998), pp. 49-76.

[41] Simons,R,The role of management control system in creating competitive advantage: New perspectives【J】, Accounting Organizations and Society,15(1990),pp. 127-143.

[42] Stevens,Douglas E. ,The Effects of Reputation and Ethics on Budgetary Slack【J】, Journal of Management Accounting Research, 14 (2002),pp. 153-171.

[43] Subramaniam, Nava and Ashkanasy, N. M. The Effect of Organizational Culture on the Relationship Between Budgetary Participation and Managerial Job-Related Outcomes【J】, Australian Journal of Management(June 2001),pp. 35–54.

[44] Tsui, Judy S. L.. 2001. The impact of culture on the relationship between budgetary participation, management accounting systems and managerial performance: An analysis of Chinese and Western managers【J】,The International Journal of Accounting,36:125–146.

[45] Waller,W. S. Slack in Participative Budgeting: The Joint Effect of a Truth-inducing Pay Scheme and Risk Preferences【J】,Accounting, Organizations and Society,13(1988),pp. 87–98.

[46] Webb, R. Alan. The impact of reputation and variance investigations on the creation of budget slack【J】, Accounting Organizations and Society,27(2002),pp. 361–378.

[47] Winata, Lanita and Mia, Lokman, Information technology and the performance effect of managers' participation in budgeting: evidence from the hotel industry. Hospitality Management【J】, 24 (2005), pp. 21–39.

[48] Young, S. Mark. Participative Budgeting: The Effects of Risk Aversion and Asymmetric Information on Budgetary Slack【J】,Journal of Accounting Research,23(1985),pp. 830–842.

[49] Woodward J. Industrial Organization: Theory and Practice【M】,London: Oxford University Press,1965.

[50][美]Judith A. Ross:《信任令团队长盛不衰》,载《经理人》,2006(7)。

[51][英]L. 查德威克:《管理会计》,夏俊译,北京,中信出版社、西蒙与舒斯特国际出版公司,1997。

[52][美]阿吉里斯:《组织学习》,张莉、李萍译,北京,中国人

民大学出版社,2001。

[53][美]罗伯特·安东尼、维杰伊·戈文达拉扬:《管理控制系统》,许锐译,北京,机械工业出版社,1998。

[54][美]奥伯利·C. 丹尼尔斯:《正面强化的神奇力量》,高卓、张葆华译,北京,新华出版社,2002。

[55][美]奥斯本、默兰:《自我管理型团队》,李松玉、赵辉译,北京,人民邮电出版社,2004。

[56][美]拜瑞·J. 内勒巴夫、亚当·布兰登勃格:《合作竞争》,王煜全等译,合肥,安徽人民出版社,2000。

[57][美]彼得·布劳、理查德·斯科特:《正规组织:一种比较的方法》(影印版),北京,东方出版社,2006。

[58][美]彼得·布劳、马歇尔·梅耶:《现代社会中的科层制》(影印版),上海,学林出版社,2000。

[59][美]彼得·F. 德鲁克:《管理——任务、责任、实践》,北京,中国社会科学出版社,1987。

[60][英]波特·马金、凯瑞·库帕、查尔斯·考克斯:《组织和心理契约》(影印版),北京,北京大学出版社,2000。

[61][美]查尔斯·C. 波里尔、迈克尔·J. 鲍尔:《电子供应链管理》,谢冬梅译,北京,机械工业出版社,2002。

[62]安丰福:《管理会计发展的历程——行为科学的一种解释》,载《当代经济科学》,2004(7)。

[63]财政部企业司:《企业全面预算管理的理论与案例》,北京,经济科学出版社,2004。

[64]陈春花、马明峰:《组织内的信任与控制:一个理论模型》,载《南开管理评论》,2006(6)。

[65]陈禹六等:《经营过程重构与系统集成》,北京,清华大学出版社,2001。

[66]陈佳贵:《适应性企业:急剧变动时代的战略思维》,广州,

广东经济出版社,2001。

[67]陈锦烽、苏淑美:《内部审计新纪元——风险管理、控制及治理》,大连,大连出版社,2006。

[68]陈宁:《论基于平衡计分卡的全面预算管理》,载《集团经济研究》,2004(11)。

[69]陈缨:《宝钢股份以战略为导向的滚动预算管理》,载《财务与会计》,2004(4)。

[70]储奔、王晓宇:《自我管理团队:概念、成功关键要素及其应用研究》,载《河北经贸大学学报》,2006(7)。

[71]崔佳颖:《组织的管理沟通研究》,首都经济贸易大学博士论文,2006。

[72]理查德·L. 达夫特:《组织理论与设计精要》,李维安译,北京,机械工业出版社,2003。

[73][美]大卫·J. 蒂斯:《创新型企业的设计:组织结构、激励因素和产业结构》,见阿尔弗雷德·D. 钱德勒等:《透视动态企业:技术、战略、组织和区域的作用》,北京,机械工业出版社,2005。

[74][美]丹·迪芒塞斯库、彼得·海因斯、尼克·里奇:《精干型企业》,罗汉译,上海,上海人民出版社,1999。

[75][英]戴维·亚克森:《预算与管理报表最佳实务》,庄佩军译,北京,机械工业出版社,2005。

[76][美]道格拉斯·加伯特:《怎样布置预算工作——预算控制程序的管理和运用》,王化成等译,北京,中国人民大学出版社,2003。

[77][美]德博拉夫·安科拉等:《组织行为与过程》(影印版),大连,东北财经大学出版社,2000。

[78][美]蒂姆:《人的行为和组织管理》,钟谷兰译,北京,中国轻工业出版社,2004。

[79]费显政:《组织与环境的关系——不同学派述评与比较》,

载《国外社会科学》,2006(3)。

[80]冯巧根:《管理会计应用于发展典型案例研究——一种理论与实践综合的视角》,北京,经济科学出版社,2002。

[81]冯巧根:《预算管理的逆反性及其控制策略》,载《科技进步与对策》,2004(3)。

[82]付长玉:《软控制:内部控制发展新领域》,载《理财杂志》,2005(3)。

[83][美]弗兰克·奥斯特罗夫:《水平组织》,陶宇辰译,海口,海南出版社、三环出版社,2006。

[84][美]弗兰西斯·福山:《信任——社会道德与繁荣的创造》(影印版),呼和浩特,远方出版社,1998。

[85]高觉敷:《西方现代心理学史》,北京,人民教育出版社,1999。

[86]郭跃进:《追求卓越:美国 IBM 公司》,沈阳,辽宁人民出版社,1997。

[87][美]H. 詹姆斯·哈林顿:《业务流程改进:全面质量管理、生产力和竞争力的突破性战略》,于增彪等译,北京,中国财政经济出版社,2002。

[88][英]海伊斯:《协作制胜:成功的团队管理》,李靖坤、路文勇译,大连,东北财经大学出版社,1998。

[89]何贵兵:《群体动态决策的适应性分析及其内隐学习机制》,浙江大学博士论文,2002。

[90]湖南天华会计师事务所《现代企业财务预算体系研究》课题组:《企业财务预算管理的现状及亟待解决的几个问题》,载《时代财会》,2002(11)。

[91]胡伟:《参与和民主理论》推荐序言,见卡罗尔·佩特曼:《参与和民主理论》,陈尧译,上海,上海世纪出版集团,2006。

[92]黄丽华、钱宇、薛华成:《企业过程的定义及辨识方法》,载

《系统工程学报》,1997(12)。

[93]黄玉清:《冲突管理:创建高绩效的项目团队》,载《中国人力资源开发》,2005(4)。

[94]赫伯特·A. 西蒙:《管理行为》,北京,机械工业出版社,2006。

[95]加雷思·摩根:《组织》,金马译,北京,清华大学出版社,2005。

[96]蒋伟、魏斌:《全面预算管理的系统化实施探索——华润公司运行6S管理体系》,载《国有资产管理》,2002(8)。

[97][美]杰弗里·菲佛、杰勒尔德·萨兰基克:《组织的外部控制:对组织资源依赖的分析》(影印版),北京,东方出版社,2006。

[98][美]杰里米·霍普、罗宾·弗雷泽:《超越预算》(影印版),北京,中信出版社,2005。

[99][美]杰里·得拉姆、赫雷木·迈因:《变革:未来企业》(影印版),上海,上海交通大学出版社,1999。

[100][美]杰克·韦尔奇、苏茜·韦尔奇:《赢》,余江译,北京,中信出版社,2005。

[101][美]卡罗琳·科尔宾:《未来经理人》,王胜宇译,北京,中信出版社,2002。

[102][美]卡罗尔·佩特曼:《参与和民主理论》,陈尧译,上海,上海世纪出版集团,2006。

[103][美]卡什:《创建信息时代的组织:结构、控制与信息技术》,刘晋、秦静译,大连,东北财经大学出版社,2000。

[104][美]克里斯托弗·A. 巴特利特、萨曼特·高歇尔:《个性化的公司》,曾琡、李克照译,南京,江苏人民出版社,1999。

[105][美]科里逊(Collison,C.)、帕塞尔(Parcell,C.):《英国石油公司组织学习最佳实践》,李淮译,北京,机械工业出版社,2003。

[106][英]迈克尔·科伦索:《团队业绩改善策略》,李晓辉、李

璞译译，北京，经济管理出版社，2002。

[107][美]克罗戴特·拉法耶：《组织社会学》，安延译，北京，社会科学文献出版社，2000。

[108][法]克罗齐埃：《科层现象》，刘汉全译，上海，上海人民出版社，2002。

[109][美]拉里·博西迪、拉姆·查兰：《转型——用对策略，做对事》(影印版)，北京，中信出版社，2005。

[110][美]劳伦斯·R. 詹姆斯、米歇尔·D. 马兹勒：《工作组织中的人格》，丁彪、李永鑫译，上海，上海财经大学出版社，2005。

[111]乐国安、尹虹艳、王晓庄：《组织承诺研究综述》，载《应用心理学》，2006(12)。

[112]黎晓珍：《IBM 变革攻略》，广州，南方日报出版社，2005。

[113][美]理查德·H. 霍尔：《组织：结构、过程及结果》，张友星译，上海，上海财经大学出版社，2003。

[114][英]理查德·佩廷格：《掌握组织行为》，刘天伟译，桂林，广西师范大学出版社，2001。

[115][美]李·G. 鲍曼、特伦斯·E. 迪尔：《组织重构——艺术、选择及领导》，桑强、高杰英译，北京，高等教育出版社，2005。

[116]李德全：《科层制及其官僚化研究》，浙江大学博士论文，2004。

[117]李国忠：《企业集团预算控制模式及其选择》，载《会计研究》，2005(4)。

[118]李心合、赵明、孔凡义：《公司财权：基础、配置与转移》，载《财经问题研究》，2005(12)。

[119]李志斌：《我国预算管理研究现状与展望》，载《财会通讯》，2006(3)。

[120]李志斌：《组织转型视角的预算管理研究》，载《会计研究》，2006(11)。

[121]李志斌:《西方预算管理研究:实务探索与学术演进》,载《新理财》,2007(1)。

[122]李志斌:《绩效测量模式演进:平衡与超越平衡》,载《科技管理研究》,2007(1)。

[123]梁旭雯:《关于预算编制及其行为面的分析》,载《交通财会》,2000(5)。

[124][英]琳达·格拉顿:《什么样的公司才叫好公司:民主化的公司是好公司》,李宪一、程朝勇译,北京,中国人民大学出版社,2005。

[125]林金忠:《企业组织的经济学分析》,北京,商务印书馆,1999。

[126]林宗纯:《预算管理过程中的行为因素分析》,载《山西财政税务专科学校学报》,2005(2)。

[127]刘运国、梁德荣、黄婷辉:《管理会计前沿》,北京,清华大学出版社,2003。

[128]阮银兰:《资本预算管理理论体系简论》,载《财务与会计》,2001(6)。

[129][美]罗宾斯:《组织行为学》,李原等译,北京,中国人民大学出版社,1997。

[130][美]罗伯特·B. 罕菲尔德、小埃尔尼斯特·L. 尼科斯:《供应链管理导论》,王小征译,北京,社会科学文献出版社,2003。

[131][美]罗伯特·S. 卡普兰、罗宾·库珀:《成本与效益》,张初愚、张倩译,北京,中国人民大学出版社,2006。

[132][美]罗伯特·洛根、路易斯·斯托克司:《合作竞争——如何在知识经济环境中催生利润》,陈小全译,北京,华夏出版社,2005。

[133]罗珉:《管理学范式研究》,成都,四川人民出版社,2003。

[134]罗珉:《管理学范式理论的发展》,成都,西南财经大学出

版社,2005。

[135][美]罗莎贝斯·莫斯·坎特:《新型管理工作》,1989。

[136][美]詹姆斯·昌佩、尼丁·诺利亚:《管理的变革——企业管理最先进观念的转变》,李玉霞译,北京,经济日报出版社,哈佛商学院出版社,1998。

[137]马士华、林勇、陈志祥:《供应链管理》,北京,机械工业出版社,2002。

[138][美]迈克尔·哈默、詹姆斯·钱皮:《企业再造》,王珊珊等译,上海,上海译文出版社,2007。

[139][美]迈克尔·哈默:《企业行动纲领》,赵学凯译,北京,中信出版社,2002。

[140][美]梅雷迪斯·贝尔宾:《超越团队》(影印版),北京,中信出版社,2002。

[141][英]伊安·梅特兰:《如何编制公司预算》,陈工译,北京,电子工业出版社,2002。

[142][英]摩根·威策尔:《管理的历史》,孔京京、张炳南译,北京,中信出版社,2002。

[143]南京大学会计学系课题组:《中国企业预算管理现状的判断及其评价》,载《会计研究》,2001(4)。

[144][英]尼基·海斯:《成功的团队管理》,杨蓓译,北京,清华大学出版社,2002。

[145][美]尼尔斯·H. 莱思缪森、克里斯托弗·J. 艾可恩:《预算管理软件》,王琳译,北京,经济科学出版社,2006。

[146][美]纽斯特罗姆、戴维斯:《组织行为学:工作中的人类行为》,陈兴珠译,北京,经济科学出版社,2000。

[147]欧阳峰、林丹明、曾楚宏、叶会:《信息时代的企业组织变革》,北京,经济科学出版社,2005。

[148][美]佩帕德、P. 罗兰:《业务流程再造》,高俊山译,北京,

中信出版社,1999。

[149]潘爱香、高晨:《全面预算管理:整合“四流”,创造“一流”》,杭州,浙江人民出版社,2001。

[150]潘飞、郭秀娟:《作业预算研究》,载《会计研究》,2004(11)。

[151]彭韶兵:《论会计行为》,载《会计研究》,1993(2)。

[152]钱平凡:《组织转型》,杭州,浙江人民出版社,1999。

[153]苏比尔·乔杜里等:《21 世纪组织:组织的未来之路》,金马工作室译,北京,清华大学出版社,2004。

[154]乔晔、陈良华:《基于战略地图的全面预算模式》,载《理财》,2005(6)。

[155][美]萨缪·鲍尔斯、赫伯特·金迪斯:《人类合作的起源》,载《人类的趋社会性及其研究:一个超越经济学的经济分析》,上海,上海世纪出版集团,2005。

[156][美]塞缪尔·卡尔伯特、约翰·厄尔曼:《双向负责》,殷向辉译,北京,新华出版社,2005。

[157][荷]塞斯特·杜玛、海因·斯赖德:《组织经济学——经济学分析方法在组织管理上的应用》,原磊、王磊译,北京,华夏出版社,2006。

[158]施振荣:《再造宏碁——开创、成长与挑战》,北京,中信出版社,2005。

[159][美]斯蒂芬·P. 罗宾斯、玛丽·库尔特:《管理学》,毛蕴诗译,北京,中国人民大学出版社,2003。

[160][美]斯格特:《组织理论》,黄洋译,北京,华夏出版社,2002。

[161]苏东:《论管理学人性假设、激励理论的缺憾及对我国国企改革的启示》,载《科学管理研究》,1999(4)。

[162][英]苏珊·纽厄尔:《健康的组织》,王剑锋、张民、李芳译,北京,清华大学出版社,2002。

[163]孙耀君:《西方管理学名著提要》,南昌,江西人民出版社,2001。

[164]孙元欣:《供应链管理原理》,上海,上海财经大学出版社,2003。

[165][美]唐·泰普斯科特、阿特·卡斯顿·米克斯:《范式的转变:信息技术的前景》,李海斌译,大连,东北财经大学出版社,1999。

[166][美]唐玛丽·德里斯科尔、迈克·霍夫曼:《价值观驱动管理》,徐大建、郝云、张辑译,上海,上海人民出版社,2005。

[167]汤谷良、杜菲:《基于公司战略预算目标体系模型的构建》,载《财会通讯》,2002(2)。

[168]涂伟、郑常虹:《信息技术对组织权力分配影响:在集权化基础上的分权》,载《武汉科技大学学报(社会科学版)》,2006(1)。

[169][美]托马斯·库恩:《科学革命的结构》,金吾伦、胡新和译,北京,北京大学出版社,2005。

[170][美]托马斯·约翰逊、罗伯特·卡普兰:《管理会计兴衰史:相关性的遗失》,金马工作室译,北京,清华大学出版社,2004。

[171]韦德洪等:《企业全面预算管理现状分析与思考——来自广西企业的问卷调查报告》,中国财经报网站,2004。

[172]魏文斌:《第三种管理维度——组织文化管理通论》,长春,吉林人民出版社,2006。

[173]王斌、李苹莉:《关于企业预算目标确定及其分解的理论分析》,载《会计研究》,2001(8)。

[174]王斌、竺素娥:《论资本预算管理体系的构建》,载《会计研究》,2002(5)。

[175]王晶晶:《冲突管理:高层管理团队有效运作的关键》,载《经济研究参考》,2004(64)。

[176]王雎:《跨组织资源与企业合作:基于关系的视角》,载《中

国工业经济》,2006(4)。

[177]王青:《团队管理》,北京,企业管理出版社,2003。

[178]王开田:《会计行为论》,上海,上海财经大学出版社,1993。

[179]王忠宗:《经营计划与预算管理》,厦门,厦门大学出版社,2004。

[180]王子萍、黄培清、葛静燕:《供应链管理中信息共享机制的探讨》,载《上海交通大学学报》,2006(9)。

[181][美]温德尔·L. 弗伦奇、小塞西尔·H. 贝尔、罗伯特·A. 扎瓦茨基:《组织发展与转型:有效的变革管理》,阎海峰译,北京,机械工业出版社,2005。

[182][美]威廉斯:《团队管理》,北京,中信出版社,1999。

[183]吴璇、张砚:《业务流程的自我控制与内部控制理论发展》,载《现代管理科学》,2005(5)。

[184]伍中信、朱焱、贺正强:《论以财权配置为核心的企业财务治理体系的构建》,载《当代财经》,2006(6)。

[185]肖余春:《自我管理团队及其在企业中的应用》,载《中国管理科学》,2001(6)。

[186]谢德高:《查尔斯·汉迪管理思想全书》,哈尔滨,黑龙江人民出版社,2002。

[187]邢以群、郑心怡:《流程导向型企业组织结构模式初探》,载《科学管理研究》,2003(3)。

[188]徐章一:《基于供应链一体化的物流敏捷化实现机制研究》,华中科技大学博士论文,2000。

[189]徐拥军:《基于知识人假设的知识型员工引导激励模式》,载《求索》,2006(3)。

[190]杨明海、张体勤、丁荣贵:《项目团队学习的涵义、形式与模型研究》,载《自然辩证法》,2006(6)。

[191]杨雄胜等:《中国会计研究成效问题分析——以〈会计研究〉(1980—2002)为样本》,载《会计研究》,2005(3)。

[192]杨雄胜:《内部控制的管理渊源解析:管理学的视角理论研究》,载《中国注册会计师》,2006(4)。

[193]杨忠智:《企业预算管理的系统观》,载《财经论丛》,2004(7)。

[194]于国庆:《大学生自我控制研究》,华东师范大学博士论文,2004。

[195]于增彪、梁文涛:《现代公司预算编制起点问题的探讨——兼论公司财务报告的改进》,载《会计研究》,2005(4)。

[196]于增彪等:《关于集团公司预算管理系统的框架研究》,载《会计研究》,2004(8)。

[197][美]约翰·P. 科特、丹·S. 科恩:《变革之心》,刘祥亚译,北京,机械工业出版社,2003。

[198][美]约翰·P. 科特、苏曼塔·侯莎尔:《未来的总裁》,李小刚译,成都,四川人民出版社,2000。

[199]曾德明、刘忠志:《企业组织学习及其对经营绩效影响的实证分析》,载《财经问题研究》,2004(11)。

[200]曾德明、周青、秦吉波:《高新技术企业 R&D 团队柔性冲突管理机制研究》,载《管理评论》,2005(2)。

[201][美]詹姆斯·昌佩、尼丁·诺利亚:《管理的变革——企业管理最先进观念的转变》,李玉霞译,北京,经济日报出版社、哈佛商学院出版社,1998。

[202][美]詹姆斯·迈天:《大转变:企业构建工程的七项原则》(影印版),北京,清华大学出版社,1999。

[203][美]詹姆斯·钱匹:《企业 X 再造》,闫正茂译,北京,中信出版社,2002。

[204]张军、朱方明、陈健生:《从“经济人”到“知识人”:解读人性假

设的历史变迁与经济学研究范式的重构》,载《经济评论》,2004(4)。

[205]张长立:《西方管理组织理论创新研究》,长春,吉林人民出版社,2006。

[206]张美兰、车宏生:《目标设置理论及其新进展》,载《心理学动态》,1999(2)。

[207]张瑞君等:《运用管理软件实现预算管理的解决方案》,载《财务与会计》,2001(6)。

[208]张望军、彭剑峰:《中国企业知识员工激励机制实证分析》,载《科研管理》,2001(6)。

[209]张先治:《内部管理控制论》,北京,中国财政经济出版社,2004。

[210]张相洲:《管理控制论》,东北财经大学博士论文,2004。

[211]张新安、田澎:《集成化供应链的历史与发展》,载《中国流通经济》,2002(2)。

[212]张志学:《企业制度和企业文化的功效:组织控制的观点》,载《财经科学》,2006(1)。

[213]赵春明:《团队管理:基于团队的组织构造》,上海,上海人民出版社,2002。

[214]赵光中:《韦尔奇的管理艺术——效率型组织》,北京,中国时代经济出版社,2002。

[215]赵涛、齐二石:《管理学》,天津,天津大学出版社,2004。

[216]众行管理咨询研发中心:《如何创建学习型团队》,广州,广东经济出版社,2004。

[217]周宏斌等:《基于流程的组织结构及其案例》,载《系统工程理论方法应用》,2000(9)。

[218]朱国云:《组织理论:历史与流派》,南京,南京大学出版社,1997。

[219]朱兰:《管理突破》,北京,企业管理出版社,2005。

后 记

时光飞逝，三年的博士学习生活随着这篇博士学位论文的完成即将成为一段难忘的记忆，此时此刻的我和所有即将毕业的同学一样，心里默念最多的就是“感谢”二字。

首先要感谢我的导师杨雄胜教授，三年的学习和生活承蒙老师多方关心，尤其是学位论文的选题和写作均得益于老师的点拨和指导。我之所以选择此题目，最初缘于在老师的指导下对金陵石化网络预算管理的调研，老师首先要求对中西方的预算管理进行全面回顾，使得我对国内外预算管理的研究历史和最新动态有了初步了解，在老师深厚的学术积累和前沿的学术思想启发下，最终选择了从组织转型的视角研究预算管理问题。在论文写作过程中，老师对论文提出了明确的修改意见和建议，论文中凝聚了老师很多的智慧和汗水。

感谢朱元午教授、李心合教授、王跃堂教授、冯巧根教授、陈冬华教授在开题和预答辩时对论文提出的宝贵意见和建议。三年中，有幸先后聆听过赵曙明教授、陈传明教授、王跃堂教授、李心合教授等多位老师的课程，你们渊博的知识、敏锐的思辨让我受益匪浅，在此深表谢意！

感谢各位同门师兄弟（姐妹）和 2004 级博士班的全体同学，能够成为你们中的一员是我的荣幸，在团结友爱的集体中，我获得了很多的支持和帮助。

感谢家人对我多年来学习的理解和支持，是你们的无私和奉献，成就了我一路前行。我深知唯有以后不断的努力和进步才是对你们的最好回报。

李志斌

于南京大学

2011 年 8 月